RICK PASTOOR

GRI

GOLDMANN

Rick Pastoor

GRIP

Die Methode, um alles im Griff zu haben

Aus dem Englischen von Angelica Bahlke

GOLDMANN

Die niederländische Originalausgabe erschien 2019
unter dem Titel »Grip: het geheim van slim werken« bei Uitgeverij NZ, Niederlande.

MIX
Papier | Fördert gute Waldnutzung
FSC® C083411
FSC
www.fsc.org

Penguin Random House Verlagsgruppe FSC® N001967

1. Auflage
Deutsche Erstausgabe Januar 2023

Umschlag: Uno Werbeagentur, München
Umschlagmotiv: FinePic®, München
Redaktion: Nadine Lipp
Satz: Satzwerk Huber, Germering
Druck und Bindung: CPI books GmbH, Leck
Printed in the EU
CH · IH
ISBN 978-3-442-17964-0

INHALT

TEIL 3
GRIP UND IHR LEBEN

EINLEITUNG

Wenn man bedenkt, welch große Rolle die Arbeit in unserem Leben spielt, ist es recht seltsam, dass uns niemand beibringt, wie Arbeiten eigentlich geht. Wir sollen es ganz von allein lernen. Als ob wir alle auf magische Weise wüssten, wie man Prioritäten setzt, mit Terminen jongliert, effizient plant und bei einem stressigen Job immer den Überblick behält. Diese Fähigkeiten mögen zwar einfach klingen, sie sind es aber nicht. Vielleicht geht es Ihnen wie mir, und Sie wissen, wie es aussehen kann, wenn die Arbeit mal nicht so läuft, wie Sie es sich wünschen. Die Woche hat gerade erst begonnen, und Sie kommen schon nicht mehr hinterher. Und am Ende eines langen Arbeitstages quillt Ihr E-Mail-Posteingang noch immer über. Außerdem ist Ihr Terminkalender vollgepackt und Ihre To-do-Liste nimmt kein Ende. Das reicht, um eines jeden Kampfgeist zu brechen. Das Schlimmste ist der lähmende Effekt, der eintreten kann, wenn Sie das Gefühl bekommen, die Kontrolle über Ihre Tage zu verlieren. Dann wird es noch schwerer, anstehende Aufgaben zu erledigen. Kein Wunder also, dass Sie Ihre gesetzten Ziele kaum erreichen, nicht die Qualität abliefern, die Sie sich wünschen, und nie dazu kommen, sich um Ihre persönliche Weiterentwicklung zu kümmern. Sie arbeiten hart, aber kommen Sie auch voran?

Glauben Sie mir, ich kenne das nur zu gut. Fast sechs Jahre lang habe ich als Chef der Produktabteilung bei Blendle gearbeitet, einem dänischen Unternehmen, das für seine innovativen Geschäftsmodelle im Bereich Journalismus weltweit gelobt wurde. Zu diesem Start-up bin ich im Alter von 25 Jahren gekommen, und zwar nachdem ich die Softwareagentur verkauft hatte, deren Chef ich sechs Jahre lang gewesen war. Bei Blendle herrschte ein ziemlich hohes Tempo. Uns gelang es, große Zeitungen wie *The Economist* und *The Wall Street Journal* an Bord zu holen. Sogar Axel

Springer und die *New York Times* standen hinter uns. Unser Team vergrößerte sich explosionsartig. Nach neun Monaten führte ich ein 30-köpfiges Team aus Ingenieuren an. Meine Aufgabe war es sicherzustellen, dass wir uns immer wieder Innovatives ausdachten und es auf den Markt brachten. Das bedeutete, unsere ständige Suche nach Lösungen für komplexe technische und organisatorische Probleme anzuleiten, während ich auch strategische Entscheidungen treffen sowie neues Personal einstellen musste. Und das war erst der Anfang. Mein Job, wie so viele andere auch, war ein täglicher Balanceakt zwischen vielen Prioritäten, da alles – wie könnte es anders sein – gleichzeitig passieren musste.

Mit der Zeit wurde mir etwas bewusst: Man kommt nicht wirklich voran, indem man die Arbeit erledigt, auf die man gerade Lust hat oder die einem gerade einfällt. Je stressiger mein Job wurde, desto mehr begriff ich, dass ich eine ganz neue Arbeitsweise finden musste.

Es hat einige Jahre und viele Experimente erfordert, doch heute kann ich sagen, dass sich diese Mühe gelohnt hat. Ich habe meine Methode gefunden. Damals habe ich Bücher wie *Wie ich die Dinge geregelt kriege* von David Allen oder *Konzentriert arbeiten* von Cal Newport verschlungen. Diese Bücher haben mich sehr inspiriert, und ich habe viel daraus gelernt. Doch wann man welchen Tipp anwendet, ist eine Kunst für sich. Beherrscht man sie nicht, ist es, als ob man verschiedene Schraubenzieher, Zangen und Hämmer ausgehändigt bekommt, ohne zu wissen, wofür diese Werkzeuge sind – ganz zu schweigen davon, wie oder wann man sie benutzt. Es ist daher nicht überraschend, dass viele dazu neigen, wieder in ihre alten Arbeitsgewohnheiten zurückzufallen. Das ist auch mir unzählige Male passiert. Doch ich wusste, dass es einen besseren Weg geben muss, einen intelligenten Arbeitsansatz, der flexibel genug ist, um alltägliche Überraschungen aufzufangen. Also hörte ich nicht auf, an meiner Arbeitswoche herumzutüfteln.

Schritt für Schritt bin ich meiner Arbeitsmethode nähergekommen, die sich aus flexiblen und eng miteinander verknüpften Elementen zusammensetzt. Das Besondere an GRIP ist, dass es nicht nur für mich funktioniert. Freunde und Kollegen haben es ebenfalls ausprobiert, und es war sehr spannend für mich zu sehen, wie es ihre Leben verändert hat. In den letzten Jahren ist die Nachfrage nach meiner Methode gestiegen, weshalb ich beschlossen habe, alles niederzuschreiben.

Als dieses Buch in meiner Muttersprache Niederländisch erschien, kam es sofort auf die Bestsellerliste. Das verschlug mir die Sprache. Seitdem vergeht kein Tag, ohne dass ich Nachrichten von Lesern erhalte. Manche erzählen von ihren Erfolgen, aber die meisten schreiben mir, wie glücklich sie darüber sind, endlich ihre eigene Arbeitsweise gefunden zu haben. Und zwar eine, die sie im Chaos ihres Alltags klarer sehen lässt und ihnen dabei hilft, mit all den Informationen und Ablenkungen umzugehen, die täglich auf uns niederprasseln. Es ist eine Methode, die sicherstellt, dass die wichtigste Arbeit erledigt wird. Ein paar einfache Bausteine und der Einsatz altbekannter Werkzeuge – ein Terminkalender, eine To-do-Liste, ein System für E-Mails – machen uns sehr viel effektiver. Ich hoffe, mithilfe dieser deutschsprachigen Ausgabe meine Methode mit all jenen teilen zu können, die ihre Arbeit und ihr Leben besser im Griff haben wollen. Die grundlegende Veränderung unserer Arbeitswelt seit Beginn der Corona-Pandemie hat es noch deutlicher gemacht: Es täte uns allen gut, unsere Arbeitsweise unter die Lupe zu nehmen.

Bevor es losgeht, muss ich Sie warnen. Was Sie in diesem Buch nicht von mir hören werden, ist: »Lassen Sie es langsam angehen. Arbeiten Sie nicht so viel.« Es stimmt zwar, dass wir uns häufig zu viel vornehmen. Und ich weiß nur zu gut, wie es ist, persönliche Grenzen auszureizen und sich zu viel aufzuhalsen – ich habe einen anspruchsvollen Job mit einem Kleinkind und einem Neugeborenen unter einen Hut gebracht, habe dann einen Umzug gemanagt, während ich Blendle verlassen und ein neues Start-up gegründet habe. Dennoch werde ich Sie nicht dazu auffordern, einen Gang herunterzuschalten oder Ihre Ambitionen zu zügeln. Ich möchte Ihnen dabei helfen, bewusster mit Ihrer Zeit umzugehen und mehr aus Ihrem Leben zu machen. Denn ich finde, diese Art von Ermutigung kommt fast nie vor. Und wer möchte sein Leben nicht voll ausschöpfen? Das Geheimnis liegt nicht darin, *härter* zu arbeiten, sondern die Dinge *schlauer* anzugehen und sicherzustellen, dass man auch zu dem kommt, was einem wirklich wichtig ist. Deshalb verrate ich Ihnen im ersten Teil des Buches auch ein paar praktische Tipps, wie man seine Tage besser organisiert sowie seine Zeit intelligenter und strategischer nutzt.

Teil 2 beginnt mit der Frage: Was lässt Sie morgens aufstehen? Wir werden uns ansehen, wie man sich Ziele setzt, die man auch erreichen kann, und wie man Pläne für das folgende Jahr macht. Hat man den Kleinkram erst einmal im Griff, schafft man Platz für größere Projekte.

Im letzten Teil des Buches werde ich Ihnen zeigen, wie man sich die eigenen Fähigkeiten besser zunutze macht. Denn wie gut kennen Sie sich wirklich? Können Sie gut in sich hineinhören? Wissen Sie, wie man sich intelligente Lösungen überlegt? Wie Sie Ihr Selbstbild verbessern? Sind Sie mutig genug, um groß zu denken und Projekte zu erträumen, die sich womöglich über fünf bis zehn Jahre erstrecken?

Ich weiß, das klingt nach viel Arbeit. Wie gesagt, ich werde Ihnen nicht raten, weniger zu tun. (Das überlasse ich Ihrer Familie und Ihren Freunden.) Stattdessen werde ich Ihnen dabei helfen, bessere Entscheidungen zu treffen und darüber nachzudenken, wie Sie Ihre Arbeit angehen. Ich werde Ihnen zeigen, wann es strategisch sinnvoll ist, einen Schritt weiterzugehen, und wann man etwas *nicht* tun sollte. Außerdem werde ich Sie dazu ermutigen, Ihre eigene Richtung einzuschlagen. Denn übernimmt man selbst nicht die Führung in seinem Leben und seiner Arbeit, wird es jemand anderes tun.

Bevor wir anfangen, habe ich allerdings noch eine Frage: Sind Sie einer dieser Menschen, die sich ihr Leben so *unstrukturiert* wie möglich wünschen? Blühen Sie durch viel Freiheit und organisches Arbeiten auf? Ich verstehe das. Ich habe mit vielen Menschen gearbeitet, die diese Einstellung teilten und meinem Ansatz skeptisch gegenüberstanden. Nachdem sie ihn jedoch ausprobiert hatten, waren sie ganz begeistert. Warum?

- Indem man nur etwas strukturierter an bestimmte Schlüsselaspekte der eigenen Arbeit herangeht, kann der Rest der Woche *weniger strukturiert* sein. Und man ist *weniger gestresst.*
- Obwohl die Elemente meiner Arbeitsweise alle ineinandergreifen, handelt es sich bei dieser Methode keinesfalls um einen Alles-oder-nichts-Ansatz. Sie können erst einmal damit beginnen, meine Tipps zu den größten Stressfaktoren (etwa E-Mails) auszuprobieren, und darauf langsam aufbauen. Behalten Sie ruhig bei, was für Sie funktioniert, und lassen Sie beiseite, was nicht.
- Manche Tipps in diesem Buch können sogar süchtig machen, da man seine Arbeit so garantiert schneller und besser erledigt. Einen Versuch ist das doch allemal wert, oder?
- Diese Arbeitsmethode erlaubt es auch, dass man von ihr abweichen kann, da sie über ein eingebautes Sicherheitsnetz verfügt, das uns zur Not auffängt. Diesbezüglich ist der wöchentliche *Freitagsrückblick* von großer Bedeutung. Doch mehr dazu später, in Kapitel 4.

Sind Sie bereit? Dann lassen Sie uns loslegen!

BENÖTIGEN SIE HILFE?
Für dieses Buch habe ich ein kostenloses Tool entwickelt. Wenn Sie sich unter gripbook.com/app anmelden, kann ich Ihnen dabei helfen, das Gelesene sofort für Ihre Arbeitswoche umzusetzen.

TEIL 1

GRIP

UND IHRE WOCHE

Ob Sie studieren, Vorstandsvorsitzende, Beamter oder Präsidentin eines Landes sind, ob Sie eine neue Stelle antreten oder ein eigenes Unternehmen gründen, Ihnen stehen wöchentlich genau sieben Tage à 24 Stunden zur Verfügung. Nicht mehr und nicht weniger.

Sie wollen mehr erreichen und das mit weniger Mühe? Dann schauen Sie nicht darauf, wie viel Zeit Sie haben. Schauen Sie darauf, womit Sie sie verbringen.

Wir nutzen die Stunden, die uns allen zur Verfügung stehen, besser, wenn wir uns für einen Weg entscheiden und nur Zeit für das Wichtigste aufwenden. Sich für einen Weg zu entscheiden – und ihm treu zu bleiben –, klingt ziemlich simpel. Doch mit all den Dingen, die im Leben auf uns zukommen, ist es das manchmal überhaupt nicht. Doch keine Sorge, wir fangen einfach an. Und zwar, indem wir genau bestimmen, was das für ein Weg ist (Ihre Prioritäten), und eine einzige Arbeitswoche konkret planen.

Im ersten Teil dieses Buches werde ich Ihnen zeigen, wie man strategisch arbeitet. Konkret bedeutet das, dass wir uns ansehen, wie man die Stunden einer Arbeitswoche besser im Griff hat, den Terminkalender, die To-do-Liste und die E-Mails dazu nutzt, Aufgaben schneller und besser zu erledigen, und wie man mit all den unerwarteten Dingen umgeht, mit denen man konfrontiert wird.

Wenn mich jemand um Tipps für eine bessere Arbeitsweise bittet, frage ich als Erstes: »Wie sieht Ihr Terminkalender in dieser Woche aus?« Die Antwort verrät mir dann sofort, ob die ratsuchende Person einen Plan für ihre Woche erstellt hat, bevor sie sich in die Arbeit stürzt. Und ob sie eine Strategie hat. Jetzt sagen Sie vielleicht: »Aber natürlich habe ich alle meine Termine eingetragen – mehr haben Sie nicht zu bieten?«

Challenge accepted.

1. DER TERMINKALENDER: IHR FELS IN DER BRANDUNG

Prioritäten setzen, Arbeitsschritte planen und ausführen

Ihr Terminkalender ist die Grundlage für alles andere. Okay, gut, dass wir das geklärt haben.

In einer Arbeitswoche, in der sich die Pläne jeden Moment ändern können, sollte man eine Sache haben, auf die man sich immer verlassen kann. Etwas Solides, auf das man zurückgreift, wenn es chaotisch wird. Das sollte Ihr Terminkalender sein. So gern ich auch neue Hilfsmittel ausprobiere, ich komme letzten Endes immer wieder zu meinem zuverlässigen Terminkalender zurück. Seit Jahren hilft er mir ungemein – dank seiner erinnere ich mich nicht nur an meine Termine, sondern strukturiere auch meine Arbeitswoche. Tatsächlich ist er das Fundament, auf dem ich meine Woche aufbaue. Was auch immer passiert, mein Terminkalender sagt mir, was wirklich wichtig ist. So verschwende ich keine Energie damit, mich zu fragen, was ich morgens als Erstes tun sollte. Ich kann nämlich einfach einen Blick in den Kalender werfen.

Damit Ihr Terminkalender Ihnen nützlich sein kann, muss er immer *auf dem neuesten Stand* sein. Sie möchten, dass Ihr Terminkalender absolut zuverlässig ist? Sie möchten nie wieder eine Deadline oder einen wichtigen Termin übersehen? Dann sollten Sie von nun an nur noch das tun, was Ihr Terminkalender sagt. Punkt. Wenn Sie immer auch Termine eintragen, die Sie nicht wahrnehmen, ist jetzt der Moment, sie zu streichen. Seien Sie nicht zimperlich. Dieser Jour fixe, an dem Sie nie teilnehmen? Weg damit. Diese alten Buchführungserinnerungen, die Sie immer ignorieren? Löschen Sie sie. Behalten Sie nur Einträge, von denen Sie sicher wissen, dass Sie sie erledigen oder wahrnehmen werden.

VIER GRÜNDE, IHREN TERMINKALENDER ZU LIEBEN

1. Ihr Terminkalender ist endlich

Ihr Terminkalender hat nur begrenzt Platz, und das kann sich einschränkend anfühlen. Überlegen Sie mal: Hätte der Tag mehr Stunden, könnten Sie Ihre gesamte To-do-Liste in Ihren Terminkalender packen. Aber eigentlich ist die Begrenztheit eines Kalenders seine beste Eigenschaft. Denn so schützt er Sie davor, sich selbst zu überfordern.

Wahrscheinlich tragen Sie bereits wichtige Meetings und Verabredungen in Ihren Terminkalender ein. Doch was ist mit Ihrer täglichen Arbeit? Viele Menschen machen sich nicht die Mühe, für ihre eigenen Aufgaben Zeit einzuplanen. Tragen Sie allerdings auch Ihre *eigene Arbeit* in den Terminkalender ein, wird Ihr wahres Arbeitspensum auf einen Blick sichtbar. So werden Sie sich wahrscheinlich seltener zu viel aufhalsen, da Sie sehen, wann nichts mehr geht. Das macht es sehr viel einfacher, *Nein* zu sagen, wenn Sie es müssen.

Vor allem haben Sie dann bei diesem neuen, spannenden Projekt, das sich auftut, die Möglichkeit zu sagen: »Ja, das übernehme ich sehr gern!« Denn Sie wissen ja, dass Sie es noch unterkriegen.

2. Ihr Terminkalender ist wie ein Navigationssystem

Ein Navigationssystem sagt uns nicht nur, wie wir von A nach B kommen. Meist zeigt es uns auch, wo sich der Verkehr staut, und es führt uns zur nächsten Tankstelle, wenn wir eine brauchen. All das tut es, damit unser Blick auf die Straße gerichtet bleiben kann. Das ist natürlich praktisch, da wir so nur ein System im Auge behalten müssen, und mit einem System bleibt die Sache überschaubar, richtig?

Ich wette, Sie verwenden bereits irgendeine Art von Terminkalender. Was hindert Sie also daran, das Potenzial dieses vertrauten Tools voll auszuschöpfen? Sie brauchen dafür keine zusätzlichen Apps oder Add-ons. Ihr Terminkalender wird Sie dahin bringen, wo Sie jede Woche hinwollen. Und das deutlich entspannter.

3. Ihr Terminkalender überblickt, wie Sie Ihre Zeit verbringen

Indem Sie in Ihrem Terminkalender Zeit für eigene Aufgaben blockieren, wissen Sie auch nach und nach, wie viel Zeit Sie für diese Aufgaben wirklich einplanen müssen. Schließlich ist es schwierig, Zeit für eine Kundenrecherche, die Vorbereitung einer Präsentation oder die Erstellung eines Angebots einzuplanen, ohne vorher abzuschätzen, ob man dafür eine halbe Stunde oder zwei Stunden braucht. Doch wenn Sie eine Aufgabe erledigt haben, wissen Sie sofort, ob Ihre Schätzung zu großzügig oder zu knapp war. So haben Sie eine direkte Feedback-Schleife geschaffen, die Ihnen dabei helfen wird, genauer zu planen. Noch ein großer Vorteil: Wenn Sie gut schätzen lernen und Ihre Arbeit rechtzeitig abliefern, wächst Ihr Vertrauenskapital bei Chefs, Kolleginnen und Kunden.

4. Ihr Terminkalender ist öffentlich

Heutzutage ist es in vielen Unternehmen üblich, dass Angestellte Ihre Terminkalender freischalten, damit alle sehen können, wann man verfügbar ist. Wenn das auch bei Ihrem Arbeitgeber so ist, ist das ein weiterer wunderbarer Grund, Ihre gesamte Arbeit in die kommende Woche einzutragen. So sehen Ihre Kollegen und Vorgesetzten, woran Sie arbeiten – was besonders hilfreich ist, wenn Sie remote arbeiten. Der größte Vorteil dieser genauen Arbeitsplanung? Ihre Kollegen gehen nicht mehr automatisch davon aus, dass Sie Zeit haben.

WIE SIE IHREN TERMINKALENDER RICHTIG BENUTZEN

Okay, genug der Theorie: Schreiten wir zur Tat! Lassen Sie uns nun Ihre Woche in sechs Schritten planen und Zeit für die wichtigsten Aufgaben blockieren. Sie wissen nicht genau, welche das sind? Keine Sorge, das finden wir nach und nach heraus.

Schritt 1: Wählen Sie einen Terminkalender

Bei Terminkalendern empfehle ich eine digitale Variante, auf die Sie auf all Ihren Geräten (Laptop, Smartphone, Bürocomputer,

Tablet oder was auch immer Sie für Ihre Arbeit benutzen) Zugriff haben. Suchen Sie sich einen Terminkalender aus, den Sie gern benutzen.

Ein Terminkalender aus Papier erfüllt vielleicht seinen Zweck, aber aus den folgenden Gründen bin ich kein Fan davon: Erstens lässt man sich so sehr viele hilfreiche Funktionen entgehen. Ein Papierkalender schickt Ihnen keine Erinnerungen und Sie können ihn auch nicht so leicht mit anderen teilen. Außerdem haben Pläne die Angewohnheit, sich zu ändern, und das kann auf Papier richtig nervig werden.

Ich mag den Google-Kalender gern. Allerdings funktionieren auch vergleichbare Terminplaner wie Microsoft Outlook oder die iCloud von Apple gut. Wenn Sie auf die Website gripbook.com/apps gehen, kann ich Ihnen bei der Entscheidung behilflich sein.

Schritt 2: Benutzen Sie Ihren Terminkalender für jede Art von Termin

Das Erste, was Sie in Ihren Kalender eintragen sollten: die Pläne, die Sie mit anderen für die kommende Woche gemacht haben. Wahrscheinlich haben Sie das bereits getan, doch überprüfen Sie es noch einmal, damit auch wirklich nichts fehlt. Wenn Ihr Meeting außerhalb des Büros ist, sollten Sie sichergehen, dass der Ort auch verzeichnet ist.

10:00 Uhr	Team-Meeting 10–11 Uhr
11:00 Uhr	
12:00 Uhr	
13:00 Uhr	Erstbesprechung mit Marketingagentur, 13 Uhr, Hauptstraße 123, Nordstadt
14:00 Uhr	
15:00 Uhr	Brainstorming zu Projekt X 15–16 Uhr
16:00 Uhr	
17:00 Uhr	

Schritt 3: Legen Sie die Endzeit fest

Das ist das dritte Detail, das Sie festlegen müssen, wenn Sie einen Termin planen: um wie viel Uhr wird er zu Ende sein. Im nächsten Schritt werde ich Ihnen zeigen, warum es wichtig ist, spezifische Endzeiten in den Terminplaner einzutragen. Wenn Sie aus Erfahrung wissen, dass die Meetings mit gewissen Personen meist ausufern, dann planen Sie das ebenfalls ein. Der entscheidende Punkt ist, realistisch zu sein.

Schritt 4: Schicken Sie den Teilnehmern eine Einladung

Wenn ich Meetings plane, lege ich viel Wert darauf, dass alle eine Einladung erhalten. Digitale Kalender machen es uns diesbezüglich einfach: Wir müssen einfach nur die E-Mail-Adresse der Teilnehmer eingeben. So haben sie direkten Zugang zu den Meeting-Infos. Vergessen Sie bei virtuellen Meetings nicht, mit der Einladung auch die Informationen zur Teilnahme zu verschicken. Ein weiterer Grund, warum ich das Verschicken von Einladungen empfehle: Es zwingt uns dazu, die Dauer eines Meetings zu berücksichtigen. Und mir ist aufgefallen, dass ich so achtsamer mit der Zeit anderer umgehe. Sagen wir, ich möchte mich mit einem Kunden zum Kennenlernen auf einen Kaffee treffen. Zwei Stunden wären da eindeutig etwas zu viel verlangt. Aber was ist mit einer Stunde? Oder sollte ich es eher auf kurze, knackige 30 Minuten

reduzieren? Indem man sowohl eine Start- als auch eine Endzeit in den Terminkalender einträgt, wissen die Teilnehmenden, was sie zu erwarten haben. Manchmal bitte ich auch andere, mir eine Einladung zu schicken. Das ist die höfliche Art zu sagen: »Sie entscheiden, wie viel Zeit Sie für mich haben.«

Schritt 5: Reisen, Vorbereitungen und Nachbereitungen

Vergessen Sie nicht, auch Anfahrten und Reisezeiten einzutragen. Eine Anreise kann viel Zeit beanspruchen, doch trotzdem übersieht man sie leicht. In diese Falle tappt man jedoch nicht, wenn man es sich angewöhnt, die Anreisen zu Terminen immer mit einzuplanen.

Und denken Sie auch an die Vorbereitungszeiten. Das Vorbereiten von Meetings ist der einfachste Weg, um die gemeinsame Zeit effektiver zu gestalten. Um herauszufinden, wie viel Zeit Sie dafür brauchen, fragen Sie sich am besten: Was braucht es, damit dieses Meeting glattläuft? Verwenden Sie hier am besten folgende Checkliste:

Checkliste

- Wie lange brauche ich, um zum Meeting zu kommen?
- Wie viel Zeit brauche ich für die Vorbereitung?
- Kann ich mich am selben Tag vorbereiten, oder sollte es vorher sein?
- Muss ich im Vorhinein noch Material an Teilnehmende schicken?
- Gibt es etwas, was ich vorher noch bestellen oder kaufen muss?
- Gibt es Ergebnisse dieses Meetings, die ich antizipieren und für die ich bereits planen kann? Und sollte ich für diese Tätigkeiten schon jetzt Zeit einplanen?

Sie können Meeting-Vorbereitungen, Reisen und Meeting-Nachbereitungen separat in Ihrem Terminkalender planen. In dem gezeigten Beispiel bereitete ich mich am selben Tag auf ein Meeting vor. In den meisten Fällen klappt das gut. Das Ergebnis sieht dann vielleicht so aus:

09:00 Uhr	Team-Meeting vorbereiten 09:30 Uhr	
10:00 Uhr	Team-Meeting 10–11 Uhr	
11:00 Uhr	To-dos aus Team-Meeting ausarbeiten 11:00 Uhr	
12:00 Uhr	Fahrt nach Nordstadt 12–13 Uhr	
13:00 Uhr	Erstbesprechung mit Marketingagentur, 13 Uhr, Hauptstraße 123, Nordstadt	
14:00 Uhr	Rückreise 14–15 Uhr	Brainstorming vorbereiten 14:30 Uhr
15:00 Uhr	Brainstorming zu Projekt X 15–16 Uhr	
16:00 Uhr	Brainstorming nachbereiten: To-dos planen und Protokoll ausarbeiten 16 Uhr	
17:00 Uhr		

Ich sehe sofort, dass mein Tag fast komplett von drei Meetings eingenommen wird, ich aber nicht genug Zeit dazwischen habe, um sowohl vorbereitet als auch pünktlich zu ihnen zu kommen *und* noch einmal durchzugehen, was im Team-Meeting und beim Brainstorming direkt danach besprochen wurde.

Schritt 6: Nutzen Sie den Terminkalender für Ihre eigene Arbeit

Dieser letzte Schritt ist essenziell: Vergessen Sie nicht, auch *Ihre eigene Arbeit* in den Kalender einzutragen. Natürlich gehören Meetings auch zu Ihrer Arbeit, aber jetzt geht es um Ihr wichtigstes Tagesgeschäft. Diesbezüglich kann Ihr Terminkalender einen großen Unterschied machen.

Denken Sie einen Moment darüber nach, wie Sie Ihr Geld ausgeben. Besonders bei größeren Anschaffungen neigen wir dazu, kritisch zu sein und eine mentale Checkliste abzuhaken, bevor wir entscheiden, ob uns etwas das Geld wert ist. Seltsamerweise gehen wir nicht annähernd so achtsam mit unserer Zeit um. Wertvolle Stunden zerrinnen uns wie Sand zwischen den Fingern. Probieren wir uns also an einem kleinen Gedankenexperiment aus: Ich möchte, dass Sie an Ihren letzten Urlaub zurückdenken. Genauer gesagt, an die Woche vor Ihrer Abreise.

Diese letzte Woche, bevor Sie Ihre Abwesenheitsnotiz aktivieren und Ihren Computer für die Dauer Ihrer wohlverdienten Auszeit ausmachen, fühlt sich anders an als andere Wochen. Warum? Weil Sie eine unverrückbare Deadline und ein klares Bild davon haben, wo Sie am Ende der Woche sein möchten. Sie werden von einem gesunden Druck angetrieben, da Ihre Zeit nach dieser Woche um ist. Ihr Denken wird schwarz-weiß: Was ist wesentlich? Was ist machbar, zeitlich gesehen? Was ist definitiv nicht realistisch? Die Tatsache, dass Sie klare Prioritäten setzen müssen, macht die Woche vor dem Urlaub meist zur produktivsten und effektivsten aller Arbeitswochen. (Am Ende des Buches finden Sie ein Bonuskapitel mit Tipps für die Urlaubszeit.)

Mit dieser neuen Herangehensweise an Ihren Terminkalender können Sie jede Woche genauso produktiv und effektiv gestalten. Tragen Sie Ihre Arbeit in den Terminkalender ein – an dem bestimmten Tag und der Uhrzeit, an der Sie sie machen müssen oder wollen. Diese Vorgehensweise zwingt Sie dazu, sich zu überlegen, was Sie in einer bestimmten Woche erledigen werden (und was definitiv nicht). Denken Sie daran, was ich zu Beginn dieses Kapitels gesagt habe: Der Terminkalender ist Ihr Fels in der Brandung. Nutzen Sie ihn, um Termine mit sich selbst auszumachen. Was auch immer in Ihrem Terminkalender steht, das ist es, was Sie wahrnehmen werden. Überlegen Sie sich also sorgfältig, was Sie für diese Woche hineinschreiben werden!

Bei der Entscheidung, was in meinen Terminkalender kommt, hilft mir die 30-Minuten-Regel. Das heißt, ich trage alles ein, was mich 30 Minuten oder länger kostet oder so dringend ist, dass ich es auf keinen Fall vergessen möchte. Und natürlich gibt es viele Dinge, die ich machen muss, die weniger als 30 Minuten in Anspruch nehmen. Diese Aufgaben parke ich dann in meiner To-do-Liste, auf die wir im nächsten Kapitel zu sprechen kommen.

Was kommt also diese Woche in Ihren Terminkalender? Das ist der Punkt, an dem es knifflig wird. Vielleicht fällt es Ihnen gar nicht schwer, in groben Zügen zu skizzieren, was Sie in der nächsten Woche erreichen wollen. Doch wenn es darum geht, konkrete Aufgaben für den Mittwoch- und Donnerstagmorgen zu planen, fühlt man sich schnell überfordert. Es gibt einfach so viel zu tun! Die Versuchung ist groß, einfach die Ärmel hochzukrempeln und das zu tun, was sich in diesem Moment am sinnvollsten anfühlt. Aber wenn es etwas gibt, was Ihnen nicht dabei helfen wird, die wichtige Arbeit zu erledigen, dann das: sich von Ihrem Gefühl durch die Woche leiten zu lassen. Sich dazu zu zwingen, mit dieser einen komplexen, aber essenziellen Aufgabe anzufangen, fühlt sich selten gut an. Es ist also recht wahrscheinlich, dass Sie sich stattdessen auf etwas konzentrieren, was Ihrer Aufmerksamkeit eigentlich noch nicht bedarf.

Damit Sie jede Woche mit dem gleichen zufriedenen Gefühl beenden können, mit dem Sie sich auch in den Urlaub verabschieden, habe ich nachfolgend drei Selektionsfilter aufgestellt. (Wie schade, dass am Ende einer jeden Woche unsere Mühen nicht immer mit einem Urlaub belohnt werden!)

DIE AUFGABEN NACH WICHTIGKEIT UND DRINGLICHKEIT SORTIEREN

Filter 1: Was sind meine Prioritäten?

Wenn Sie erst einmal wissen, wo Ihre Prioritäten liegen, können Sie viel einfacher bestimmen, wie Sie Ihre Zeit am besten investieren. Die Frage nach den Prioritäten können jedoch nur Sie beantworten. Planen Sie mehrere Zeitblöcke für jede Priorität ein. Entscheiden Sie dann, welcher Schritt bei jeder Priorität als Nächstes kommt. Wenn es Zeit für einen Termin mit Ihnen selbst ist, wissen Sie, an welcher Priorität Sie gerade arbeiten, und können sich sofort an diesen bestimmten nächsten Arbeitsschritt machen. Richten Sie Ihren Terminkalender nach Ihren Prioritäten aus – Sie werden überrascht sein, wie viel Sie dann schaffen.

Wie finden Sie nun heraus, wo Ihre Prioritäten liegen? Am besten fangen Sie mit Ihrem Verantwortungsbereich an. Die folgende Liste kann Ihnen dabei zu einem schnellen Überblick verhelfen:

- Ihre Jobbeschreibung oder Ihre Pflichten
- die Ziele Ihres Unternehmens, Ihrer Abteilung oder Ihres Teams
- Prioritäten, die Sie mit Ihrem Vorgesetzten setzten
- Leistungsbeurteilung
- wiederkehrende Themen bei Präsentationen oder Berichten an Ihren Vorgesetzten oder Ihr Team
- größere Projekte, an denen Sie im Moment arbeiten

Stellen wir uns einmal vor, Sie seien die Teamleitung des Cafés an der nächsten Straßenecke. Mit der obigen Liste könnte Ihr Verantwortungsbereich in etwa so aussehen:

- *basierend auf den neuen Quartalszielen Ihrer Filiale* : verantwortlich für die Steigerung des Tagesumsatzes um drei Prozent
- *basierend auf Ihrer Jobbeschreibung:* verantwortlich für ein angenehmes und verlässliches Barista-Team
- *basierend auf Ihrer Jobbeschreibung:* endgültige Verantwortung für die Qualität der verkauften Produkte
- *basierend auf Ihrer Leistungsbeurteilung:* den kreativen Input in der alltäglichen Arbeit steigern und die Mitarbeiterfluktuation senken

Diese Verantwortlichkeiten bestimmen Ihre Prioritäten. Doch bevor Sie sich an die Arbeit machen können, müssen diese Prioritäten noch in spezifische Aufgaben übersetzt werden. Betrachten wir die einzelnen Prioritäten. Welchen kleinsten ersten Schritt könnten Sie machen, um Fortschritte zu erzielen? Sie könnten:

- die aktuellen Monatszahlen überprüfen, um Wachstumsmöglichkeiten ausfindig zu machen,
- die letzten Bewerbungen durchsehen und prüfen, ob Sie eine gute Ergänzung für das Team finden,
- durch ein Brainstorming kreative Lösungen finden, die den Standort stärken,
- mehr persönliche Gespräche mit den Angestellten führen, um erste Zeichen von Unzufriedenheit wahrzunehmen,

- einen Betriebsausflug und ein Team-Meeting organisieren, um die Moral und die Bindung an den Betrieb zu stärken,
- mit einem potenziellen Lieferanten ein Gespräch über die Erweiterung Ihres Kaffeebohnensortiments ansetzen.

Abgesehen von diesen wichtigen Aufgaben beinhaltet Ihr Job auch die Art von Routinearbeit, die wir alle kennen:

- In Ihrem Postfach warten 38 E-Mails darauf, beantwortet zu werden.
- Der Kühlschrank in der Büroküche schließt nicht richtig, und es gab Beschwerden seitens der Mitarbeiter.
- Zweimal haben Ihnen Ihre Mitarbeiter bereits gesagt, dass die Milch knapp wird.
- Ein Angestellter ist heute Morgen nicht erschienen, und im Laden brummt es schon den ganzen Tag.
- Sie hätten den Dienstplan für nächste Woche eigentlich schon gestern fertigstellen müssen.
- Und so weiter und so fort …

Wenn Ihnen ein Dutzend solcher Tätigkeiten bei Ihrem Job einfallen, kann ich Ihnen versichern: Sie sind nicht allein. Womöglich empfinden Sie die schiere Menge an Aufgaben – kleinen und großen –, die Sie erwarten, als betäubend. Das ist absolut verständlich. Die Teamleitung hat in meinem Beispiel auch viel zu viele Pflichten. Und während manche dieser Aufgaben sofort angegangen werden müssen, ist eine Woche eindeutig nicht genug, um alles zu erledigen. (Und denken Sie daran: Das ist die Woche vor dem Urlaub!) Das heißt, wir müssen sehr wählerisch sein.

Zum Glück gibt es auch einen Selektionsfilter für diesen Schritt: die Eisenhower-Matrix.

Die To-do-Liste

All die unerledigten Aufgaben, die Ihnen im Kopf herumschwirren, stressen Sie? Das lässt sich ändern. Ersetzen Sie dieses Gefühl von Chaos durch innere Ruhe, indem Sie ein Blatt Papier zur Hand nehmen und alles aufschreiben, womit Ihr Gehirn gerade überfrachtet ist. All die Arbeit, die noch ansteht, die Menschen, die zu treffen sind, und all die Dinge, die Sie noch überprüfen müssen. Und wenn ich »alles« sage, dann meine ich auch alles. Nehmen Sie sich die Zeit. Schreiben Sie alles auf. Das mag vielleicht nur kurzzeitig helfen, doch es ist sehr effektiv. Auf dieser Liste müssen Sie nichts abhaken, um sich in Bezug auf die aktuelle Lage klarer und entspannter zu fühlen. Im nächsten Kapitel sprechen wir über eine etwas langfristigere Lösung für diesen Stress: eine To-do-Liste.

Filter 2: Stimmt das Gleichgewicht zwischen Dringlichkeit und Wichtigkeit?

Der US-amerikanische Präsident Dwight D. Eisenhower erklärte einst: »Ich habe zwei Arten von Problemen: die dringenden und die wichtigen. Die dringenden sind nicht wichtig, und die wichtigen sind niemals dringend.« Die unten abgebildete Grafik veranschaulicht dieses Konzept und liefert uns ein einfaches und geniales Tool, um wichtige Aufgaben von dringenden zu unterscheiden. Die Matrix verfügt über zwei Achsen. Die vertikale Achse verzeichnet die Wichtigkeit der Aufgabe, von geringfügig bis hoch, und die horizontale ihre Dringlichkeit. Diese beiden Achsen bilden die vier Quadranten, in die eine Aufgabe fallen kann:

1. Wichtig und dringend: Dies sind wichtige Aufgaben, die nicht warten können. Also dringende Probleme oder Projekte mit einer festen Deadline. Um zurück auf unser Café-Beispiel zu kommen:

Der Angestellte, der nicht zur Arbeit erschienen ist, verursacht Ihnen ein sehr wichtiges und akutes Problem. Schrillen bei Ihnen die Alarmglocken, gehört es in den ersten Quadranten.

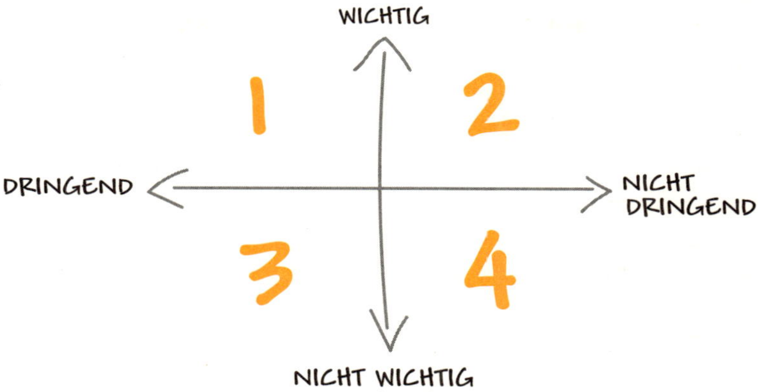

DIE EISENHOWER-MATRIX

2. Wichtig und nicht dringend: Aufgaben in diesem Quadranten können ohne größere Konsequenzen um etwa eine Woche verschoben werden. Doch Sie können es sich nicht leisten, Sie zu lange aufzuschieben, denn diese Tätigkeiten oder Projekte verschaffen Ihnen langfristig Vorteile. Zu den Dingen, die in diesem Quadranten stehen sollten, gehören: Strategieplanung, Optimierung von Teamprozessen, Investierung in Kundenbeziehungen oder in Sie selbst. Ziehen wir wieder unser Café-Beispiel heran: Die Teamleitung wurde bei ihrer letzten Leistungsbeurteilung um mehr kreativen Input gebeten. So ein Ziel wird sich niemals dringend anfühlen, doch es ist sehr wichtig. Wichtige und nicht dringende Aufgaben lassen sich leichter erkennen, indem man sich selbst fragt: Wenn ich das *nicht* mache, bekomme ich dann irgendwann ein Problem? Lautet die Antwort Ja, dann haben Sie es mit etwas zu tun, das wichtig und nicht dringend ist. Lautet die Antwort Nein, dann ist es weder wichtig noch dringend.

3. Dringend und nicht wichtig: In diesem Quadranten geht es um Dinge, die langfristig keine große Bedeutung haben, in dieser Woche jedoch nach Ihrer Aufmerksamkeit schreien. Ein Kollege möchte, dass Sie in letzter Minute eine Präsentation optimieren oder – in unserem Café-Beispiel – die Milch wird knapp. Bei den Aufgaben in diesem Quadranten müssen Sie überlegen, ob sie wirklich dringend sind. Immer wenn andere etwas von uns wollen, nehmen wir meist an, dass es eilig ist, obwohl sie oft bereit sind, einen Tag oder sogar eine Woche darauf zu warten. Ich habe gelernt, dass es in den meisten Fällen absolut in Ordnung ist, solche Dinge auf eine Zeit zu verschieben, die mir gut passt – solange ich die andere Person darüber informiere. Noch besser ist es, die Aufgaben in diesem Quadranten zu delegieren oder an Externe zu vergeben. Wenn Sie selbstständig arbeiten, ist das nicht immer eine Option. In diesem Fall empfehle ich, Ihre Zeit so zu strukturieren, dass diese Art von dringenden Aufgaben Ihren Arbeitstag nicht zu stark beeinflusst. Planen Sie, falls nötig, jeden Tag etwas Zeit zum Feuerlöschen ein. So entgleiten Ihnen die Tage nicht, wenn es bei jemand anderem gerade brennt.

4. Nicht dringend und nicht wichtig: Das ist die Art von Arbeit, die Sie möglichst vermeiden sollten, denn sie bringt Sie nicht weiter. Zu dieser Kategorie zählt alles vom ständigen Aktualisieren Ihres Posteingangs bis hin zu Meetings, die nirgendwohin führen. Sicherlich würden mir noch sehr viele Beispiele zu dieser Form von Beschäftigungstherapie einfallen: Dinge, die man ständig macht, obwohl niemand wirklich davon profitiert. Für kurze Pausen sind diese Tätigkeiten hin und wieder in Ordnung, aber meist sind sie nur eine bequeme Ausrede, um wichtige Arbeiten aufzuschieben.

Im Allgemeinen neigen wir dazu, viel zu viel Arbeit aus dem ersten Quadranten zu erledigen – Dinge, die wichtig und dringend sind, wie Projekte mit einer festen Deadline. Wenn wir nicht diese Art von Arbeit erledigen, dann löschen wir die Brände im dritten Quadranten – wir lösen Probleme, die dringend sind, aber langfristig kaum Relevanz haben.

Sogar ich, der ich all die nützlichen Tools kenne, erwische mich immer noch ständig bei diesen Arbeiten. Wie neulich, als ich eigentlich an Ideen für das nächste Quartal arbeiten wollte. Das war etwas Wichtiges, das gemacht werden musste, um das Unternehmen grundlegend für die Zukunft zu stärken. Doch anstatt mich dahinterzuklemmen, beschloss ich, an einer geplanten E-Mail-Kampagne zu arbeiten. Diese Kampagne war zwar wichtig, aber es wäre mir definitiv möglich gewesen, mich auf den Quartalsplan zu konzentrieren. Ich hätte einen Kollegen bitten können, die E-Mail-Kampagne zu übernehmen, oder ich hätte mit dem Team besprechen können, ob es wirklich nötig ist, sie gerade *jetzt* durchzuführen.

Treffen Sie hier bessere Entscheidungen, wird das eine tiefgreifende Wirkung auf Ihre Arbeit haben. Mit folgenden Fragen kann man leicht feststellen, ob man gerade an etwas wirklich Wichtigem arbeitet: Könnte diese Tätigkeit dazu führen, dass Sie befördert oder ausgezeichnet werden oder eine Lohnerhöhung erhalten? Oder zumindest eine würdigende Erwähnung in irgendeiner Form zum Jahresende?

Wirkung

Das ist ein Wort, womit man häufig um sich wirft, doch was bedeutet Wirkung eigentlich? Oft klingt es etwas vage. Wenn ich in diesem Buch davon spreche, dann meine ich etwas, was Ihnen, Ihrem Team oder dem Unternehmen, für das Sie arbeiten, wirklich hilft. Und um zu wissen, ob die eigene Arbeit Wirkung hat, muss man wissen, was wichtig ist. Welche Eigenschaften sind von Bedeutung? Welche Zahlen sind ausschlaggebend? In den meisten Unternehmen ist das der Umsatz und der Gewinn. Bei der News-Plattform, für die ich früher einmal gearbeitet habe, haben wir zum Beispiel auch die Zahl gelesener Artikel und Abonnenten betrachtet. Wenn Sie also möchten, dass Ihre Arbeit Wirkung zeigt, dann setzen Sie am besten auf das, was Ihre ausschlaggebenden Zahlen nach oben gehen lässt.

Kommen wir nun zurück auf Ihre Aufgabenliste für die kommende Woche. Überlegen Sie sich bei jedem neuen Punkt, den Sie auf die Liste setzen, wo auf der Eisenhower-Matrix er einzuordnen ist. Wenn Sie als Teamleitung eines Cafés glauben, dass die Qualität Ihres Kaffees bereits top ist, dann wird ein Treffen mit einem potenziellen neuen Lieferanten wahrscheinlich keine große Wirkung haben. Das macht diese Aktivität nicht wichtig und nicht dringend, folglich ist sie Ihre Zeit nicht wert. Wenn Sie ähnlich ticken wie ich, dann neigen Sie vielleicht dazu, es trotzdem zu tun. Denn heißt es nicht: Wer nicht wagt, der nicht gewinnt? Doch tappen Sie nicht in diese Falle! Wollen Sie Wichtigeres erledigt bekommen, dann müssen Sie alles streichen, was für Sie nicht dringend und nicht wichtig ist.

Fassen wir also zusammen: Überlegen Sie sich bei der Aufstellung Ihrer Aufgabenliste für die nächste Woche, wie Sie Ihre Energie mehr auf die Arbeiten im zweiten Quadranten konzentrieren könnten (*wichtig* und *nicht dringend*). Wenn Sie das schaffen, erzielen Sie eine echte Wirkung. Werfen Sie als Nächstes einen kritischen Blick auf die Dinge, die Ihrer Meinung nach *dringend* und *nicht wichtig* sind, und prüfen Sie, ob Sie das Ruder noch herumreißen oder die Aufgabe an jemand anderen übertragen können. Alles, was *nicht wichtig* und *nicht dringend* ist, kann von Ihrer Liste gestrichen werden. Und wenn wir schon dabei sind …

Filter 3: Arbeite ich fokussiert genug?

Nachdem Sie Ihre Verantwortlichkeiten identifiziert und Ihre Tätigkeiten nach Dringlichkeit und Wichtigkeit bewertet haben, denken Sie vielleicht, dass Sie loslegen können. Aber Moment! Wir sind noch nicht ganz am Ziel. Lassen Sie uns Ihre Liste für die nächste Woche noch einmal durchgehen – halten Sie einen roten Stift parat. Die Sache ist die: Der Mensch ist kein geborener Planer. Selbst wenn Sie sich sicher sind, dass Sie Ihre gesamte Liste in der nächsten Woche abarbeiten werden, haben Sie sich wahrscheinlich noch immer zu viel vorgenommen. Glücklicherweise lässt sich das schnell lösen: Kürzen Sie Ihre Liste. Jetzt ist es auch an der Zeit, einen zweiten kritischen Blick auf die anberaumten Meetings zu werfen. Ist es möglich, dass diese Termine der Erledigung Ihrer Prioritäten im Weg stehen?

Wie viele Aufgaben befinden sich für nächste Woche auf Ihrer Liste? 30? 10? Versuchen Sie, die Liste auf zwei oder drei Punkte einzustampfen. Ich weiß, Ihnen fällt es schwer, Nein zu sagen. Aber wenn Sie Ihre Arbeit reduzieren, können Sie sich ehrlicher eingestehen, was wirklich wichtig ist. Schon fünf große Aufgaben sind zu viel. Versuchen Sie also, sie auf zwei oder drei Prioritäten in der Woche zu reduzieren. Mit solch kleinen Schritten anzufangen, ist eine effektive Strategie, um dem näher zu kommen, was am wichtigsten ist. Und wenn Sie diese zwei oder drei Sachen dann erledigt und noch Zeit übrig haben, können Sie ja etwas hinzunehmen.

Versetzen wir uns noch ein letztes Mal in die Café-Teamleitung. Vielleicht entscheiden Sie, sich diese Woche mit den eingehenden Bewerbungen zu beschäftigen und einen Ausflug mit dem Team zu organisieren. Indem Sie sich nur auf diese beiden Aufgaben konzentrieren, machen Sie auf jeden Fall echte Fortschritte.

Peter F. Drucker, ein österreichischer Management-Guru, sagte es einmal so: »Formulieren Sie Ihre Prioritäten und haben Sie nicht mehr als zwei. Ich kenne niemanden, der drei Sachen gleichzeitig machen kann und sie auch gut macht. Arbeiten Sie an nur einer oder zwei Aufgaben. Nicht an mehr.« Denn es ist so: Wenn Sie sich fünf Prioritäten setzen, haben Sie im Grunde nicht priorisiert.

DEN TERMINKALENDER AUSFÜLLEN

Da die nötige Vorarbeit geleistet wurde, ist es nun endlich so weit: Füllen Sie Ihren Kalender aus. Und keine Sorge, falls das nach ziemlich viel Arbeit aussieht. Wenn Sie die Schritte wie besprochen befolgen, wird es schon bald ganz natürlich für Sie sein, diese drei Filter anzuwenden.

Bevor Sie mit Ihrer Wochenplanung beginnen, beachten Sie auch die folgenden Tipps:

- Planen Sie nur Dinge ein, für die Sie 30 Minuten oder länger brauchen. Kleinkram führt nur zu Chaos. Packen Sie diese kleinen Aufgaben auf Ihre To-do-Liste. (Dazu kommen wir im nächsten Kapitel.)
- Planen Sie so viel Zeit ein, wie Sie für nötig halten. Sie sollten sich nicht hetzen, aber gleichzeitig auch nicht mehrere Stunden für etwas reservieren, was Sie in einer halben Stunde erledigen können.
- Achten Sie darauf, Ihre Arbeitseinheiten nicht dicht an dicht zu legen und verplanen Sie nicht Ihren gesamten Arbeitstag. Lassen Sie, wenn möglich, ungefähr 20 Prozent Ihrer Arbeitsstunden offen. An einem achtstündigen Arbeitstag sind das zwischen 90 Minuten und zwei Stunden. So bleibt etwas Spielraum für Nebensachen, Pausen und dem Beantworten von dringenden E-Mails (mehr dazu in Kapitel 3). Außerdem bauen Sie so einen Puffer für Unerwartetes ein.
- Ich weiß, es fühlt sich manchmal unmöglich an, sich Zeit freizuhalten, aber versuchen Sie es einmal – *besonders dann*, wenn Sie sich überfordert fühlen. Es wird Ihnen dabei helfen, diese wichtigen Dinge, die Sie geplant haben, auch zu erledigen. (Wenn Freiräume im Kalender dazu führen, dass Sie für zusätzliche Meetings eingeplant werden, dann können Sie diese Zeit ohne schlechtes Gewissen blockieren.)
- Formulieren Sie die Einträge so, dass Sie sie auf Anhieb verstehen. So wissen Sie genau, was zu tun ist, wenn Sie zu einem späteren Zeitpunkt in Ihren Kalender sehen. »Projektplan« ist ziemlich vage, aber »Sanierungsplan Hauptsitz ausarbeiten« hilft Ihrem Gedächtnis sofort auf die Sprünge. Anstatt Ihre mentale Energie darauf zu verschwenden, über einen Eintrag nachzudenken, können Sie sich sofort an die Arbeit machen.

- Wählen Sie für jede Tätigkeit die richtige Zeit und den richtigen Ort. Stellen Sie sich die Frage: Ist das etwas, was ich lieber morgens mache? Muss ich im Büro sein, um daran zu arbeiten? Brauche ich dafür Kollegen oder Materialien?

Damit Sie eine Vorstellung davon bekommen, zeige ich Ihnen, wie meine Woche aussehen kann.

	Montag	Dienstag	Mittwoch
09:00 Uhr	Team-Meeting vorbereiten 09:30 Uhr	Marktrecherche 9–12 Uhr	Fahrt nach Oststadt 9–10 Uhr
10:00 Uhr	Team-Meeting 10–11 Uhr		Termin mit Lieferant X 10–11 Uhr
11:00 Uhr	To-dos aus Team-Meeting ausarbeiten 11:00 Uhr		Rückfahrt 11–12 Uhr
12:00 Uhr	Fahrt nach Nordstadt 12–13 Uhr	Mittagessen 12 Uhr	
13:00 Uhr	Erstbesprechung mit Marketingagentur, 13 Uhr, Hauptstraße 123, Nordstadt	Einzelgespräch mit Chef, 13 Uhr	
14:00 Uhr	Rückfahrt 14–15 Uhr Brainstorming vorbereiten		Brainstorming vorbereiten 14:30 Uhr
15:00 Uhr	Brainstorming zu Projekt X 15–16 Uhr	Kaffee mit Sophia 15:30 Uhr	Brainstorming zu XYZ 15–16 Uhr
16:00 Uhr	Brainstorming nachbereiten: To-dos planen und Protokoll ausarbeiten 16 Uhr	Admin-Update 16–17 Uhr	
17:00 Uhr			

	Donnerstag	Freitag
09:00 Uhr	Ganztägiges Seminar 9-15 Uhr	Bewerbungsgespräch
10:00 Uhr		
11:00 Uhr		Neues Team-Meeting 11:30 Uhr
12:00 Uhr		Mittagessen 12 Uhr
		Projektfortschritte + Bericht 12:30-13:30 Uhr
13:00 Uhr		
14:00 Uhr		E-Mails 14-15 Uhr
15:00 Uhr		
16:00 Uhr		
17:00 Uhr		Aperitif mit Kollegen 17-18 Uhr
18:00 Uhr		

Zunächst sieht es so aus, als ob ich bei meiner Wochenplanung methodisch vorgegangen bin. Ich habe all meine Termine und Meetings eingetragen und ein paar Zeitblöcke für wichtige Aufgaben reserviert. Auch meine drei Hauptprioritäten sind klar: Dienstagmorgen Marktrecherche, Mittwochnachmittag Brainstorming-Session und Donnerstag Seminar. Dennoch habe ich einiges übersehen.

1. Am Montag habe ich Zeit blockiert, um Meetings vorzubereiten. Aber was ist mit den Meetings an anderen Tagen? Es sieht so aus, als hätte ich keine Zeit, mich auf das Gespräch mit meinem Vorgesetzten am Dienstag oder das Bewerbungsgespräch und die zwei internen Meetings am Freitag vorzubereiten.
2. Habe ich alles, was ich brauche, um am Dienstagmorgen direkt mit meiner Marktrecherche loszulegen? Und brauche ich dafür wirklich drei volle Stunden?
3. Treffe ich Sophia am Dienstagnachmittag im Büro, oder muss ich irgendwohin fahren? Ist es realistisch, dass ich danach pünktlich um 16 Uhr meine Verwaltungsaufgaben erledigen kann?
4. Gibt es etwas, was ich noch vor meinem Mittwoch-Meeting mit dem Lieferanten erledigen muss?

5. Am Donnerstag nehme ich an einem ganztägigen Seminar teil. Gibt es Hausaufgaben vom letzten Mal, die ich noch machen muss? Und wo findet der Kurs statt?
6. Muss ich mich noch über den Bewerber schlaumachen, den ich am Freitag treffe? Habe ich schon meine Fragen formuliert? Führe ich das Bewerbungsgespräch allein oder mit dem Team?
7. Ist eine Stunde wirklich ausreichend, um all meine E-Mails zu lesen, oder brauche ich mehr Zeit? (Über E-Mails sprechen wir noch in Kapitel 3.)

Es lohnt sich, einen kritischen Blick auf den Terminkalender zu werfen, bevor die Woche beginnt. So behalten Sie den Überblick und hecheln nicht nur Ihren Terminen hinterher. Im Grunde können Sie so jede neue Aufgabe unter den bestmöglichen Bedingungen anpacken. Sie werden erstaunt sein, wie schnell Sie sich daran gewöhnen. Und vielleicht helfen Ihnen für den Anfang auch diese praktischen Erkenntnisse:

1. Kreative und unkreative Arbeit vertragen sich nicht gut miteinander

Ein Essay von Paul Graham hat mir bezüglich des großen Unterschieds zwischen »Managern« und »Machern« die Augen geöffnet.[1] Graham – in der Start-up-Welt als Gründer von Y Combinator und als Investor von Firmen wie Airbnb und Dropbox bekannt – spricht davon, wie viel Mühe es Macher kostet, ständig zwischen Meetings und Arbeit zu wechseln. Manager zerteilen ihre Tage in Stunden, oder sogar in halbe Stunden, und sind es gewohnt, immerzu von einer Aufgabe zur anderen zu wechseln. Doch diese schnellen Wechsel funktionieren bei Machern wie Schriftstellern oder Programmierern nicht so gut. Macher brauchen längere Zeitspannen für ihre Arbeit, denn es ist schwer, wenn nicht sogar unmöglich, in nur einer Stunde bei einem Text oder einem kniffligen Code echte Fortschritte zu machen. Graham zeigt auf, dass Kreative am besten in Blöcken von ganzen oder halben Tagen arbeiten. Eine einzige 30-minütige Unterbrechung kann ihre Produktivität zerstören. Heißt das jetzt, dass eine Stelle, die beide Arbeitsweisen beinhaltet, nicht funktionieren kann? Ganz im Gegenteil, behauptet Graham. Es wird erst dann problematisch, wenn sie aufeinandertreffen.

Mein eigener Arbeitsansatz ist mehr »Manager« als »Macher«. Denn ich wechsle ständig zwischen den Aufgaben hin und her. Doch ich habe auch gelernt, routinemäßig große Zeitblöcke einzubauen, um kreative Arbeit zu erledigen, wie etwa Ideen für die Zukunft meines Unternehmens zu entwickeln. Ich muss beides so kombinieren, dass ich ganze oder halbe Tage für kreative Aufgaben reserviere, während ich mindestens die Hälfte meiner Woche mit Meetings fülle, die eine Stunde oder weniger dauern. Seitdem ich begriffen habe, dass diese beiden Arten von Arbeit verschiedene Formen der Konzentration und eine andere Planung benötigen, schaffe ich deutlich mehr und unter weniger Anstrengung. Das hat mich auch sensibler für den Arbeitsrhythmus anderer gemacht. Wenn Sie im Machermodus sind, könnte ein Meeting Ihrer Produktivität stark zusetzen. Zum Glück gibt es da eine einfache Lösung: Wählen Sie eine Zeit, in der Unterbrechungen weniger problematisch sind, wie etwa vor oder nach der Mittagspause oder gegen Ende des Arbeitstags. Oder versuchen Sie, falls Sie den Terminkalender der anderen Person einsehen können, das Meeting direkt vor oder nach ihren anderen Meetings anzuberaumen, also ohne Pause.

2. Sie werden sich an Ihren neuen Terminkalender gewöhnen müssen

»Das hoffe ich, diese Woche zu schaffen. Aber wenn es nicht klappt, ist da ja noch die nächste Woche.« Falls Ihre Planungsphilosophie bisher ungefähr so klang, dann bedeutet die von mir vorgeschlagene Herangehensweise eine radikale Veränderung. Geben Sie sich etwas Zeit und versuchen Sie derweil, Ihrem neuen Motto – mein Terminkalender ist mein Fels in der Brandung – treu zu bleiben. Aber gönnen Sie sich zu Beginn auch noch etwas zusätzlichen Spielraum. Ich wiederhole: Es ist besser, Einträge von Ihrem Terminkalender zu streichen, als sie nicht erledigen zu können. Sobald Sie merken, wie viel entspannter Ihre Tage durch diese Methode werden, werden Sie Spaß am Planen Ihrer Woche haben.

3. Erledigen Sie das Wichtige zuerst

Die Zeit und die Energie, die wir an einem Tag haben, sind begrenzt. Nachdem wir uns auf die Aufgaben konzentriert haben, die wir machen »sollten«, neigen wir dazu, gegen Abend etwas lockerer zu werden.

Brian Tracy schreibt darüber auch in seinem Buch *Eat That Frog*. Den Titel lehnte er an ein Zitat an, das Nicolas Chamfort zugeschrieben wird: »Wenn du jeden Morgen als Allererstes einen lebendigen Frosch isst, kann dir während des restlichen Tages nichts Schlimmeres mehr passieren.« Mit anderen Worten: Beginne deinen Tag mit der schwersten, lästigsten Aufgabe, anstatt sie die ganze Zeit aufzuschieben.

Stephen Covey entwickelte, basierend auf dieser Idee, ein ganzes Prinzip, das er »Das Wichtigste zuerst tun« nennt. Er veranschaulicht das Prinzip folgendermaßen: Stellen Sie sich vor, Sie wollen ein Glas mit so viel Steinen und so viel Sand wie möglich befüllen. Die Steine stehen für Ihre große, wichtige Arbeit und der Sand für all die anderen Sachen, die Sie auch tun müssen. Wenn Sie Ihr Glas zuerst mit Sand befüllen und dann versuchen, die Steine hineinzulegen, bleiben viel mehr Steine übrig, als wenn Sie stattdessen zuerst die Steine und dann den Sand hineintun.

Sie werden mehr wichtige Dinge in Ihrem Leben erledigen können, wenn Sie sie eher früher als später einplanen – früh in der Woche, früh am Tag. Machen Sie daraus eine Gewohnheit. Es gibt keinen einfacheren Weg, um mehr wichtige Arbeit zu erledigen, als den, sie dauerhaft im Terminkalender zu priorisieren. Der amerikanische Staatsmann Benjamin Franklin verfolgte eine ähnliche Strategie. Jeden Morgen stellte er sich dieselbe Frage: »Was soll ich heute Gutes tun?« Das ist eine wunderbare Art, den Arbeitstag anzupacken.

4. Sie sind keine Maschine

Eine ganze Weile lang habe ich wichtige kreative Arbeit auf Donnerstage und Freitagnachmittage gelegt. Bloße Willenskraft lässt mich gute Leistungen erzielen, wo und wann ich will. Das dachte ich zumindest. Bis ich mir einen Rhythmus angewöhnt hatte, der tatsächlich zu mir passt. Sobald ich meine kreative Zeit auf den Wochenanfang verschoben hatte – vor allem auf die Morgenstunden –, stieg die Qualität meiner Arbeit sprunghaft an. Ich stellte auch fest, dass mir manchmal die besten Einfälle kamen, wenn alle bereits nach Hause gegangen waren und ich allein im Büro saß oder am Küchentisch zu Hause.

Was kann man daraus schlussfolgern? Wir sind keine Maschinen. Wir erledigen unterschiedliche Arten von Arbeit besser zu unterschiedlichen Zeiten und an unterschiedlichen Orten. Hat man einmal herausgefunden, welche Aufgaben man wann in Angriff nehmen sollte, wird man nicht nur effektiver sein, sondern die Arbeit auch mehr genießen. Anstatt gegen den Strom anzukämpfen, wird man so von ihm getragen.

In meiner alten Firma Blendle dachten wir uns etwas aus, was wir die »meetingfreien Dienstage« nannten. Nach der allwöchentlichen Reihe von Montagsmeetings waren alle auf den neuesten Stand gebracht und einsatzbereit. An den Dienstagen konnten wir diese Energie nutzen, indem wir unsere Terminkalender freihielten, um echte Fortschritte bei unserer eigentlichen Arbeit machen zu können.

5. Behandeln Sie Ihren Terminkalender wie ein Fitnessprogramm

Wir alle wissen, dass Krafttraining beim Muskelaufbau hilft. Doch auch die Konzentrationsfähigkeit lässt sich mit etwas Training steigern. Je häufiger und länger Sie sich konzentrieren, desto besser werden Sie darin. Und hier kommt Ihr Terminkalender ins Spiel: Mit ihm können Sie nämlich Zeit für fokussiertes Arbeiten einplanen, jede Woche etwas mehr. Fangen Sie mit kleinen Zeitblöcken an und bauen Sie sie langsam aus – genau wie ein Fitnessprogramm.

Die ganze Woche zu planen, verschafft Ihnen noch einen zusätzlichen Bonus: Sie müssen nicht zwischen der Planung Ihrer Arbeit und dem tatsächlichen Arbeiten hin- und herwechseln. Wenn die Zeit gekommen ist, mit etwas anzufangen, können Sie sofort loslegen. Und bei einer Störung oder Ablenkung können Sie einfach Ihren Terminkalender checken, um sich wieder auf Kurs zu bringen.

1908 schrieb Arnold Bennett das Buch *24 Stunden am Tag*. Darin stellt er eine wunderbare Konzentrationsübung vor. Auf dem Weg zur Arbeit, so Bennett, solle man versuchen, nur an eine Sache zu denken: »Versuchen Sie Ihre Gedanken morgens nach Verlassen Ihres Hauses auf ein bestimmtes Thema zu konzentrieren (zu Beginn ist egal, was das ist). Sie werden wahrscheinlich keine zehn Meter gegangen sein, bis Ihnen Ihr Geist davongaloppiert und Ihnen hinter der nächsten Ecke mit einem neuen Thema auflauert.« Wir alle wissen, wie gern unsere Gedanken abschweifen. Das wusste auch Bennett, und seine inzwischen über 100 Jahre alte Methode ist der Meditation und Achtsamkeit, die viele heute praktizieren, recht ähnlich. Bennett fordert uns dazu auf, unser Gehirn zu trainieren und zu verstehen, dass wir unsere Konzentrationsfähigkeit verbessern und unsere Gedanken steuern können.

LERNEN, MIT DEM UNERWARTETEN UMZUGEHEN

Könnten wir jede Kleinigkeit planen, die in einer Woche passieren kann, würde das Leben schnell öde werden. Doch zum Glück ist das Leben unvorhersehbar. Das ist gut, denn Überraschungen lassen unsere Kreativität aufblühen. Und große Ideen kommen einem meist, wenn man es am wenigsten erwartet. Was allerdings Ihre Arbeitswoche betrifft, sind Überraschungen meist lästig oder problematisch. Lässt Ihnen Ihr Terminplan jedoch genügend freie Zeit, um auf solch unangenehme Überraschungen reagieren zu können, ohne dabei ins Schwitzen zu geraten, dann nutzen Sie Ihre Arbeitstage wahrscheinlich nicht optimal aus.

Das Erste, was man tun sollte, wenn man es mit unerwarteten Störungen zu tun hat, ist, sich strikt an den Terminplan zu halten. Das muss man allerdings üben. Und niemand hält sich für Sie an Ihren Terminkalender. Haben Sie erst einmal sorgfältig Prioritäten gesetzt, sich mit anderen koordiniert und entschieden, worauf Sie Ihre Energien am besten verwenden, sollte jede Person, die Ihre Pläne durchkreuzen will, besser einen guten Grund dafür haben!

Die Kopfhörer-Regel

Bei Blendle gab es folgende Regel: Trug jemand Kopfhörer, war das quasi ein »Nicht stören«-Schild. Es signalisierte, dass man sich im Konzentrationsmodus befand und nicht unterbrochen werden wollte. Eigentlich schade, dass dafür Kopfhörer nötig waren, aber es funktionierte wunderbar.

Standhaft zu bleiben und frühzeitig zu kommunizieren, wann Störungen in Ordnung sind und wann nicht, kann Ihnen dabei helfen, stets fokussiert zu arbeiten. Nichtsdestotrotz werden unerwartete Aufgaben zwangsläufig auf Sie zukommen. Und manchmal können Sie es sich nicht leisten, sie aufzuschieben. Jetzt könnte man meinen, in solch einem Fall würde Ihnen ein minutiös ausgearbeiteter Terminplan im Weg stehen, doch tatsächlich ist das Gegenteil der Fall. Ihre sorgfältige Planung hilft Ihnen dabei, mit diesen Situationen im Handumdrehen fertigzuwerden – und ohne dabei die Ruhe zu verlieren.

Um zu verstehen, wie das geht, betrachten wir noch einmal den von mir geplanten Arbeitstag. Stellen Sie sich vor, das sei Ihr Tag. Es ist 11:40 Uhr. Sie hatten ein gutes Meeting mit Ihrem Team und auch am Morgen lief alles glatt. Sie haben die sich aus dem Meeting ergebenen Aufgaben geplant und lesen nun noch ein paar E-Mails, bevor Sie nach Nordstadt aufbrechen. Plötzlich kommt Ihr Chef ins Büro und hat einen Auftrag für Sie, der bis zum Abend erledigt werden muss. Nach einer kurzen Besprechung wird Ihnen klar, dass Sie sich den Rest des Nachmittags dafür freischaufeln müssen. Zum Glück sagt Ihnen Ihr Terminkalender genau, welche Arbeit warten kann und welche Meetings verlegt werden müssen.

09:00 Uhr	Team-Meeting vorbereiten 09:30 Uhr	
10:00 Uhr	Team-Meeting 10–11 Uhr	
11:00 Uhr	To-dos aus Team-Meeting ausarbeiten 11:00 Uhr	
12:00 Uhr	Fahrt nach Nordstadt 12–13 Uhr	
13:00 Uhr	Erstbesprechung mit Marketingagentur, 13 Uhr, Hauptstraße 123, Nordstadt	
14:00 Uhr	Rückfahrt 14–15 Uhr	Brainstorming vorbereiten 14:30 Uhr
15:00 Uhr	Brainstorming zu Projekt X 15–16 Uhr	
16:00 Uhr	Brainstorming nachbereiten: To-dos planen und Protokoll ausarbeiten 16 Uhr	
17:00 Uhr		

In solchen Momenten kann Ihr Terminkalender Ihnen das Leben retten. Sie sollten also damit beginnen, reflexartig nach ihm zu greifen. In diesem Fall müssen Sie in wenigen Minuten entscheiden, ob Sie Ihren Termin in Nordstadt noch wahrnehmen. Die Hin- und Rückfahrt werden einen großen Teil des Nachmittags beanspruchen. Es fühlt sich zwar komisch an, den Termin zu verlegen, aber als Sie die Agentur anrufen, stellt sich heraus, dass es überhaupt kein Problem ist. Das Brainstorming-Projekt X ist auch wichtig, aber es auf einen anderen Tag zu verschieben, ist kein Weltuntergang. Anstatt also zu versuchen, alles unter einen Hut zu bringen – was zu einem gehetzten Treffen mit der Marketingagentur, einem unkonzentrierten Brainstorming und einem Abend mit Überstunden führen würde –, sollten Sie einfach in Nordstadt anrufen und eine E-Mail ans Projektteam schicken. Das ist alles, was Sie tun müssen, um sich Ihren Nachmittag für die anstehende Arbeit freizuschaufeln.

NOTFALLPLAN FÜR UNERWARTETE UND EILIGE ARBEITEN

1. Muss diese Arbeit wirklich sofort erledigt werden? Ist sie wichtiger als alles andere, was Sie gerade tun? Falls nein, planen Sie sie zu einem passenderen Zeitpunkt ein.
2. Wie lange brauche ich, um diese Arbeit zu erledigen? Schätzen Sie großzügig und blockieren Sie die Zeit in Ihrem Terminkalender.
3. Prüfen Sie Ihren Terminkalender auf damit kollidierende Einträge und versuchen Sie, sie zu verschieben. Machen Sie sich keinen Kopf darüber, wie Sie einen neuen Termin für dieses Meeting mit den sechs Kollegen finden sollen – Sie sind jetzt im Krisenmodus und haben keine Zeit zu verlieren. Informieren Sie sie einfach nur darüber, dass Sie den Termin verschieben müssen, und richten Sie sich eine Erinnerung ein, damit Sie sich später um die Organisation kümmern. Solange Sie die Situation erklären, werden alle Verständnis haben.

Wenn in der letzten Minute unerwartet Arbeit hereinschneit, ist das frustrierend, da Ihre Pläne umgeworfen werden. Gleichzeitig verschafft es Ihnen Klarheit und Seelenfrieden, wenn Sie genau wissen, was Sie aufschieben müssen. Und es erlaubt Ihnen, sich entspannt an die Situation anzupassen. Sie befürchten, den Überblick über die aufgeschobene Arbeit zu verlieren? Das müssen Sie nicht. Der freitägliche Rückblick, zu dem wir in Kapitel 4 kommen werden, spannt ein Sicherheitsnetz unter Ihrer Woche. Lassen Sie die betroffenen Personen einfach wissen, dass Sie heute nicht dazu kommen werden – durch den Freitagsrückblick haben Sie es dann wieder auf dem Schirm.

EXPERIMENTIEREN SIE MIT IHRER ARBEITSWOCHE

Auf der Suche nach etwas, was ihre Leistung steigern könnte, nehmen Spitzensportler jeden Aspekt ihres Lebens genau unter die Lupe. Von ihren Trainingstechniken bis hin zu Details ihrer Ernährung – nichts bleibt unangetastet. Und wenn die Ergebnisse nicht zufriedenstellend sind, lautet die Frage stets: *Was kann ich nächstes Mal anders machen?* Profisportler wissen: Um zu ändern, was man leistet, muss man ändern, was man macht.

Diese Herangehensweise lässt sich auch auf Ihre Arbeit übertragen. Betrachtet man, womit ein Job uns konfrontiert, kann man ruhig sagen, dass wir bereits sportliche Leistungen erbringen. Wie können wir also unser Spiel verbessern? Experimentieren Sie! Optimieren Sie Ihre Techniken und prüfen Sie dann, ob Ihnen das Ergebnis gefällt.

Nehmen wir einmal an, Ihnen fällt es an Donnerstagen oft schwer, sich an Ihren Arbeitsplan zu halten. Sie könnten versuchen, an diesem Tag an einem anderen Ort zu arbeiten – ein anderes Bürozimmer oder eine andere Ausrichtung des Arbeitsplatzes könnte schon ausreichend sein. Jedes Mal, wenn Sie das Gefühl haben, Sie könnten etwas besser machen, sollten Sie Ihre Routine ändern und prüfen, was hilft. Ich habe eine Liste an Fragen zusammengestellt, die Ihnen für den Anfang behilflich sein könnte:

Arbeitsphasen vs. Ruhephasen

- Wie lange dauert es, bis Sie nach Meetings wieder in Ihren Arbeitsflow zurückfinden?
- Wie viel Spielraum im Terminplan brauchen Sie, um einen produktiven Tag zu haben?

Früh vs. spät arbeiten

- Arbeiten Sie morgens am besten? Oder kommen Ihnen Geistesblitze eher am Nachmittag oder am Abend?

In geschäftiger vs. ruhiger Umgebung arbeiten

- Arbeiten Sie besser mit anderen in Ihrer Nähe? Oder allein?

Mit vs. ohne Deadlines arbeiten

- Treibt Druck Sie zu Höchstleistungen an? Wann erzielen Sie bessere Ergebnisse: Nach ein paar Tagen intensiver Arbeit mit lauernder Deadline? Oder wenn Sie alle Zeit der Welt haben?
- Ist es einfacher oder schwerer für Sie, konzentriert zu arbeiten, wenn Sie wissen, dass Sie zwei Stunden später einen Termin haben? Oder die Batterie Ihres Laptops nur noch ca. 90 Minuten Saft hat? Oder Ihr Kleinkind in der nächsten Stunde aufwacht?

Zu Beginn vs. zum Ende der Woche arbeiten

- Arbeiten Sie besser zu Beginn der Arbeitswoche (nach einem erholsamen Wochenende) oder dauert es bis Donnerstag oder Freitag, bis Sie zur Höchstform auflaufen? Wie sind Ihre Montage im Vergleich zu Ihren Freitagen?

Routine vs. Spontaneität

- Arbeiten Sie besser, wenn Ihre Tage einem konstanten Ablauf folgen? Oder sind Sie an Tagen effizienter, an denen es Raum für Abwechslung und Spontaneität gibt?

Mit vs. ohne Musik arbeiten

- Arbeiten Sie besser mit Musik oder lenkt sie Sie ab? Welche Art von Musik funktioniert gut und welche nicht?

Gebündelte vs. einzelne Aufgaben

- Erledigen Sie mehr, wenn Sie ähnliche Aufgaben zunächst sammeln und sie dann auf einmal angehen – wie das Schreiben von E-Mails und Anträgen oder das Organisieren von Meetings? Oder macht es Sie nervös, wenn sie sich auftürmen?

Stehend vs. sitzend arbeiten

- Können Sie sich im Stehen länger konzentrieren? Oder strengt Sie das an?

Langer vs. kurzer Arbeitstag

- Erledigen Sie mehr, wenn Sie Überstunden machen? Oder beeinträchtigen lange Arbeitstage die Qualität und/oder die Quantität von dem, was Sie tun?

Online vs. offline

- Sind Sie produktiver mit stehender Internetverbindung? Oder wenn Sie für eine Zeit offline gehen?

Mehr vs. weniger Schlaf

- Wie stark wirkt sich eine Stunde mehr oder weniger Schlaf auf Ihre Produktivität aus? Wachen Sie morgens mit oder ohne Wecker fitter auf?

Teamarbeit vs. Soloarbeit

- Erledigen Sie mehr und haben Sie mehr Ideen, wenn Sie mit anderen zusammen im Team arbeiten? Oder arbeiten Sie allein besser?

Lange vs. kurze Mittagspause

- Wie lange können Sie sich nach Ihrer Mittagspause konzentrieren? Was klappt besser: eine kurze oder eine lange Pause? Hilft es Ihnen, wenn Sie in der Mittagspause etwas frische Luft schnappen?

Frühes vs. spätes Work-out

- Wann sind Sie produktiver und aufmerksamer – wenn Sie vor oder nach der Arbeit Sport treiben?

IHR TERMINKALENDER IST DER 1. SCHRITT

Glückwunsch! Sie haben all Ihre Prioritäten gesetzt und Ihren Terminkalender ausgefüllt. Jetzt müssen Sie sich nur noch an die Arbeit machen. Und natürlich das Gefühl genießen, Ihre Woche im Griff zu haben. Anstatt sich durch all das, was Sie machen müssen, überfordert zu fühlen, haben Sie dem Ganzen jetzt einen klaren Rahmen gegeben.

Wenn Sie auch nur ein bisschen so sind wie ich, wird Ihnen nach ein paar Wochen auffallen, dass Sie für manches zu wenig und für anderes zu viel Zeit eingeplant haben. Oder Sie bemerken vielleicht, wie häufig Sie sich von Arbeit ablenken lassen, mit der Sie nicht gerechnet haben. Diese Beobachtungen sind wertvoll, daher sollten Sie sie aufschreiben (siehe Infokasten »Notizen«). Einen Moment lang die vergangene Woche Revue passieren zu lassen, hilft Ihnen auch dabei, sich wiederkehrende Muster in der eigenen Arbeitsweise bewusst zu machen. Wenn Sie tun, was in Ihrem Terminkalender steht, bekommen Sie ein besseres Bild von der Woche, was Ihnen wiederum dabei hilft, die darauffolgende Woche zu planen. Es ist ein Engelskreis.

Okay, an diesem Punkt werden Sie sich vielleicht fragen: *Muss ich wirklich jede Woche so detailliert planen? Und wie bringe ich das mit den anderen wichtigen Aspekten meiner Arbeit zusammen?* Keine Sorge. In den nächsten Kapiteln werde ich Sie durch den Rest der Woche führen. Wenn Sie nicht wissen, was Sie als Nächstes in Angriff nehmen sollten, halten Sie sich einfach an die *3-Stufen-Rakete.*

Notizen

Es gibt so viele Arten, sich Notizen zu machen - man kann sie in ein Notizbuch oder auf Post-its schreiben oder ein digitales Programm benutzen. Sie können sich wahrscheinlich denken, dass ich für die digitale Variante bin, denn so kann ich auf allen meinen miteinander synchronisierten Geräten schnell und einfach auf sie zugreifen. Aber welche Methode Sie auch wählen: Das Wichtigste ist, ein System zu haben, auf das Sie sich verlassen können. Mehr Tipps finden Sie in einem der Bonuskapitel am Ende des Buches.

Was ich an diesem Modell mag, ist, dass es mir sagt, was ich zu einem bestimmten Zeitpunkt machen soll, denn:

- Was in Ihrem Terminkalender steht, hat Priorität. Hier planen Sie Ihre Arbeit für die Woche und das ist der 1. Schritt. Erledigen Sie das, was Sie geplant haben, denn Ihr Terminkalender ist Ihr Fels in der Brandung.
- Für den Moment ist nichts anderes geplant? Dann sind Sie bereit für den 2. Schritt: die Aufgaben auf Ihrer To-do-Liste.
- Keine To-dos mehr für heute? Zeit für den 3. Schritt: E-Mails.

Da Sie nun Ihren Terminkalender unter Dach und Fach gebracht haben, ist es an der Zeit, richtig abzuheben. Der 2. Schritt verhilft Ihnen zu etwas, was vielleicht der schnellste Erfolg meiner Arbeitsmethode ist: Ihr persönliches Backup-Gehirn.

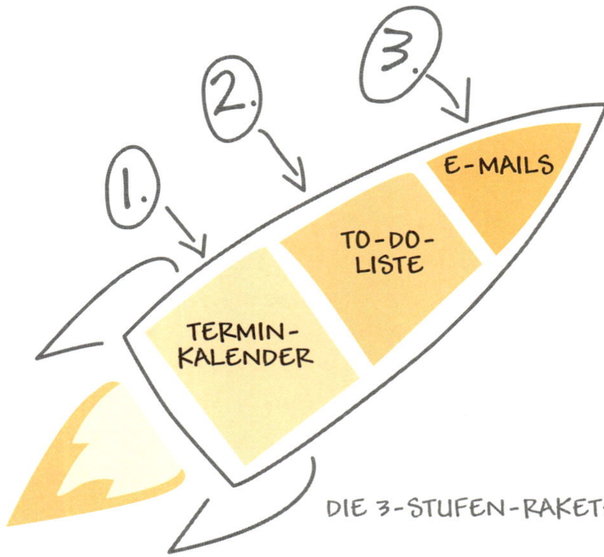

DIE 3-STUFEN-RAKETE

2. SPEICHERN SIE NICHT MEHR SO VIEL IM KOPF AB

Die smarte To-do-Liste

Kommt es manchmal vor, dass Sie einen Arbeitstag gestresster beenden, als Sie ihn angefangen haben? Wahrscheinlich schwirren Ihnen dann all die Dinge durch den Kopf, die noch erledigt werden müssen.

Oder Sie arbeiten vielleicht gerade an etwas, was eigentlich absolute Konzentration benötigt, doch Ihnen fällt ständig irgendetwas ein: »Ich muss noch den Urlaubsantrag stellen« oder »Ich muss Soundso noch auf den Bericht ansprechen«.

Man kann sich jede Aufgabe – groß oder klein –, an die Ihr Gehirn Sie ständig erinnert, wie eine *offene Schleife* vorstellen. Und eine offene Schleife muss geschlossen werden. Solche Schleifen sind nützlich, da Ihre Arbeit nicht erledigt und Ihr Gehirn darauf gepolt ist, Sie dahin zu bringen. Das heißt, Ihr Gehirn erinnert Sie bei jeder Gelegenheit an diese offene Schleife, in der Hoffnung, dass Sie sich irgendwann darum kümmern. Das Problem dabei ist jedoch, dass unser Gehirn ein schreckliches Timing hat. Die eine Zutat, die Sie zum Kochen noch brauchen, fällt Ihnen nicht im Supermarkt ein, sondern erst wenn Sie zu Hause sind. Oder diese wichtige Frage, die Sie einer Kollegin stellen wollten, kommt Ihnen erst direkt *nach* Ihrem wöchentlichen Meeting wieder in den Sinn. Da das Gehirn nicht dazu fähig ist, diese Erinnerungen zur richtigen Zeit zu senden, wechselt es letztlich in den Stalkermodus und sendet so lange willkürliche Signale, bis man die Aufgabe erledigt hat. Je mehr offene Schleifen, desto mehr Signale – und desto mehr Stress.

Psychologen teilen unseren täglichen Gedankenprozess in zwei Grundsysteme auf: System 1 und System 2. Diese Theorie des systemischen Denkens wurde durch Daniel Kahneman und seinen Bestseller *Schnelles Denken, langsames Denken* populär.

System 1 denkt schnell, instinktiv, emotional und unbewusst. Es lässt uns die Quelle eines Geräusches lokalisieren, 2 plus 2 addieren oder entspannt Auto fahren.

System 2 ist das genaue Gegenteil. Es ist langsam, rational, bedacht und bewusst. Mit einem Auto rückwärts einparken, eine Rede halten oder den Weg von A nach B planen – das sind typische System-2-Handlungen, die man nicht unbewusst tun kann. Sie zwingen das Gehirn dazu, aktiv zu arbeiten, was es nicht mag. Das Gehirn reagiert, indem es Sie mit leichterer Arbeit lockt. Denn schließlich braucht es weniger Energie, über diesen tropfenden Wasserhahn nachzudenken, der repariert werden muss, als sich auf den komplizierten Antrag zu konzentrieren, den Sie gerade zu schreiben versuchen. Probieren Sie einmal Folgendes: Blicken Sie kurz von diesem Buch auf und betrachten Sie den Raum, in dem Sie sich gerade befinden. Es ist gut möglich, dass Ihnen irgendeine Aufgabe in den Kopf schießt, die nichts mit dem zu tun hat, was Sie gerade machen. Das ist eine Erleichterung, denn so müssen Sie einen Moment lang nicht verarbeiten, was Sie gerade lesen. Aber solche offenen Schleifen stören unsere Konzentration, verursachen Stress und halten uns von der Arbeit ab.

Wäre es nicht wunderbar, wenn wir diese offenen Schleifen kurzzeitig ausblenden könnten? Wenn wir diese Erinnerungen aus unseren Köpfen nehmen oder auf Pausenmodus schalten könnten, bis zum genauen Datum, der Uhrzeit und dem Ort, an dem wir daran erinnert werden *wollen*? Vielleicht wird das irgendwann möglich sein, doch im Moment verfügen wir noch nicht über diese Art von Kontrolle über unser Gehirn.

Für offene Schleifen und den Stress, den sie verursachen können, gibt es eine andere Lösung. Wenn Ihr Gehirn zu 100 Prozent sicher ist, dass jemand oder etwas Sie an eine Aufgabe erinnert, dann schaltet es die Lautstärke dieser beharrlichen inneren Erinnerungen herunter. Was wir also wirklich brauchen, ist ein *Backup-Gehirn* für unsere Erinnerungen, damit unser normales Gehirn eine Pause machen kann. Wie eine externe Festplatte für Ihre Gedanken.

Sobald Sie Ihr »Arbeitsgedächtnis« nicht mehr als Speicherplatz verwenden, hat Ihr Gehirn mehr Kapazitäten für die tatsächlich anstehende Arbeit. Indem wir all diese offenen Schleifen von unserem Kopf in unser Backup-Gehirn (oder *zweites Gehirn*) verschieben, können wir uns ganz auf die wirklich wichtige Arbeit konzentrieren. Diese brillante Erkenntnis und die Idee für eine smarte To-do-Liste stammt aus David Allens Buch *Wie ich die Dinge geregelt kriege.* Ihm zufolge ist das Gehirn eine Denkmaschine und kein Speichermedium.

Wenn Sie sich an diese zwei Grundregeln halten, bleibt Ihr Gehirn glücklich und Ihr Kopf frei:

- Verschieben Sie alle offenen Schleifen in Ihr Backup-Gehirn – je häufiger desto besser.
- Setzen Sie sich regelmäßig mit Ihrem Backup-Gehirn in Verbindung.

Bei Missachtung einer dieser Regeln werden Sie spüren, wie der Nebel aufzieht. Ihr Gehirn wird Sie wieder mit jeder offenen Schleife nerven, und Sie landen wieder dort, wo Sie angefangen haben: im Stress und in der Überforderung. Doch leider können wir unsere offenen Schleifen nicht einfach in ein Backup-Gehirn schmeißen und es dabei belassen. Wir müssen uns hin und wieder mit unserem Backup-Gehirn verbinden und es auf den neuesten Stand bringen.

Das muss nicht schwer sein, je simpler Ihr System ist, umso größer die Wahrscheinlichkeit, dass das funktioniert. In seinem Buch *The Organized Mind* zeigt der Neurowissenschaftler Daniel Levitin auf, dass sich der Anteil der Menschen, die gern ein neues Organisationssystem verwenden, umgekehrt proportional zur Komplexität dieses Systems verhält. Das soll heißen, je simpler das System, desto größer die Chance, dass man es beibehält. Gleichzeitig gilt das alte Gesetz der sinkenden Erträge: Ihre anfängliche Investition in die Grundlagen eines neuen Systems trägt Ihnen viel mehr ein als all die kleinen Verbesserungen, die Sie später machen.

IHR BACKUP-GEHIRN

Ich finde die Idee eines Backup-Gehirns klasse. Wer würde so etwas nicht haben wollen? Auf den nächsten Seiten werde ich Ihnen zeigen, wie man sich Schritt für Schritt sein persönliches externes Gedächtnis aufbaut.

Ihr Backup-Gehirn wird aus zwei Teilen bestehen. Der eine ist Ihr Terminkalender, den wir bereits behandelt haben. Der andere ist eine To-do-Liste. Das Tolle an To-do-Listen ist, dass sie einem sogar in ihrer einfachsten Form einen Ort außerhalb des eigenen Hirns geben, an dem man all die offenen Schleifen parken kann, egal, ob groß oder klein. Bevor wir jedoch mit dem Aufbau dieses Gehirns beginnen, sollten Sie sich etwas fest versprechen. Es ist die goldene Regel der To-do-Liste: *Hören Sie auf, Dinge in Ihrem Kopf abzuspeichern.*

Nun erstellen Sie Ihre To-do-Liste Schritt für Schritt. Ich habe diesen Vorgang auf sechs Schritte bzw. Level heruntergebrochen. Jeder Schritt bringt Sie zum nächsten. Das Gute an diesem Aufbau ist, dass die ersten Schritte nicht nur die einfachsten sind, sondern auch den größten Nutzen erzielen.

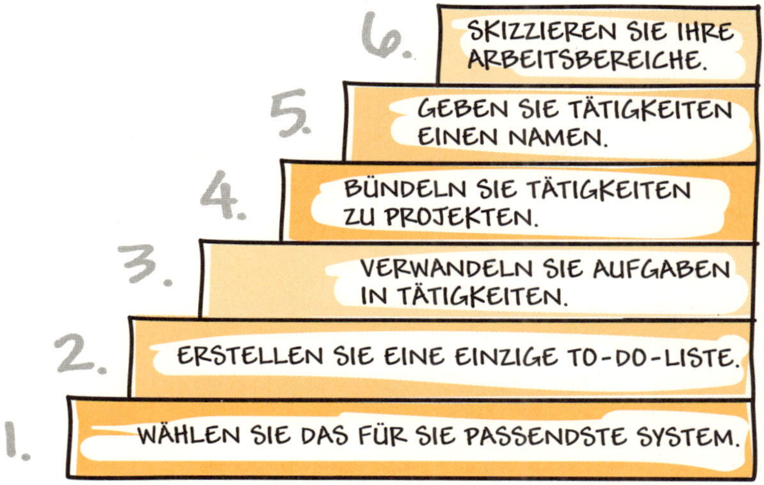

Level 1: Wählen Sie das für Sie passendste System

Als ersten Schritt sollten Sie sich ein gutes System für Ihre To-do-Liste aussuchen. Sie brauchen eine externe Speicherplatte, die Ihnen dabei hilft, sich besser zu konzentrieren und Stress zu reduzieren. *Welches System soll ich benutzen?* Diese Frage wird mir häufig gestellt. Doch bevor ich meine eigenen Favoriten nenne, erkläre ich erst einmal, was ich unter einem guten System verstehe:

- *Es ist digital.* To-do-Listen werden – wie Terminkalender – auf Papier oft chaotisch. Da sich Aufgaben und Prioritäten ständig ändern, kann es in endlosem Gekritzel enden, wenn man Papier benutzt. Mit einem digitalen Gedächtnis macht man sich das Leben sehr viel leichter.
- *Man kann es zwischen Handy und Computer synchronisieren.* Sie sollten schnellen Zugang zu Ihrer To-do-Liste haben – wo auch immer Sie sich befinden. Das grenzt die Auswahl erheblich ein.
- *Es ist verständlich und schnell.* Zu häufig sehe ich, wie Leute sich mit langsamen Systemen oder mit einer Software herumschlagen, die mehr Chaos als Klarheit bringt. Seien Sie ruhig wählerisch. Sie brauchen etwas, das Sie gern benutzen.

Okay, lassen Sie mich Ihnen bei der Entscheidung etwas helfen. Haben Sie ein MacBook und ein iPhone? Dann empfehle ich die App Things (https://culturedcode.com/things/). Sie ist sehr schnell und wurde mit Liebe zum Detail gestaltet.

Wenn Sie Windows und ein Android-Smartphone benutzen, probieren Sie die App Todoist (https://todoist.com/) aus. Sie ist simpel, direkt und funktioniert auf allen Plattformen.

Things ist eine kostenpflichtige App – und jeden Cent wert –, allerdings können Sie sie 15 Tage lang kostenlos testen. Von Todoist gibt es eine kostenlose Version, die über alle wichtigen Funktionen verfügt. Wenn Sie diese Zeilen lesen, gibt es vielleicht bereits bessere Apps auf dem Markt, werfen Sie also einen Blick auf meine aktuellen Tipps (gripbook.com/apps).

In den letzten Jahren ist mir aufgefallen, dass immer mehr Menschen bereit sind, für ihre Software zu bezahlen. Das finde ich sehr gut, denn der Unterschied zwischen kostenloser und kostenpflichtiger Software ist sehr groß. Stellen Sie sich das wie bei einem hochwertigen Werkzeug vor: Ein Tischler würde niemals am Werkzeug sparen, da er weiß, dass bessere Materialien auch bessere Resultate bringen. Bessere Software bedeutet das Gleiche für Ihre Arbeit. Und das kann Ihre gesamte Herangehensweise an To-do-Listen verändern.

Sie haben eine App gefunden und sie auf Ihren Geräten installiert? Perfekt. Lassen Sie uns zu Level 2 übergehen.

Level 2: Erstellen Sie eine einzige To-do-Liste

Egal, für welche Software Sie sich entschieden haben: In dieser Phase kann man sich schnell überfordert fühlen. Sie können Projekte, Tags oder Checklisten erstellen und Orte, Anhänge, Farben oder Notizen hinzufügen – es gibt so viele Möglichkeiten! Und das ist genau der Grund, warum viele Menschen bei diesen Systemen kapitulieren. Alle Funktionen kennenzulernen und dabei den Überblick zu behalten, ist ihnen zu viel.

Ich empfehle daher, die Dinge so einfach wie möglich zu halten. Fangen Sie mit einer einzigen Liste an. Warten Sie noch mit den

Projekt- und Unterlisten. Es ist außerdem nicht nötig, dass Sie entscheiden, was heute oder zu einem späteren Zeitpunkt zu tun ist. Für die meisten Menschen ist es am besten, wenn sie von gar keine Liste zu einer einzigen großen digitalen Liste umsteigen. Ich sage es also noch einmal: Fangen Sie mit einer einzigen Liste an.

Die meisten Task-Management-Programme verfügen über eine als »Inbox« bzw. »Eingang« deklarierte Standardliste. Suchen Sie danach. Nicht gefunden? Dann erstellen Sie eine. Es ist kein Zufall, dass das nach E-Mail klingt, da dies das Fach für all Ihre eingehenden Nachrichten ist. Nur ist es nicht für Dinge, die andere Ihnen schicken, sondern eine Auffangstation für noch unorganisierte Aufgaben. Diese Aufgaben-Inbox ist der Ort, an dem Sie all Ihre offenen Schleifen parken – all das, von dem Sie sich ständig sagen, dass es erledigt werden muss. Und dazu gehört nicht nur Berufsbezogenes, sondern auch Privates: Wohnungsangelegenheiten, Urlaubspläne, Hobbys, Familie usw. Niemand schreibt Ihnen vor, was Sie in dieses Fach tun können und was nicht. Im Moment ist Ihr einziges Ziel, buchstäblich alles, was in Ihrem Kopf herumschwirrt, da hineinzupacken. Wie Sie Aufgaben beschreiben, ist in diesem Stadium nicht wichtig. Auch die Planung ist egal. Wie Sie Ihre To-do-Liste und Ihren Terminkalender miteinander verbinden, besprechen wir später, in Kapitel 4. Machen Sie sich auch keinen Kopf wegen doppelter Einträge. Das einzig Wichtige ist zunächst, dass alle Ihre Aufgaben in Ihrem System stehen.

Damit Sie eine Vorstellung davon bekommen, wie das aussehen könnte, hier ein paar Aufgaben in meiner aktuellen Inbox:

- Umgestaltung der Montagsbesprechung vorschlagen
- Termin mit Makayla vereinbaren
- Team bezüglich iOS-App-Fehler unterrichten
- Strategie-Meeting mit Alex, Noor und Ayden für nächste Woche vereinbaren
- Mülltüten kaufen

Wie Sie sehen können, befinden sich in meiner Liste sowohl berufliche als auch private To-dos. Manche Punkte sind zeitaufwendiger und wichtiger als andere. Manche sind dringender, manche weniger. Das ist kein Problem. Es ist bereits eine gewaltige Hilfe, all diese Aufgaben aus dem Kopf in ein externes System zu verlagern.

Wenn Sie diese Herangehensweise nicht gewohnt sind, denken Sie vielleicht: *Ach, ich kann mir dieses oder jenes leicht merken. Ich muss es nicht aufschreiben.* Doch es lohnt sich, diesem Impuls zu widerstehen und sich diese neue Gewohnheit anzueignen.

Hat man erst einmal gelernt, wie man jede Aufgabe und jede offene Schleife in diesem System unterbringt, gibt es kein Zurück mehr. Das ist unglaublich befreiend.

Das ist auch eine gute Zeit, um alte (auf Notizblöcke, Post-its oder Papierservietten gekritzelte) To-do-Listen zusammenzusuchen und in die neue Inbox einzufügen.

Mit der untenstehenden Checkliste können Sie Ihrem Gedächtnis bezüglich bislang verdrängter Aufgaben auf die Sprünge helfen. Es findet sich immer irgendetwas. Denken Sie daran: Im Moment ist es egal, ob Ihre Liste nützlich ist. Das Ziel besteht allein darin, alles aufzuschreiben, was Ihnen einfällt. Also schnappen Sie sich alles, was wie eine Aufgabe aussieht, und schmeißen Sie es in Ihre Inbox – zusammen mit all dem anderen Kram, der in Ihrem Kopf herumschwirrt.

Checkliste zur Vervollständigung Ihrer To-dos

- laufende Projekte
- Projekte, die Sie beginnen wollen
- Ziele, die Sie sich gesetzt haben oder die für Sie gesetzt wurden (etwa bei Leistungsbeurteilungen. Das haben wir uns schon angesehen, als Sie Ihren Terminkalender ausgefüllt haben, doch es ist sinnvoll, Ziele und Verantwortlichkeiten auch auf die To-do-Liste zu setzen. Diese Liste geht über die nächste Woche hinaus.)
- Kunden
- Meetings, auf die Sie sich vorbereiten müssen
- Termine, die Sie vereinbaren müssen

- Präsentationen
- wichtige Anrufe, Sprachnachrichten, Kurznachrichten
- wichtige E-Mails
- Budgets
- Papierkram
- Steuern
- Geräte/Ausrüstung
- Weiterentwicklung
- was Sie lesen wollen (Bücher, Magazine, Newsletter)
- kleine Arbeiten in und an der Wohnung/am Haus
- Dinge, die geputzt oder gereinigt werden müssen
- Dinge, die gekauft werden müssen
- Hobbys
- Back-ups
- wichtige Dokumente (neuen Reisepass oder Führerschein beantragen)
- Orte, an die Sie reisen müssen

Keine Zeit zu verlieren

Neulich beantwortete ich gerade E-Mails an meinem Laptop, als mir einfiel, dass etwas im Haus repariert werden musste und ich einen Handwerker brauchte. Ohne weiter darüber nachzudenken (Daniel Kahnemans *schnelles Denken*!), gelangte ich durch eine Tastenkombination zu meiner To-do-Liste, tippte »Bilder vom Schaden machen und Angebot einholen« ein und drückte auf Enter. Nach wenigen Sekunden konnte ich den Handwerker vergessen und mich wieder dem widmen, was ich davor getan hatte. Ein schneller Zugang zu Ihrer To-do-Liste ist also essenziell. Es erspart Ihnen jeden Tag viel Zeit und Ablenkung. Richten Sie sich also am besten jetzt gleich einen Tastatur-Shortcut ein.

Aber wie macht man das? Wenn Sie einen Mac benutzen und sich für Things als Ihr To-do-Listen-Tool entschieden haben, können Sie die Schnellzugriff-Option wählen (bzw. *Quick entry*, klicken Sie im Menü auf »Einstellungen«). Wählen Sie eine Tastenkombination, die Sie entspannt einhändig eintippen können, und verwenden Sie sie so oft wie möglich, bis es Ihnen ins Blut übergegangen ist.

Mit Ihrer neuen Software verwandeln Sie dieses Durcheinander an unzusammenhängenden Erinnerungen in eine ordentliche Liste. Füttern Sie jetzt Ihr Backup-Gehirn – ganz im Sinne von Regel 1 –, indem Sie alle offenen Schleifen so schnell wie möglich dorthin verschieben.

Regel 2 lautete, sich regelmäßig mit Ihrem Backup-Gehirn in Verbindung zu setzen. An diesem Punkt wird die 3-Stufen-Rakete wieder relevant: Gewöhnen Sie sich an, bei jeder Lücke in Ihrem Terminplan nach Ihrer To-do-Liste zu greifen. Wenn sie vor Ihnen liegt, nehmen Sie sich etwas Zeit und überlegen Sie: Welcher Eintrag bringt Sie am meisten voran *und* ist in der Zeit, die Sie gerade zur Verfügung haben, machbar? (Klammern Sie E-Mails vorerst aus, dazu kommen wir im nächsten Kapitel.)

Haben Sie erst einmal angefangen, mit Ihrer To-do-Liste zu arbeiten, wird sich bald alles entspannter und klarer anfühlen. Und Ihr Kopf deutlich freier. Doch das ist erst der Anfang: Zeit für Level 3.

Level 3: Teilen Sie Aufgaben in Schritte auf

Wie Sie die Aufgaben in Ihrer Inbox beschreiben, hat einen großen Einfluss darauf, wie viel Sie schaffen. Wenn Sie es richtig machen, werden Sie Arbeiten erledigen können, die Sie seit Ewigkeiten aufschieben. Und das nur deshalb, weil Sie es so einfach und machbar formuliert haben. Wie geht das genau? Nehmen wir an, Sie haben gerade an einer virtuellen Leadership-Konferenz teilgenommen. Wenn Angestellte solche Veranstaltungen besuchen, wird meist von ihnen erwartet, dass sie das Gelernte mit dem ganzen Team teilen. Es bleibt jedoch meist ihnen überlassen, wie. Wenn Sie also am Freitagabend nach einer anstrengenden Woche Ihren Laptop zuklappen und Ihr Kopf voller neuer Ideen ist, erinnern Sie sich daran und fügen Ihrer Inbox hinzu:

- Erkenntnisse aus der Leadership-Konferenz teilen

Ist dieser Gedanke erst einmal aus Ihrem Kopf, können Sie sich am Wochenende entspannen. Es gibt keine offenen Schleifen, um die Sie sich kümmern müssen. Spulen wir bis Montagmorgen vor. Sie haben Platz in Ihrem Terminkalender und sehen diese Aufgabe auf Ihrer To-do-Liste. Haben Sie Lust darauf? Nee. Wissen Sie überhaupt, wie Sie damit anfangen? Nicht wirklich. Und das hat vor allem etwas damit zu tun, wie es formuliert ist. Ich meine, was ist hier überhaupt der erste Schritt? Sie können nicht anfangen, wenn Sie erst herausfinden müssen, was zu tun ist.

Stellen Sie sich nun vor, Sie hätten am Freitag diese Aufgabe als eine Reihe von Schritten formuliert:

- Konferenznotizen abtippen
- zehn Slides über die Hauptpunkte der Konferenz vorbereiten
- Einladung zur Präsentation an das Team schicken

Diese Tätigkeiten klingen alle machbar, es ist einladender, sie in Angriff zu nehmen. Der einzige Unterschied liegt darin, wie Sie die Aufgabe beschrieben haben. Im zweiten Beispiel wissen Sie genau, was zu tun ist. Das lässt die Ausführung viel realistischer werden.

Wenn Sie sich also beim Anblick Ihrer To-do-Liste überfordert fühlen, teilen Sie die Aufgaben in einzelne Schritte auf. Aufgaben sind oft zu vage, halb gar, zu groß oder zu schwammig formuliert. Sie haben zwar ihren Sinn, doch der Funke springt nicht über. Einzelne Tätigkeiten haben ein Verb. Sie verleihen Energie und weisen in die richtige Richtung. Sie sind klar umrissen und machbar. Hat eine Aufgabe kein Verb, dann spricht das dafür, dass sie in eine oder mehrere Schritte umgewandelt werden sollte. Immer wenn ich eine Aufgabe meiner Inbox hinzufüge, stelle ich mir folgende grundlegende Frage: *Wenn ich diese Aufgabe jetzt angehen wollte, sagt mir dieser Eintrag dann, wie ich das mache?* Um Ihnen zu zeigen, was ich meine, hier ein paar Beispiele, wie ich Aufgaben in einzelne Schritte aufgeteilt habe:

Formulieren Sie **AUFGABEN**, die zu vage sind …	… als konkret umsetzbare **TÄTIGKEITEN** um.
BERICHT ZU PROJEKT X	Ben aus dem Vertrieb um seinen Input zum Projekt-X-Bericht bitten
MARKETINGKAMPAGNE ORGANISIEREN	Meeting mit Marketingagentur ansetzen (Das funktioniert, doch es wäre schlauer, sich vorher vorzubereiten, daher →)
	Meeting mit Sarah zur Marketingkampagne ansetzen (Das funktioniert, doch es wäre besser, zuerst Vorschläge zu sammeln und Feedback einzuholen, daher →)
	5 Vorschläge für die Marketingkampagne überlegen
	Vorschläge mit Hannah besprechen
URLAUBSFOTOS	Urlaubsfotos zur Entwicklung verschicken (Das funktioniert nicht, denn es sind viel zu viele Bilder, also →)
	Urlaubsfotos zur Entwicklung aussuchen (Das funktioniert, aber sie müssen zuerst bearbeitet werden, also →)
	Urlaubsfotos bearbeiten (Das funktioniert, doch die Fotos sind noch nicht auf meinem Laptop, also →)
	Kamerabilder hochladen
KAPUTTE REGENRINNE	Jemanden anrufen, damit er die Regenrinne repariert (Das funktioniert, doch zuerst muss ich jemanden finden, also →)
	Die Nachbarin fragen, wen sie letzte Woche für die Reparaturen an ihrem Haus angerufen hat.

Indem man sich nur etwas mehr Zeit für die Formulierung nimmt, kann man schwammige Aufgaben in konkrete Handlungsanweisungen verwandeln, die man dann auch wirklich ausführt. So wissen wir, was als Erstes zu tun ist und wie viel Zeit es beansprucht. Es kostet so auch weniger Energie, mit einer neuen Aufgabe zu beginnen. Laotse hat es ziemlich genau getroffen, als er vor über 2500 Jahren gesagt hat: »Auch eine Reise von 1000 Meilen beginnt mit einem einzigen Schritt.« Obgleich sich das Feilen hohler Anweisungen zu klaren Schritten manchmal so anfühlen kann, als würden die Räder durchdrehen, ist es am Ende das, was Ihren Plänen Bodenhaftung verleiht. Es ist der effektivste Weg, um uns den ersten Schritt zu erleichtern. Und den nächsten. Und den nächsten.

Wenn mir nicht sofort eine Handlung für eine Aufgabe einfällt, erledige ich etwas anderes und notiere in meiner Inbox: »Den nächsten Schritt für Projekt X überlegen.« So habe ich zumindest eine Folgehandlung für mich selbst festgelegt, die mir genau sagt, was ich machen muss.

Nun bleibt nur noch eine Sache, bevor wir ins nächste Level übergehen: Sollen Aufgaben auch wirklich machbar sein, muss ein Datum angegeben werden. Doch anders als bei den Aufgaben, die Sie in Ihren Terminkalender schreiben und die innerhalb eines engen Zeitfensters erledigt werden müssen, sind die Datumsangaben auf Ihrer To-do-Liste lediglich eine *Richtlinie*. Sie bedeuten, dass Sie diese Dinge an oder um dieses Datum herum erledigen wollen. Diese Spezifizierung erfolgt aus reinen Kontrollzwecken. Denn es begrenzt die Anzahl an Tätigkeiten, die Sie für einen Tag ansetzen und bringt gleichzeitig Ordnung in Ihre Inbox. Sobald Sie eine Handlung mit einem Datum terminieren, verschwindet sie aus Ihrer Inbox. Übrig bleiben nur die Aufgaben, um die Sie sich noch kümmern müssen.

Versieht man eine Aufgabe mit einem vorläufigen Datum, passiert auch noch etwas anderes: Die Frage »Was soll ich als Nächstes anfangen?« lässt sich viel leichter beantworten. Sie müssen nicht länger über Ihrer großen Liste grübeln, sondern können sich direkt an Ihre To-dos für diesen Tag machen.

Mit Level 2 und Level 3 habe ich meine Methode in einzelne Schritte aufgeteilt. Doch mit etwas Übung wird es Ihnen ganz leichtfallen, Aufgaben als Tätigkeiten zu formulieren. Und je öfter Sie dafür belohnt werden, To-dos von Beginn an machbar formuliert zu haben, desto weniger müssen Sie sich um Level 2 kümmern.

Wenn Sie Ihre Aufgaben-Inbox im Griff haben, sind Sie bereit für den nächsten Schritt. Wie Sie mit all diesen Aufgaben das große Ganze im Blick behalten? Die Antwort lautet: *mit Projekten.* Und dafür müssen Sie mehreren Tätigkeiten die gleiche Überschrift geben.

Level 4: Fassen Sie Tätigkeiten zu Projekten zusammen

Jetzt haben Sie also all die Aufgaben, die in Ihrem Kopf herumgeschwirrt sind, in eine externe To-do-Liste verschoben. Und Sie haben alles in konkrete Handlungsanweisungen übersetzt. Gut gemacht. Sie können sich glücklich schätzen, denn nun laufen Sie mit einem klaren Kopf durch die Welt. Doch wahrscheinlich wird auch ein Tag kommen, an dem Ihre To-do-Liste sich verselbstständigt. Das passiert den Besten. Wenn sich Dutzende von Aufgaben in Ihrer Inbox stapeln, ist das ein guter Moment, um über eine klarere Gliederung Ihrer Aufgaben nachzudenken. Auf den nächsten Seiten werde ich Ihnen zeigen, wie man diese lange Liste von unterschiedlichsten Aufgaben zu einer Handvoll bearbeitbarer Projekte bündelt.

DAS IRGENDWANN-PROJEKT

Fangen wir einfach an. In Level 2 haben Sie eine große Vielfalt an Aufgaben in Ihre Aufgaben-Inbox gepackt. Doch Sie werden Sie unmöglich alle sofort erledigen können. Kein Problem. Nun ist die Zeit gekommen, um mit Ihrem neuen Programm ein erstes Projekt anzulegen. Nennen wir es »Irgendwann«. Hier können Sie all die Ideen abladen, für die Sie gerade keine Zeit haben (und vielleicht auch nicht in den nächsten Wochen oder Monaten). Es sind Ideen oder Projekte für irgendwann in der Zukunft: an dieser einen Fortbildung teilnehmen, Ideen für das nächste Vierteljahr sammeln, in der Garage ausmisten, alte Urlaubsbilder einscannen, in ein paar Jahren ein Sabbatical machen.

Kurzfristige von langfristigen Aufgaben zu trennen, schafft Ordnung in Ihrer To-do-Liste. So müssen Sie nicht durch Aufgaben scrollen, die gerade nicht relevant sind, denn sie sind an einem anderen Ort abgelegt.

Im Bild unten sehen Sie ein Beispiel für ein Irgendwann-Projekt. Ein Irgendwann-Projekt ist ein wunderbares Werkzeug, um in Ihrer To-do-Liste aufzuräumen. (Ein Irgendwann-Projekt ist ein Standard-Feature der Things-App.) Werfen Sie also einen Blick in Ihre Inbox. Sie werden sicherlich ein paar Aufgaben finden, zu denen Sie in den nächsten Wochen nicht kommen werden. Ziehen Sie sie in Ihren Irgendwann-Projektordner. Keine Sorge, Sie werden sie nicht vergessen. Im nächsten Kapitel werde ich Ihnen zeigen, wie Sie diese Tätigkeiten nicht aus den Augen verlieren.

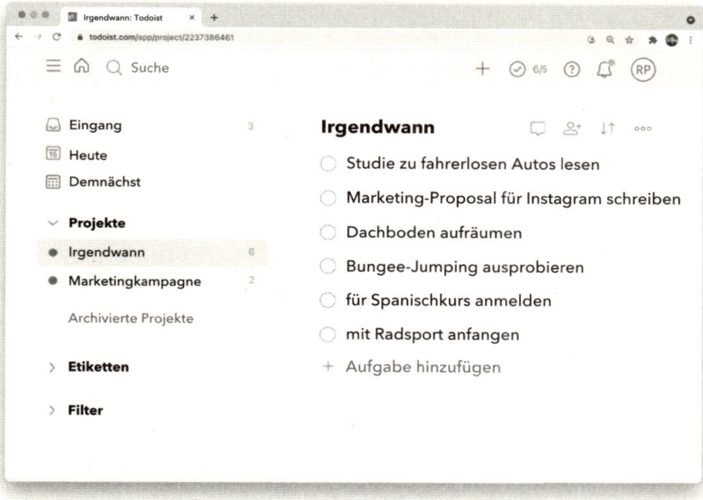

An dieser Stelle möchte ich noch einmal betonen, dass der größte Nutzen einer To-do-Liste darin liegt, Aufgaben aus Ihrem Kopf in ein externes digitales System auszulagern. Und denken Sie daran: Je komplizierter Sie Ihr Backup-Gehirn gestalten, desto unwahrscheinlicher wird es, dass Sie es dauerhaft nutzen. Ich habe gesehen, wie enthusiastisch manche Menschen damit beginnen, all ihre Aufgaben in Projekte zu gliedern, nur um dann in einem großen Chaos zu landen. Sie sind überfordert, wissen nicht, wo sie weitermachen sollen, und werfen dann das ganze System in den Eimer. Das ist schade. Vergessen Sie nicht: Ihr Ziel ist Klarheit und Entspannung. Wenn Sie Ihre Aufgaben und Projekte sehen und denken: »Kompliziert!« – dann ist es an der Zeit, Ihr System zu vereinfachen.

Aufgaben zu bündeln macht nur dann Sinn, wenn es Ihnen auch wirklich dabei hilft, den Überblick zu behalten. Ein Projekt kann aus nur drei Aufgaben bestehen, ein anderes – wie Reparaturen am Haus – locker aus einem Dutzend. Im Moment habe ich 19 aktive Projekte, sowohl berufliche als auch private, allerdings könnten mir schnell noch weitere To-dos einfallen, die wieder aus mehreren Aufgaben bestehen. Doch ich mag es, wenn meine gesamte Projektliste auf einen Bildschirm passt. Denn so habe ich alles im Blick, was gerade am wichtigsten ist. Schließlich liegt der Sinn von Projekten darin, die Hauptziele nicht aus den Augen zu verlieren.

Wenn Sie Ihre Aufgaben zu Projekten bündeln, können To-dos auch weniger leicht untergehen, was ansonsten in einer Situation, wie sie auf der nächsten Seite beschrieben ist, womöglich passieren könnte. Dieser Screenshot zeigt ein Projekt, an dem ich gerade arbeite und das ich »Marketingkampagne« genannt habe. Zwei Aktionen sind gerade fällig. Beide sind für mich glasklar – ich weiß also genau, was ich machen muss. Es hilft auch, dass sie zu einem Projekt gebündelt sind, denn so habe ich das große Ganze im Blick. Sobald ich diese beiden Schritte erledigt habe, muss ich mir den nächsten überlegen (falls ich das nicht bereits getan habe). Sollte ich aus irgendeinem Grund den nächsten Schritt nicht hinzufügen,

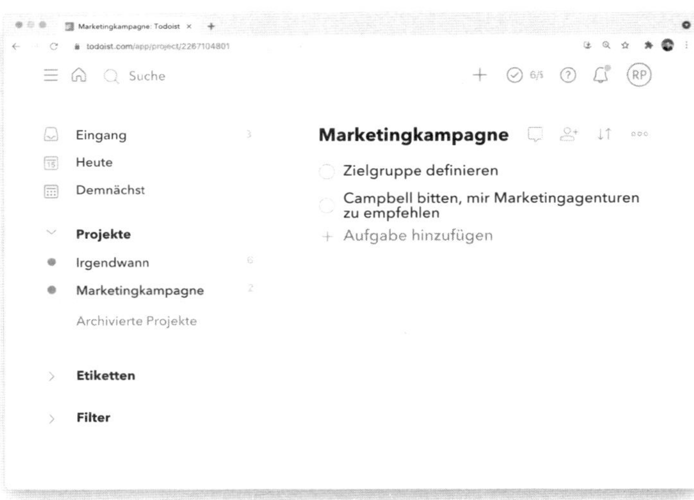

bleibt mein Projekt noch immer als visuelle Erinnerung in der App. Hätte ich mir allerdings nicht die Mühe gemacht, diese beiden Aktionen in ein Projekt zusammenzufassen, und hätte ich beides erledigt, ohne einen nächsten Schritt abzustecken, könnte ich die Marketingkampagne danach aus den Augen verlieren. Ohne dass mich jemand danach fragt oder Campbell mich auf die Agenturen anspricht, würde ich mich nicht daran erinnern.

Level 5: Klassifizieren Sie die Tätigkeiten

Sie haben all die offenen Schleifen aus Ihrem Kopf geholt und in eine To-do-Liste in Ihrem Backup-Gehirn gepackt. Sie haben all Ihre Aufgaben in Tätigkeiten umgewandelt. Und Sie haben Projekte angelegt, um nicht den Überblick zu verlieren. Doch Ihre To-do-Liste kann noch mehr für Sie tun. Wie? Mit schlauen Stichwörtern (Etiketten oder Labels). Wenn Sie Tätigkeiten mit einem oder mehreren Stichwörtern versehen, organisiert das Ihre Arbeit so, dass Sie schneller loslegen können. Folgende verwende ich am liebsten:

1. ENERGIE

Im letzten Kapitel habe ich darüber gesprochen, wie unser Energielevel im Laufe des Tages schwanken kann. Je mehr wir im Einklang mit unserem eigenen Rhythmus arbeiten, desto mehr können wir aus einem Tag herausholen. Beethoven soll morgens exakt 60 Bohnen für seine erste Tasse Kaffee gemahlen und von 6:30 bis 14:30 Uhr komponiert haben. Nach einer Mahlzeit (mit einem Glas Wein) und einem langen Spaziergang soll er es sich dann immer in einem Kaffeehaus gemütlich gemacht haben, wo er gelesen und eine Kleinigkeit zu essen bestellt hat. Oder nehmen wir Winston Churchill, der seine Morgen damit verbracht haben soll, seiner Sekretärin vom Bett aus Buchmanuskripte und Briefe zu diktieren. Er badete zweimal täglich und schlief jeden Nachmittag eineinhalb Stunden. Diese ungewöhnliche Routine funktionierte für den britischen Staatsmann gut – er diente zwei Amtszeiten als Premierminister, schrieb über 40 Bücher und gewann den Literaturnobelpreis.

Ein solch entspannter Arbeitstag mag vielleicht ungewöhnlich sein, doch ich bin mir sicher, dass Sie flexibler sein können, als Sie jetzt denken. Und hier kommt Ihre To-do-Liste ins Spiel: Stellen Sie sich vor, Ihr Tag ist mit Meetings zugepflastert. Das letzte endet um 16 Uhr, damit bleiben Ihnen noch zwei freie Stunden. Es ist nicht sonderlich wahrscheinlich, dass Sie bis 18 Uhr einen superkreativen Antrag schreiben werden. Doch wenn Sie Ihre To-dos gekennzeichnet haben, können Sie diese Zeit noch bestmöglich nutzen. Mithilfe von Stichwörtern wie »Schnelle-Aufgabe« oder »Wenig-Energie« können Sie Einträge sammeln, die wenig Mühe machen. Oder, sollten Sie bei einer energieaufwendigen Aufgabe mal nicht weiterkommen, können Sie nach solchen filtern, die sich leichter erledigen lassen. Es funktioniert in beide Richtungen. Sie können Aufgaben auch unter Stichwörtern wie »hohe Konzentration« oder »Kopfarbeit« bündeln und dann in Angriff nehmen, wenn es gerade gut passt.

Alle ***wenig Energie***

- [ ] Michelles E-Mail beantworten *(wenig Energie)*
- [ ] Doppeleintragung des morgigen Termins löschen *(wenig Energie)*
- [ ] Belege einscannen *(wenig Energie)*

2. ORT

Sie können Aufgaben auch mit Ortsangaben versehen. Das ist praktisch, da Sie so in einem Zug alles erledigen können, was an einem bestimmten Ort passieren muss. Nehmen wir einmal an, Sie arbeiten an verschiedenen Orten. Vielleicht gibt es Dinge, die Sie nur vor Ort tun können. Wenn es etwas gibt, was Sie nur zu Hause tun können, verpassen Sie ihm das Label »zu Hause«. Auch das Label »Büro« ist wunderbar, um Ihren Fokus zu schärfen, da so alles andere wegfällt, was Sie nicht zu Bürozeiten machen können.

Sie können Aufgaben auch nach bestimmten Tools oder Ressourcen etikettieren, die für deren Erledigung benötigt werden.

Das könnten zum Beispiel Aufgaben sein, für die man einen »Drucker« oder einen »Bohrer« braucht. Nicht alle Wenig-Energie-Aufgaben sind gleich zu verorten. Wenn ich also zusätzlich nach »Büro« filtere, sehe ich, dass ich im Büro damit anfangen kann, meine Quittungen einzuscannen.

3. MENSCHEN

Immer mehr Kommunikation läuft heutzutage über E-Mails und Chat-Programme, doch ich finde, ein persönliches Gespräch ist meist effizienter. Wann immer ich kann, setze ich Einzelgespräche an, auch wenn es nur ein Videoanruf ist. Auch hier kann ich meine To-dos klassifizieren. Wie zum Beispiel bei meinem alten Chef Alexander. Da sowohl seine als auch meine Tage immer gerammelt voll waren, wollte ich absolut sicher sein, dass ich alles auf meiner Liste ansprechen würde, wenn sich unsere Wege einmal kreuzten. Nur ein einziger Klick ließ mich die Einträge filtern, zu denen ich seinen Input brauchte.

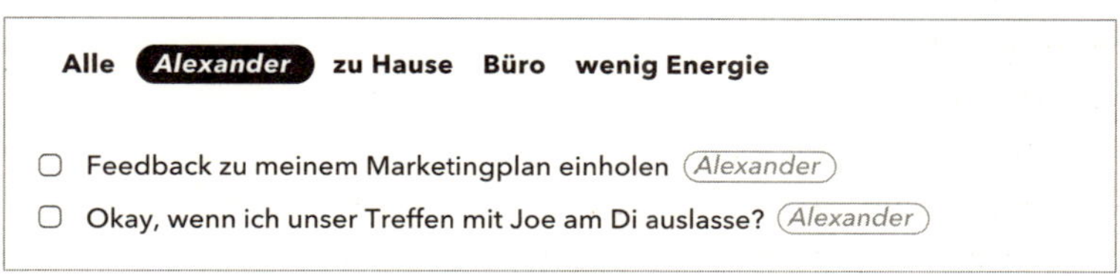

Label erweitern meine To-do-Liste um eine nützliche Extralage an Informationen und maximieren so meine bereits zerstückelte Zeit.

Mir ist aufgefallen, dass manche für mich besser funktionieren als andere, und Sie werden ebenfalls Ihre Präferenzen haben, probieren Sie es aus.

Level 6: Skizzieren Sie Ihre Arbeitsbereiche

Damit wir Aufgaben nicht mehr aus den Augen verlieren können, müssen wir noch einen letzten Schritt machen: unsere Projekte bündeln. In Level 4 habe ich Ihnen gezeigt, wie man eine lange Liste von To-dos zu einer handhabbaren Zahl an Projekten zimmert. In diesem Schritt nehmen Sie Ihre Projekte und ordnen sie Arbeitsbereichen zu. Das hilft Ihnen zusätzlich, Abstand zu gewinnen, um das große Ganze im Blick zu behalten und Ihre Arbeit noch schneller zu filtern.

Eine erste Linie lässt sich schnell zwischen »Arbeit« und »Privatem« ziehen. Das ist eine äußerst nützliche Unterscheidung, doch damit muss es nicht enden. Sie könnten auch probieren, Projekte nach Verantwortlichkeiten zu bündeln. Nehmen wir meinen alten Job bei Blendle als Beispiel. Als Leiter der Produktabteilung war ich für vier Bereiche zuständig:

- **Produktentwicklung**: Ich habe daran gearbeitet, unsere Nutzerbasis zu vergrößern, indem ich unser Produkt optimiert und pfiffige Features hinzugefügt habe.
- **Teamentwicklung**: Ich habe dafür gesorgt, dass die richtigen Leute in den richtigen Positionen gearbeitet haben, indem ich bereits angestellte Mitarbeiter trainiert und neue unter Vertrag genommen habe.
- **Strategische Entwicklung**: Ich habe an einer Vision für die Zukunft des Unternehmens gearbeitet.
- **Persönliche Entwicklung**: Ich habe dafür gesorgt, dass ich mich in meinem Job weiterentwickelt und Herausforderungen gestellt habe.

Meine beruflichen Pflichten fielen normalerweise alle in einen dieser vier Verantwortungsbereiche. Ich habe in meiner To-do-Liste eine Art Stichwortregister für diese Arbeitsbereiche angelegt und habe sie »Produkt«, »Team«, »Strategie« und »Ich« genannt. Im Bild unten sehen Sie, wie das bei Things aussieht. Diese Gliederung hat mir geholfen, den Überblick zu behalten, während ich gleichzeitig Bereiche markiert habe, in denen Projekte und Aktivitäten fehlten. Wenn »Blendle-Ich« leer war, spornte es mich dazu an, einen spannenden Kurs oder eine neue Herausforderung zu finden.

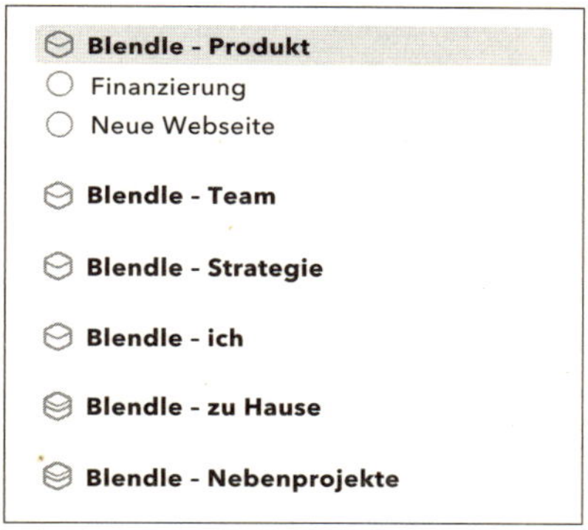

Wir alle haben unterschiedliche Arbeitsbereiche. Falls »Umsatzsteigerung« in Ihren Verantwortungsbereich fällt, dann könnten Sie dem eine »Marketingkampagne« zuordnen. Der Screenshot zeigt, wie das vielleicht in Ihrer Taskmanager-Software aussehen könnte:

Das Gleiche können Sie auch mit privaten Projekten tun. Zum Beispiel könnten Sie Projekte nach Hobbys oder Hausarbeiten bündeln. Denken Sie jedoch daran, es einfach zu halten. Fügen Sie eine weitere Organisationsschicht erst dann hinzu, wenn es wirklich hilft.

Bonuslevel: Daueraufgaben und wiederkehrende Projekte

Ein weiteres nützliches Tool, mit dem ich sehr gern arbeite, sind periodisch wiederkehrende Einträge. So können Sie wiederkehrende Fristen einfach planen und den Überblick über Dinge behalten, die Sie täglich, wöchentlich oder nur einmal pro Jahr tun wollen. Sie eignen sich auch sehr gut für Tätigkeiten, die Sie in Ihre Arbeitsroutine integrieren möchten. Zu meinen Daueraufgaben zählen: täglich mindestens eine Buchseite lesen, einmal pro Woche die Problemberichte der User prüfen und jeden Monat einen Aktionärsbericht schreiben.

Der Screenshot zeigt die wiederkehrende Erinnerung daran, jede Woche den Recycling-Müll nach draußen zu bringen. Hier sind noch weitere gute Kandidaten für wiederkehrende To-dos:

- über Kennzahlen und Berichte gehen
- Meeting mit einem Kollegen
- den Urlaub deutlich im Voraus planen
- Versicherungspolicen auf Aktualisierung oder Anbieterwechsel prüfen
- neue Gewohnheiten festigen
- übliche Instandsetzungsarbeiten im und am Haus

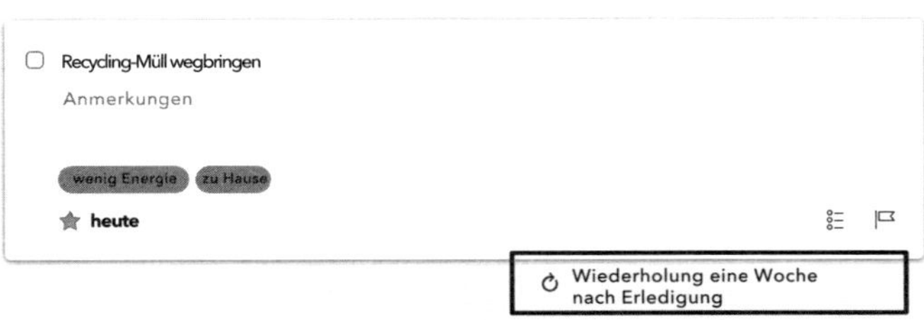

Warum ich das mit der Liste nicht einfach überspringe und die Aufgaben direkt in meinen Terminkalender eintrage? Gute Frage! Ihr Terminkalender ist für Dinge gedacht, die Sie an einem bestimmten Tag machen müssen. Wiederkehrende Aufgaben sind jedoch Dinge, die Sie zwar nicht vergessen wollen, die aber normalerweise nicht an ein festes Datum gebunden sind. Wenn ich sichergehen will, dass ich eine Aufgabe an einem bestimmten Tag erledige, dann blockiere ich dafür Zeit im Terminkalender.

Die 2-Minuten-Regel

So fantastisch es sich auch anfühlt, eine übersichtliche To-do-Liste mit unterschiedlichen Projekten und Arbeitsbereichen zu haben, sollten Sie es dabei noch nicht belassen. Damit meine eigene Liste nicht zu lang wird, halte ich mich an die 2-Minuten-Regel (eine weitere Perle von David Allen): Wenn ich eine Aufgabe in unter zwei Minuten erledigen kann, dann kümmere ich mich sofort darum. Eine Sache weniger, die ich im Blick behalten muss!

Die Warteliste

Es ist recht wahrscheinlich, dass Sie zumindest einen Teil Ihrer Zeit mit anderen Menschen zusammenarbeiten und gelegentlich auf ihre Beiträge warten müssen. Wir alle vergessen hin und wieder Dinge oder verpassen Deadlines. Doch wenn Sie die Ergebnisse anderer für Ihre eigene Arbeit benötigen, kann es hilfreich sein, einen verlässlichen Überblick darüber zu haben, was Sie mit wem vereinbart haben. Und hier kommt die »Warteliste« ins Spiel. Eine Warteliste ist im Grunde nur ein weiteres Projekt entsprechend der »Irgendwann-Liste«. Setzen Sie alles auf diese Liste, was Sie von anderen bekommen sollen. So können Sie sofort sehen, ob Sie bei jemandem nachhaken sollten. Wenn es Ihnen lieber ist, keine separate Liste anzulegen, können Sie auch die weiter oben beschriebenen Stichwörter verwenden.

WIE SIE IHRE TO-DO-LISTE BENUTZEN

Werfen wir noch einmal einen Blick auf unsere 3-Stufen-Rakete: Phase 1 besteht aus Ihrem Terminkalender und Phase 2 aus Ihrer To-do-Liste. Nehmen Sie Ihre To-do-Liste erst dann in Angriff, wenn sich in Ihrem Terminkalender eine Lücke auftut. Mit anderen Worten: Jedes Mal, wenn Sie nichts geplant haben, sollten Sie *automatisch* nach Ihrer To-do-Liste greifen. Das erlaubt es Ihrem Gehirn, die offenen Schleifen wirklich loszulassen und auf das System zu vertrauen, da Sie sich Ihre To-dos mehrmals am Tag ansehen.

Doch wie sieht das konkret aus? Folgendes funktioniert bei mir gut:

- Für den Moment sind keine Aufgaben geplant? Schnappen Sie sich Ihre »Heute-Liste« oder filtern Sie das Anstehende nach dem heutigen Datum. Da Sie bereits Deadlines für bestimmte Tätigkeiten angesetzt haben, sagt Ihnen das sofort, was Sie heute tun wollten.
- Sehen Sie die Liste durch und suchen Sie sich das aus, woran Sie arbeiten möchten. Sie können sich nicht entscheiden? Wenden Sie die Eisenhower-Matrix an, um Einträge zu priorisieren, die sowohl *wichtig* als auch *nicht dringend* sind.
- Versuchen Sie sich anzugewöhnen, die schwierigste oder nervigste Aufgabe als Allerersten zu erledigen.

Falls Sie eine freie Minute zwischen Terminen, nach dem Mittagessen oder am Ende des Tages haben, nehmen Sie sich doch einen Moment Zeit, um Ihre Inbox zu checken und Aufgaben nach Wichtigkeit zu sortieren. Versuchen Sie, mindestens einmal pro Tag einen Blick auf Ihre To-do-Liste zu werfen. Falls Ihnen das nicht gelingt, keine Sorge: In Kapitel 4 zeige ich Ihnen, wie man in Bezug auf Terminkalender und To-do-Liste nichts vergisst oder übersieht.

Nun, da sie eine schlaue To-do-Liste und einen Terminkalender erstellt haben, bleibt nichts anderes zu tun, als die Arbeit wirklich anzugehen.

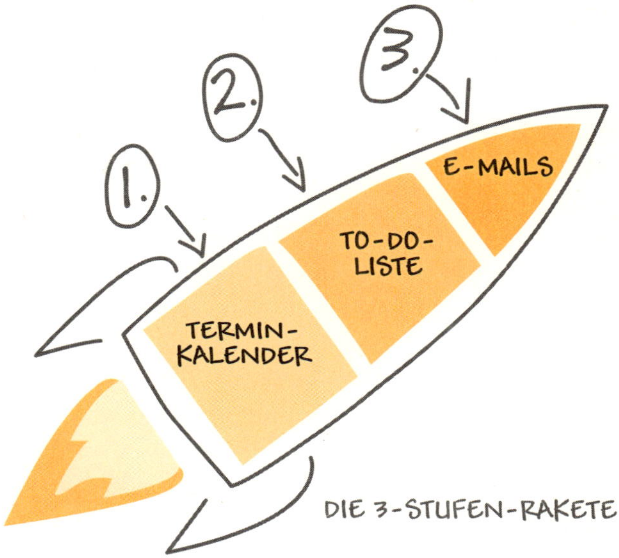

DIE SIEBEN MOTIVATOREN

Sich an die Arbeit machen – das klingt auf dem Papier ja recht einfach. Doch im wahren Leben sieht das meist anders aus. Vielleicht geht es Ihnen ja manchmal so wie mir: Ich weiß zwar, was zu tun ist, aber das heißt noch lange nicht, dass ich es auch tue. Manchmal braucht man einfach einen kleinen Schubs in die richtige Richtung. Im Laufe der Jahre habe ich sieben »Motivatoren« zusammengestellt, die ich nun täglich dazu nutze, mich zusätzlich anzuspornen. Das ist eine Art von Werkzeugkasten, in dem ich bei Bedarf herumwühlen kann.

Ist Ihnen nicht danach, eine bestimmte Aufgabe in Angriff zu nehmen, dann sind die Motivatoren in der linken Spalte ideal. Doch wenn das Anfangen bereits schwierig ist, wird es Ihnen auch nicht leichterfallen, begeistert bei der Sache zu bleiben und die Aufgabe zu beenden. In diesem Fall helfen die Motivatoren in der mittleren und rechten Spalte. Und zwar folgendermaßen:

Motivator 1: Ein Topf voller Gold

Es ist sehr viel einfacher, eine Aufgabe anzufangen und zu Ende zu bringen, wenn man ein Ziel vor Augen hat. Vor allem dann, wenn Sie sich vor dieser Arbeit scheuen oder sie nach einer Unterbrechung wieder aufnehmen müssen. Sieht man einen bestimmten Sinn in einer Arbeit, ist das ein großer Antrieb. Nehmen wir als Beispiel einen Freund von mir, der Arzt werden will. Er muss viele Opfer bringen und unglaublich viel Energie dafür aufwenden, seinen Abschluss zu machen. Gleichzeitig spricht er oft davon, was ihn bei der Stange hält: Er möchte das Fachwissen erlangen, um anderen Menschen helfen zu können. Dieses Ziel ist sein Topf voller Gold. Jedes Mal, wenn er spürt, dass seine Motivation nachlässt, ruft er sich sein Ziel in Erinnerung, was ihm neue Energie verleiht.

Dieser »Topf-voller-Gold-Motivator« sorgt dafür, dass Sie konzentriert auf Ihr Ziel hinarbeiten, wenn auch nur im Kleinen. Um mit Elan und Tatkraft meinen Arbeitstag bestreiten zu können, habe ich es morgens gern sehr entspannt. Aus diesem Grund motiviere ich mich jeden Abend dazu, vor dem Schlafengehen noch in der Küche sauber zu machen und im ganzen Haus aufzuräumen. Das ist keine Arbeit, die ich liebe, aber ich weiß, warum ich sie tue.

Ein weiteres Beispiel: Neue Leute für mein Team anzuheuern, fühlt sich selten wie eine Priorität an, da immer irgendetwas anderes nach meiner Aufmerksamkeit schreit. Gleichzeitig weiß ich, dass eine Stärkung des Teams langfristig Probleme lösen wird. Wenn ich mir dieses Endziel vor Augen halte, hilft das, um die Mitarbeiterrekrutierung nicht schleifen zu lassen.

Motivator 2: Nur einen Bissen

Kinder sind bekanntlich schwierige Esser. Und wer kann es ihnen übelnehmen, bei all den unbekannten Geschmacksrichtungen und Konsistenzen? Manche Eltern gehen dieses Problem mit der »Nur-einen-Bissen-Methode« an. Dahinter steckt die Idee, dass das Kind ein Nahrungsmittel ein paarmal probiert und dann vielleicht erkennt, dass es eigentlich ganz okay schmeckt. Das könnte sogar der Beginn einer lebenslangen Leidenschaft für – warum auch nicht? – Brokkoli sein.

Diese Nur-einen-Bissen-Methode ist nicht nur schwierigen Essern vorbehalten, sie kann uns allen dabei helfen, erste Hürden zu nehmen. Dieser Motivator lässt sich folgendermaßen einsetzen:

- **Setzen Sie sich ein klares und einfach zu erreichendes Ziel.** Sobald Sie es erreichen, können Sie aufhören. Vielleicht wollen Sie 100 Wörter schreiben oder fünf Seiten dieses einen Buches lesen, das Sie immer noch nicht angefangen haben. Machen Sie sich die Aufgabe so klein, wie Sie wollen: einen Satz schreiben. Zwei Seiten lesen. Sobald Sie Ihr Ziel erreicht haben, kann es sein, dass Sie einfach weitermachen wollen.
- **Setzen Sie sich Grenzen.** Wenn Sie an diesem einen Antrag sitzen und nach zehn Minuten immer noch nicht weitergekommen sind, hören Sie auf. Die ersten Minuten sind oft genug, um bei dem, was Sie gerade machen, in einen Flow zu kommen. Alternativ können Sie es auch mit Francesco Cirillos »Pomodoro-Technik« probieren: Stellen Sie einen Wecker auf 25 Minuten. Konzentrieren Sie sich auf Ihre Arbeit, bis er klingelt. Machen Sie fünf Minuten Pause. Dann wiederholen Sie das Ganze.
- **Beginnen Sie mit etwas, das Ihnen Spaß macht.** Ich nehme in solchen Momenten gern den Apple-Stift in die Hand, den ich für mein iPad gekauft habe. Er ist noch immer so neu – und fühlt sich magisch an. Und ich weiß, dass ich oft auf gute Ideen

komme, wenn ich versuche abzuzeichnen, was gerade in meinem Kopf herumschwirrt. Wenn es also eine Aufgabe gibt, mit der ich nicht beginnen möchte, schnappe ich mir mein iPad und visualisiere meine Gedanken. Probieren Sie doch einmal aus, ob das auch Ihnen hilft. Gibt es Dinge, bei denen Sie dazu Lust bekommen, mit der Arbeit loszulegen?

Motivator 3: Hyperfokussierung

Nichts geht über den Zustand totaler Konzentration: dieses Gefühl des vollständigen Vertieftseins, in dem man die Welt um sich herum vergisst. Doch was glauben Sie: Wie lange können wir Menschen uns überhaupt auf eine einzige Sache konzentrieren? Laut einer Studie, die 2005 an der Universität von Kalifornien durchgeführt wurde, sind das unglaubliche elf Minuten – maximal.[1] Aus anderen Studien geht hervor, dass wir nicht mehr als drei Minuten am Stück bei einer Sache bleiben können, denn da ist immer etwas, was uns unterbricht oder ablenkt – andere Menschen oder eingehende Nachrichten. Es kann uns sehr viel Energie rauben, nach einer Störung wieder in den Flow zu kommen. Es ist erschöpfend – aber wahrscheinlich wissen Sie das nur zu gut.

Arbeitsplatz und Umgebung haben ebenfalls einen großen Einfluss auf Ihre Konzentration. Wenn Hyperfokussierung Ihnen undenkbar erscheint oder Ihnen zu viel Disziplin abverlangt, könnten ein paar kleine Veränderungen am Arbeitsplatz vielleicht helfen. Hier ein paar Tipps:

- **Deaktivieren Sie Benachrichtigungen.** Diese ständig eingehenden Nachrichten sind tödlich für unsere Konzentration. Ein piependes Handy ist kaum zu ignorieren, genauso wenig wie all die Benachrichtigungen, die auf Ihrem Bildschirm aufploppen. Wollen Sie Ihre Konzentration steigern, versuchen Sie einmal, alle Benachrichtigungen auf all Ihren Geräten zu deaktivieren. Schließlich besteht der ganze Sinn einer Benachrichtigung darin, dass man aktiv wird. Vibrationsalarme, Klingeltöne und grelle Farben nehmen Ihre Aufmerksamkeit sofort in Beschlag. Schalten Sie alles aus, haben Sie wieder die Kontrolle darüber, wann Sie anderen und deren Anliegen Ihre Aufmerksamkeit schenken. Auf meinem MacBook habe ich eingestellt, dass Dock und Menüleiste automatisch ausgeblendet werden, es sei denn, ich fahre mit der Maus darüber. Mit einer schnellen Google-Suche können Sie herausfinden, wie das auch bei anderen Betriebssystemen geht.

- **Schließen Sie Anwendungen, die Sie nicht benutzen.** Es ist einfacher, an einem freigeräumten Schreibtisch zu arbeiten. Daher empfehle ich Ihnen, auch Ihren digitalen Arbeitsplatz ständig aufzuräumen. Gewöhnen Sie sich an, nur jeweils ein Programm offen zu haben (oder nur jene, die Sie auch aktiv nutzen müssen). So reduzieren Sie die Ablenkungen auf ein Minimum.
- **Investieren Sie in gute Kopfhörer.** Kopfhörer im Büro sind eine klasse Sache, aber auch für das Homeoffice finde ich sie super. Probieren Sie es mal mit Noise-Canceling-Kopfhörern, die Umgebungsgeräusche so sehr dämmen, dass man die Menschen um einen herum kaum noch hört. Die sind mein absoluter Favorit!
- **Falls es eine bestimmte Musik gibt, die Ihnen beim Arbeiten hilft, halten Sie sie stets abspielbereit.** Ich kenne Menschen, die ihre beste Arbeit abliefern, wenn sie Death Metal hören. Es gibt auch Anbieter wie Noisli (noisli.com) oder Focus@will (focusatwill.com), die Ihnen unterschiedliche Hintergrundgeräusche abspielen, die nachweislich die Konzentration fördern. Auf Spotify finden Sie sogar konzentrationsfördernde Playlisten – besonders empfehlen kann ich die Playlist »Maximum Concentration«.
- **Ändern Sie Ihren Ausblick.** Egal, ob Sie zu Hause oder im Büro arbeiten: Wenn Sie aus dem Augenwinkel die Bewegungen anderer sehen, kann Sie das sehr ablenken und Ihre Konzentration stören. Indem Sie wortwörtlich Ihren Ausblick ändern – vielleicht in Richtung einer Wand oder eines Fensters, aus dem Sie blicken können – wird Ihre Konzentrationsfähigkeit nachweislich gesteigert, wenn auch nur temporär. Experimentieren Sie damit etwas und finden Sie heraus, wo Sie am besten arbeiten.

- **Arbeiten Sie wenn möglich dort, wo andere Sie sehen können.** Ich weiß nicht, ob es Ihnen auch so geht, aber ich schaffe definitiv mehr, wenn ich in einem Büro von arbeitenden Menschen umgeben bin oder mit meinem Laptop in einem Café sitze. Diese gefühlte Beaufsichtigung hält mich bei der Stange.
- **Finden Sie einen anderen Weg, der Sie zur Konzentration zwingt.** Als der Schriftsteller Rumaan Alam an seinem Buch schreiben wollte, setzte er die Bonuspunkte seines Ehemanns dafür ein, sich tagelang in ein Zimmer eines Hilton-Hotels einzusperren. So konnte er alltägliche Ablenkungen, wie das Zusammenlegen von Wäsche, das Kochen von Mahlzeiten und das Bezahlen von Rechnungen, hinter sich lassen und sich ganz dem Schreiben widmen. So entstand innerhalb von drei Wochen der Entwurf zu seinem neuesten Roman.[2]
- **Machen Sie nur eine Sache nach der anderen.** Darüber wurden zwar bereits ganze Bücher geschrieben, doch im Grunde kann man es auf diesen Punkt bringen: Sie arbeiten schneller und besser, wenn Sie nicht versuchen, mehrere Aufgaben gleichzeitig zu erledigen.

Ihr virtueller Konzentrationshelfer

Falls Sie noch mehr Unterstützung benötigen, um fokussiert zu bleiben, werfen Sie doch einmal einen Blick auf Focusmate.com. Dieser Service verbindet Sie 50 Minuten lang mit irgendeiner Person irgendwo auf der Erde. Sie erzählen sich kurz gegenseitig, woran Sie arbeiten werden, und erledigen das dann vor laufender Kamera. Dieser virtuelle Co-Working-Space hat bei mir schon so manchmal Wunder gewirkt. Sie werden erstaunt sein, wie viel konzentrierter Sie plötzlich arbeiten, wenn Ihnen jemand dabei über die Schulter sieht.

Motivator 4: Der Katalysator

Vielleicht kennen Sie diesen Begriff noch aus dem Chemieunterricht. In der Chemie bezeichnet man ein neues Element, das etwas anderem hinzugefügt wird, um einen Prozess zu beschleunigen, als Katalysator. Zwischenergebnisse sind exzellente Katalysatoren für Ihre Arbeit. Anders als beim »Topf-voller-Gold-Motivator« geht es beim »Katalysator« nicht darum, eine Ziellinie zu erreichen. Es geht um Fortschritt.

Ich finde es erstaunlich, dass wir den Begriff Zwischenergebnis nicht häufiger benutzen. Erkennen wir, was wir erreicht haben, verleiht uns das eine Energie, die den nächsten Schritt beflügelt. Das ist wie beim Besteigen eines Berges: Man schaut sehr häufig zurück, um zu sehen, wie weit man gekommen ist. Das ist ein sehr mächtiger Motivator, um es bis zum Gipfel zu schaffen. Die weiter unten folgende Grafik zeigt Ihnen, wie Sie Zwischenergebnisse für sich nutzen können.

1. EIN ZWISCHENERGEBNIS ERREICHEN

Die Erfahrung hat mir gezeigt, dass große Projekte Zwischenergebnisse brauchen, um erfolgreich abgeschlossen zu werden. Denn so erreichen Sie nicht nur ein besseres Endziel – da das Einholen von Feedback Ihnen dabei hilft, zwischendurch an Ihrer Arbeit zu feilen –, Sie werden durch das sichtbare Zwischenergebnis auch mit mehr Energie und Engagement bei der Sache bleiben. Um sinnvoll zu sein, müssen Zwischenergebnisse zwei Bedingungen erfüllen: Sie müssen 1) machbar sein und 2) für den Empfänger einen Wert haben. Nehmen wir einmal an, Sie arbeiten an einer wichtigen Präsentation. Ihr erstes Zwischenergebnis könnte eine Kurzzusammenfassung der Präsentationsinhalte und eine Liste der Slides sein, die Sie zeigen wollen. Die Arbeit ist zwar damit noch nicht getan, ein greifbarer Fortschritt ist jedoch erzielt.

Oder sagen wir, Sie bekommen den Auftrag, sechs Marketingkampagnen zu gestalten. Wenn Sie zunächst nur eine Kampagne für den Kunden ausarbeiten, erhält er ein viel besseres Bild vom Endprodukt, als wenn Sie ihm alle sechs nur skizziert hätten. Mit anderen Worten: Ihr Zwischenergebnis hat für Ihren Kunden bereits einen konkreten Mehrwert.

2. ZEIGEN SIE IHRE ARBEIT (DEN RICHTIGEN LEUTEN)

Gehen Sie nicht davon aus, dass andere sehen, was Sie tun. Es liegt an Ihnen, anderen proaktiv Ihre Arbeit im Entstehungsprozess zu zeigen. Mich wundert es sehr oft, wie selten wir unsere Mitmenschen in diesen Prozess einbinden. Irgendwie denken wir meist, unsere Arbeit würde schon von allein gesehen werden. Und wenn nicht, ist sie wohl nicht gut genug. Das ist natürlich Unsinn.

Meistens sind unsere Mitmenschen mit ihrem eigenen Kram beschäftigt. Sie sollten also davon ausgehen, dass sie Ihre Arbeit gar nicht auf dem Radar haben, anstatt ihre Stille als ein schlechtes Zeichen zu interpretieren. Seien Sie stolz auf das, woran Sie arbeiten und lassen Sie andere wissen, wie sehr Sie sich darüber freuen!

Je früher Sie jemandem Ihre Arbeit zeigen, desto wichtiger wird es, wer dieser Jemand ist. Wenn Sie gerade erst mit etwas angefangen haben, sollten Sie positive Energie anzapfen. Allgemein sagt man, dass man von Menschen, die einem nahestehen (Partner,

Eltern, Freundinnen) keinen guten Rat erwarten sollte, da es unwahrscheinlicher ist, dass sie offen Kritik üben. Doch in der Anfangsphase könnten diese positiven Reaktionen Sie zum Weitermachen ermutigen.

Wenn Sie zwischendurch feststecken, kann es ebenfalls hilfreich sein, jemandem Ihre Arbeit zu zeigen. Denn um Ihrem Kunden (oder Leserin oder Benutzer) etwas Sinnvolles bieten zu können, sollten Sie zunächst klären, an welcher Stelle des Prozesses Sie sich gerade befinden. Das kann etwas so Simples sein, wie den Entwurf Ihrer Präsentation herzunehmen und leere Slides mit den Namen »Teil 2« und »Teil 3« hinzuzufügen, um so klarzumachen, dass da noch etwas kommt. Inspirationen kommen dann häufig ganz von allein.

3. FEEDBACK ZUM ZWISCHENERGEBNIS ERHALTEN

Das ist der Teil, den ich am liebsten mag. Nachdem Sie Ihre Arbeit den richtigen Leuten gezeigt haben, können Sie sich zurücklehnen und die Reaktionen abwarten. Und seien Sie nicht schüchtern: Das ist der Moment, stolz auf Ihre Arbeit zu sein. Sie haben etwas geschaffen, was Sie toll finden, also lassen Sie es alle wissen! Je mehr Energie Ihnen diese Phase verleiht, desto größer wird die Belohnung sein.

4. NUTZEN SIE DIESEN INPUT FÜR DEN NÄCHSTEN SCHRITT

Neben positiven Reaktionen bekommen Sie vielleicht auch Tipps, wie Ihre Arbeit noch besser werden könnte. Vielleicht versetzt Ihnen diese Kritik auch einen leichten Stich, aber tun Sie sie nicht einfach ab, sondern integrieren Sie die Kritik in Ihren nächsten Schritt. Wenn Sie aktiv nach mehr als nur Ermutigung suchen, ändern Sie Ihre Frage von »Was hältst du davon?« zu »Siehst du da etwas, was ich besser machen könnte?« Wägen Sie dann alle Kritikpunkte ab, schreiten Sie zügig zum nächsten Durchgang und wiederholen Sie das ganze Prozedere.

Unter Softwareentwicklern ist diese Vorgehensweise sehr üblich. Denn alle ihre Codes können von Kollegen eingesehen werden, was zu frühem Feedback und auch Aufregung führen kann. Indem Sie diese Schritte anwenden, kann jeder von diesen wirkungsvollen Motivatoren profitieren.

Motivator 5: Perfektionieren Sie Ihr Handwerk

Vor ein paar Jahren habe ich einen wunderschönen Dokumentarfilm gesehen: *Jiro Dreams of Sushi.* Er begleitet Jiro Ono, einen in die Jahre gekommenen japanischen Küchenchef (damals 85 Jahre alt) in seiner präzisen und bedächtigen Tagesroutine. Jeden Morgen zur gleichen Zeit verlässt Jiro das Haus, wartet am Bahnsteig auf den Zug und kreiert Tag für Tag mit seinem Team ein Produkt, das auf der ganzen Welt gefeiert wird. Jiros Lehrlinge trainieren monatelang, um nur eine seiner unzähligen Techniken zu beherrschen. Die Lehre ist nicht einfach, doch sie finden wahren Gefallen an ihrer Arbeit. Sei es das 50-minütige Massieren eines Oktopusses, um die richtige Konsistenz zu erhalten, oder das Herunterkühlen von Reis auf eine bestimmte Temperatur – jedes Detail muss perfekt sein. Alles dreht sich um dieses Streben nach Perfektion, was der Film wunderbar einfängt.

Bei diesem Motivator ist das Anfangen nicht das Problem, sondern das Am-Ball-Bleiben. Das ist häufig dann eine Herausforderung, wenn man an etwas Großem oder an einer Arbeit sitzt, die niemals wirklich zu Ende geht. Zwischenresultate mögen zwar gute Antreiber sein, doch Jiro und das japanische *Kaizen,* das er verkörpert, stehen für eine andere Art von Motivation.

Kaizen ist ein japanischer Begriff, der »Veränderung zum Besseren« oder »Verbesserung« bedeutet. In unseren geschäftigen, zielorientierten Leben neigen wir dazu, Ergebnisse vor alles andere zu stellen. Kaizen ist das Gegenteil davon. Es konzentriert sich auf den Weg. Es geht um eine tiefe Wertschätzung für den Arbeitsakt an sich und seine kontinuierliche Perfektionierung. Diese Idee kann ein wirkungsvoller Motivator sein, um weiterzumachen. Aufmerksamkeit und Wiederholung öffnen uns die Augen für die Schönheit unseres Handwerks. Wir sehen, wie Tätigkeiten verfeinert werden können. Und durch diesen iterativen Zyklus erlangen sie einen gewissen Grad an Vorhersehbarkeit. Das hat den zusätzlichen Vorteil, dass es Ihnen, wenn Sie genau wissen, was Sie tun und was Ihr nächster Schritt sein wird, den Stress erspart, zwischen Tätigkeiten entscheiden zu müssen. Ich bin zu einem großen Fan dieses Motivators geworden und lege es Ihnen sehr ans Herz, ihn ebenfalls zu einem Teil Ihrer Arbeit werden zu lassen.

Motivator 6: Die Pfadfinderregel

Die Pfadfinderregel sollte man immer dann anwenden, wenn es einem schwerfällt, sich um Liegengebliebenes zu kümmern. Diese Regel habe ich von anderen Softwareentwicklern gelernt. Sie bringt uns dazu, mehr zu tun, als eigentlich nötig ist.

Der Job eines Programmierers besteht zwar eigentlich darin, neue Funktionen zu erstellen, doch die meiste Zeit verbringt er damit, Schnipsel von existierenden Codes zu verändern und Programmierfehler zu beheben. Sind die Probleme gelöst, könnte der ursprüngliche Code allerdings immer noch etwas chaotisch sein. Der Programmierer könnte den fehlerhaften Code einfach so lassen, wie er ist. Denn schließlich gehört dieser alte Code nicht zu seiner aktuellen Aufgabe. Doch das machen gute Programmierer nicht. Gute Programmierer halten sich an die »Pfadfinderregel«: Hinterlasse einen Code immer sauberer, als du ihn vorgefunden hast. Genauso, wie es echte Pfadfinder in der Natur machen. Die Pfadfinderregel ist bereits eine Belohnung an sich. Sie wollen eine Aufgabe gut beenden? Tun Sie genau das. An was Sie auch arbeiten, Sie werden immer auf Dinge stoßen, die in Ordnung gebracht oder geklärt werden müssen. Lassen Sie sich nicht von Ihrem Masterplan blenden, sondern räumen Sie auf dem Weg dahin auf. Wenn Sie eine unbezahlte Rechnung sehen, schreiben Sie jemandem, dass er sich darum kümmern soll. Wenn Sie ein geteiltes Dokument bearbeiten und auf ältere Entwürfe stoßen, archivieren Sie sie. Erledigen Sie die Arbeit gründlich, werden Sie sie auch besser machen. Und der Abschluss wird befriedigender.

Motivator 7: Kettenreaktion

Das ist auch ein guter Motivator, wenn Sie sich in Richtung Ziellinie schleppen: Stellen Sie sich vor, welche Kettenreaktion Ihre Arbeit auslösen wird. Denn es ist ja eher selten so, dass eine Arbeit oder Aufgabe tatsächlich der Endpunkt von etwas ist. Normalerweise warten andere darauf, dass Sie mit Ihrer Arbeit fertig werden, um darauf aufzubauen. Ihr Beitrag, egal, ob groß oder klein, ist deren Startpunkt, und die Energie, die Sie in Ihre Arbeit stecken, ist das, was andere weiterbringt.

Um eine Kettenreaktion auszulösen, ist es entscheidend, dass Sie andere wissen lassen, wann Sie fertig sind. Warten Kollegen auf Ihre Arbeit, dann tun Sie ihnen den Gefallen und lassen Sie sie wissen, dass Sie daran sitzen und sie weiterleiten, sobald sie fertig ist. Sie sind sich nicht sicher, ob andere wissen, dass Sie fast fertig sind? Meistens ist es besser, zu viel als zu wenig zu kommunizieren.

In diesem Kapitel haben Sie damit begonnen, sich ein Backup-Gehirn einzurichten. Sie haben eine Vorstellung von der Klarheit und der Ruhe bekommen, die dadurch entstehen kann, und merken bereits, dass Ihr Gehirn plötzlich Platz für das hat, was es am besten kann: denken. Sich dieses Geschenk zu machen – den Terminkalender zur Orientierung und eine smarte To-do-Liste für einen klaren Kopf zu benutzen –, ist ein fantastischer Anfang. Nun kommen wir zu einem weiteren wichtigen Bestandteil Ihres Arbeitstages: den E-Mails. Studien zeigen, dass Angestellte im Schnitt 13 Stunden pro Woche allein mit E-Mails verbringen.[3] Können wir daran etwas ändern? Wie können wir mit dieser Kommunikationsflut in Bezug auf unsere Arbeit umgehen? Und wie können Sie die Zeit, die Sie mit E-Mails verbringen, optimaler nutzen? Darum wird es im nächsten Kapitel gehen.

3. WG: AW: AW: ZEIT FÜR E-MAILS

Wie Sie die Kontrolle über Ihr Postfach behalten

Was wäre, wenn ich Ihnen sagen würde, dass Sie von nun an keine E-Mails mehr lesen oder beantworten können? Was würden Sie denken? Dass das unmöglich ist? Dass Sie sich dann auch gleich von Ihren Kunden verabschieden und es vergessen könnten, neue an Land zu ziehen? Dass es Sie Ihren Job kostet, wenn Sie Ihre E-Mails ignorieren? Okay, schon gut. Aber wenn E-Mails so wichtig sind, stellt sich mir die folgende Frage: Blockieren Sie für E-Mails jeden Tag etwas Zeit in Ihrem Terminkalender? Wenn E-Mails ein wichtiger Bestandteil Ihrer Arbeit sind (was bei mir auf jeden Fall so ist), dann verdienen sie einen festen Platz in Ihrem Terminplan.

In Kapitel 1 haben wir uns die wichtigsten Eckpfeiler eines Terminkalenders angesehen und gelernt, wie man eine Arbeitswoche plant. In Kapitel 2 haben Sie Ihre To-do-Liste in Angriff genommen, um in Ihrem Gehirn Platz für wichtigere Dinge zu schaffen. Jetzt werden wir Ihrer Woche ein drittes Element hinzufügen, indem wir bestimmte Zeiten für E-Mails blockieren. Sie haben richtig gehört: Von heute an sind E-Mails nicht länger etwas, was Sie irgendwo hineinquetschen.

Fangen Sie am besten damit an, täglich drei 30-Minuten-Blöcke für E-Mails einzuplanen. In diesen 30 Minuten versuche ich, so viele E-Mails wie möglich zu schaffen. Der Rest der E-Mails muss auf den nächsten Zeitblock warten. Diese Zeitblöcke habe ich folgendermaßen über meinen Tag verteilt: einer am Morgen, einer vor oder nach dem Mittagessen und einer am Ende des Tages. Aber sind 90 Minuten *wirklich* ausreichend? Für die meisten von uns: Ja. Locker.

Wenn wir alle anderen Einträge für einen Moment ignorieren, dann zeigt uns das Beispiel unten, wie das in Ihrem Terminkalender aussieht:

	MO **11**	DI **12**	MI **13**	DO **14**	FR **15**
08:00 Uhr					
09:00 Uhr	E-Mails 09:00 Uhr	E-Mails 09:00 Uhr	E-Mails 09:00 Uhr	E-Mails 09:00 Uhr	E-Mails 09:00 Uhr
10:00 Uhr					
11:00 Uhr					
12:00 Uhr	E-Mails 12:30 Uhr	E-Mails 12:30 Uhr	E-Mails 12:30 Uhr	E-Mails 12:30 Uhr	E-Mails 12:30 Uhr
13:00 Uhr					
14:00 Uhr					
15:00 Uhr					
16:00 Uhr					
17:00 Uhr	E-Mails 17:00 Uhr	E-Mails 17:00 Uhr	E-Mails 17:00 Uhr	E-Mails 17:00 Uhr	E-Mails 17:00 Uhr
18:00 Uhr					

Das mag sich zunächst etwas übertrieben anhören, aber geben Sie dieser Strategie eine Chance, denn:

- So sehen Sie, wie viel Zeit Sie wirklich brauchen, um Ihr E-Mail-Postfach im Griff zu haben. Das ist ein Fortschritt, denn im Moment haben Sie wahrscheinlich keine Ahnung.
- Sie können Ihr Postfach für die restliche Zeit schließen, denn Sie wissen ja, dass Sie im nächsten E-Mail-Block wieder im Bilde sein werden.
- Sie brauchen sich nicht mehr zu sorgen, dass E-Mails untergehen. Warum? Weil Sie Ihre E-Mails von der anderen Arbeit abgekoppelt haben. Mehr dazu gleich.

Ich könnte ohne Probleme meine gesamte Arbeitswoche mit dem Beantworten all der E-Mails verbringen, die ich bekomme, und bei Ihnen ist das sicherlich nicht anders. Tatsächlich habe ich jahrelang zu viel Zeit mit E-Mails verbracht. Bestimmt fanden die Menschen, mit denen ich gearbeitet habe, meine fixen Reaktionen zu Ihren Anliegen super, doch ich hatte Schwierigkeiten, zu meiner wichtigsten Arbeit zu kommen. E-Mails sind wie ein Juckreiz: Wenn man ihm nachgibt und kratzt, wird es nur noch schlimmer. Je mehr Nachrichten Sie verschicken, desto mehr werden Sie erhalten (meist schneller, als Sie antworten können). Sind Sie erst einmal bekannt dafür, sofort zu antworten, ziehen die anderen schnell nach – und das hat Konsequenzen. Dabei ist doch verrückt, wie viel Zeit wir mit E-Mails verbringen! Denn das bedeutet auch, dass wir unsere Tage damit verbringen, uns um die Prioritäten anderer zu kümmern.

Als Blendle in den Niederlanden langsam größer wurde, explodierte die Anzahl an E-Mails, um die ich mich kümmern musste. Schon bald wurden meine Tage von meinem Posteingang bestimmt. Es musste sich etwas ändern. Mir fiel auf, dass ich sehr viel mehr schaffte, wenn ich meine E-Mails tagsüber komplett ignorierte. Während manche Nachrichten wichtig waren, konnten die meisten warten. Die Folge? Ich schob meine Zeit für E-Mails in die frühen Morgenstunden und Abende, ging dabei aber genauso vor wie bisher. Wahrscheinlich überrascht es Sie nicht, aber diese Strategie war nicht von Erfolg gekrönt. Ehe ich michs versah, arbeitete ich von frühmorgens bis spät in den Abend und machte mich und die Menschen, die mir wichtig sind, damit unglücklich. Ich brauchte einen besseren Plan. Doch wie filtert man die wirklich wichtigen Dinge aus diesem endlosen Strom an Nachrichten heraus? Und wie schafft man es, seine wichtigste Arbeit zu erledigen, ohne durch die Pflege des E-Mail-Postfachs Überstunden anzuhäufen?

EINE ANDERE HERANGEHENSWEISE

Ich weiß nicht, wie Ihr Posteingang aussieht, aber ich wäre nicht überrascht, wenn Sie es längst aufgegeben haben, ihn kontrollieren zu wollen. Vielleicht verbringen Sie auch regelmäßig einen ganzen Abend oder den Samstagmorgen damit, Ihr Postfach aufzuräumen – ein Ansatz, der Ihnen Ihre Freizeit stiehlt und nur kurzzeitig Erleichterung schafft.

Aus diesem Grund empfehle ich Ihnen dringend, E-Mails ein festes Zeitfenster zu geben, statt sie zwischen andere Aufgaben zu quetschen. In dieser Zeit arbeitet man sich durch so viele E-Mails wie möglich und schenkt dieser Aufgabe mehr fokussierte Aufmerksamkeit als vielleicht jemals zuvor.

Einzelne E-Mails können Sie durch eine einfache Checkliste in Ihrem Kopf schneller bearbeiten. Der erste Schritt besteht darin, E-Mails gebündelt abzuarbeiten.

Gebündeltes Arbeiten

Es ist simpel und effektiv, ähnliche Tätigkeiten (wie E-Mail-Arbeit) in Ihrem Terminkalender zu bündeln und blockweise abzuarbeiten:

- Mit den richtigen Tools und der richtigen Software sparen Sie so Zeit und erledigen Ihre Aufgaben entspannt.
- Da die Arbeit repetitiv ist, kommen Sie leichter in einen Flow. Das ist unmöglich, wenn man zwischen unterschiedlichen Aufgaben wie Meetings, kreativen Brainstormings, Telefonaten und E-Mail-Arbeit hin und her wechselt.
- Multitasking ist ein Mythos. Denn wenn wir mehrere Aufgaben gleichzeitig machen, wechseln wir im Grunde ständig von einer Sache zur anderen. Und da wir nach diesem Umschalten immer etwas Zeit brauchen, bis wir uns wieder ganz auf die vorliegende Aufgabe konzentrieren können, wird unsere Aufmerksamkeit stark beansprucht. Es ist sehr viel effektiver – und weniger stressig –, nur an einer Sache zu arbeiten.

- Sie können auf einen klaren Endpunkt hinarbeiten, da Sie definiert haben, wie viele Aufgaben oder Nachrichten Sie in einem Durchlauf schaffen wollen oder wie viel Zeit Sie darauf verwenden wollen.

Dreißig Minuten – das klingt nicht nach viel, aber Sie werden überrascht sein, um wie viele E-Mails Sie sich in dieser Zeit kümmern können. Das Geheimnis liegt nicht darin, E-Mails abzuarbeiten, sondern sie durchzuarbeiten. Konkret bedeutet das, dass Sie die E-Mail sorgfältig lesen, eine Entscheidung bezüglich der Folgemaßnahmen treffen und das dann an den Absender kommunizieren.

Wie funktioniert das in der Praxis? Beginnen Sie mit der obersten E-Mail in Ihrem Posteingang und arbeiteten Sie sich nach unten durch. Bei jeder E-Mail, die Sie erhalten, können Sie eines dieser fünf Dinge tun:

1. Sie entscheiden, die Anfrage abzulehnen. Bleibt nur noch, Ihre Entscheidung zu kommunizieren und die E-Mail abzulegen.
2. Ihrerseits besteht kein Handlungsbedarf. Legen Sie die E-Mail also einfach ab.
3. Sie müssen aktiv werden, und das kostet Sie maximal zwei Minuten. Kümmern Sie sich sofort darum.
4. Sie müssen aktiv werden, und es wird länger dauern, außerdem gibt es eine feste Deadline. Planen Sie diese Aufgabe sofort in Ihren Terminkalender ein.
5. Sie müssen aktiv werden, und es wird länger dauern, doch es gibt keine feste Deadline. Also schreiben Sie die Aufgabe auf Ihre To-do-Liste.

Die folgende Grafik zeigt Ihnen, wie das als Flowchart aussehen kann. Egal, welcher Kategorie eine E-Mail angehört, der Absender sollte auf jeden Fall zeitig eine Antwort von Ihnen bekommen. Im Idealfall sollte man so früh wie möglich antworten, auch wenn man die Anfrage im Moment nicht bearbeiten kann. Lassen Sie den Absender einfach wissen, dass Sie sich später darum kümmern werden. Das Wann müssen Sie nicht spezifizieren.

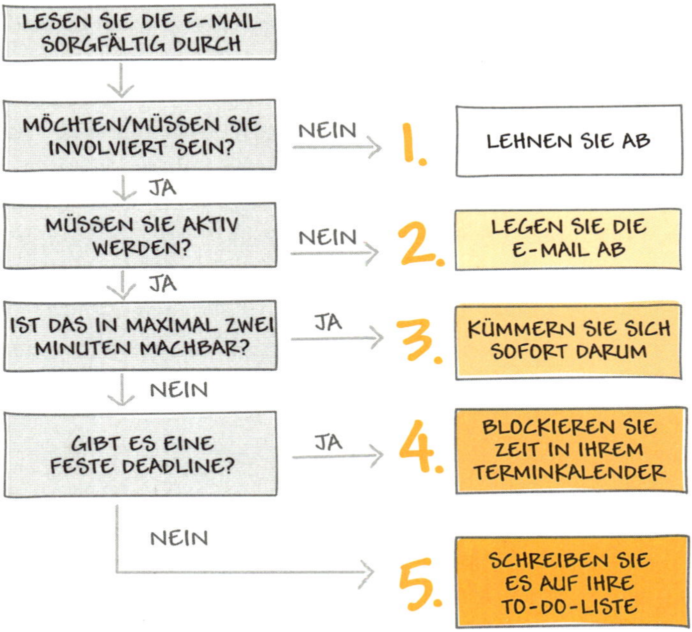

Nehmen wir einmal an, ein Kunde bittet Sie um eine Kostenschätzung bis Ende nächster Woche. Sie checken Ihren Terminkalender und sehen eine Lücke am Dienstagnachmittag, also blockieren Sie die Zeit für diese Aufgabe. An diesem Punkt könnten Sie dem Kunden mitteilen, dass Sie sich am Dienstag darum kümmern, doch damit nehmen Sie sich jeden Spielraum. Es ist schlauer, dem Kunden lediglich zu antworten, dass die Anfrage angekommen ist und Sie nächste Woche auf ihn zurückkommen. Wenn Sie möchten, können Sie auch die Freitags-Deadline im Terminkalender eintragen – so haben Sie noch einen Puffer.

1. Lehnen Sie ab

Denken Sie daran, dass Sie auf eine E-Mail auch immer mit einem »Nein« antworten können. Bevor Sie neue Arbeit annehmen, wenden Sie besser die Eisenhower-Matrix aus Kapitel 1 an. Entspricht das, um was man Sie bittet, den Prioritäten, die Sie sich gesetzt haben? Wenn nicht, ist das ein guter Grund abzulehnen.

Das Gleiche gilt für Bitten Ihres Vorgesetzten. Seien Sie wählerisch. Wenn Ihnen auffällt, dass viele dieser Aufgaben nicht mit den Prioritäten Ihres Jobs übereinstimmen, dann lohnt es sich, ihn darauf aufmerksam zu machen. Egal, wie einfach es für Sie sein mag, diese eine Sache gleich zu erledigen, auf Dauer ist es besser für das Unternehmen, wenn Sie bewusst mit Ihrer Zeit umgehen. Der erste Schritt dahin besteht darin, darauf hinzuweisen, wenn etwas Ihre Arbeit beeinträchtigt.

2. Legen Sie die E-Mail ab

Wenn Sie eine E-Mail gelesen haben und kein weiterer Handlungsbedarf besteht, archivieren Sie die E-Mail. Viele Menschen legen Ihre E-Mails in verschiedenen Ordnern ab – tun Sie das auch? Diese zeitraubende Angewohnheit muss nun abgelegt werden.[1] Da die Suchfunktion bei E-Mail-Programmen immer besser wird, ist es meist superleicht, eine Nachricht wiederzufinden. (Aktivieren Sie auf jeden Fall die Thread-Option. Damit sehen Sie relevante Nachrichten automatisch.) Und da Speicherplatz ebenfalls günstiger wird, ist auch die Größe Ihres Postfachs unproblematisch. Sollte das anders sein, ist es effizienter, von Zeit zu Zeit eine große Menge an E-Mails auf einmal zu löschen, als sich jedes Mal zu überlegen, ob man jede eingehende Nachricht nun ablegt oder löscht.

Mein Rat: Machen Sie sich das Leben nicht schwerer, als es ist. Verschieben Sie die E-Mails, die Sie bearbeitet haben, in einen Allzweck-Archivordner. Wenn Ihr E-Mail-Programm darüber nicht verfügt, legen Sie einen neuen Ordner mit dem Namen »Archiv« an. Jetzt ist Schluss damit, dass Sie ewig nach dem richtigen Ordner suchen, bevor Sie eine E-Mail ablegen. Packen Sie sie direkt ins Archiv und gut ist.

3. Kümmern Sie sich sofort darum

Das ist eine weitere wunderbare Angewohnheit, die Ihnen eine Menge Zeit und Ärger ersparen kann. Wenn Sie eine E-Mail in maximal zwei Minuten abhaken können, dann tun Sie das einfach. Dann müssen Sie auch nicht mehr nach einer Lücke in Ihrem Terminkalender suchen oder Ihre To-do-Liste um einen Eintrag erweitern.

4. Blockieren Sie Zeit in Ihrem Terminkalender

E-Mails, die mit einer Deadline kommen (und Sie mehr als zwei Minuten kosten) sind perfekt für Ihren Terminkalender. So können Sie sicher sein, dass die Arbeit erledigt wird. Selbst wenn Sie wissen, dass es weniger als 30 Minuten dauert, sollten Sie in diesem Fall Ihre To-do-Liste überspringen und direkt zum Terminkalender übergehen.

Genauso wichtig ist es, sich einen Puffer einzurichten. Anstatt sich die Arbeit direkt vor die Deadline zu legen, sollten Sie sie mindestens einen Tag vorher einplanen. Wenn sich dann herausstellt, dass es aufwendiger wird, oder wenn etwas Unerwartetes eintritt, kein Problem. Und wenn alles gut läuft, können Sie einen Tag vorher abgeben.

5. Schreiben Sie es auf Ihre To-do-Liste

E-Mails, bei denen Ihrerseits Handlungsbedarf entsteht, die aber keine feste Deadline implizieren, können auf Ihre To-do-Liste. Diese neue Aufgabe sofort auf die Liste zu schreiben, wird sich später noch bezahlt machen, da es Ihnen so erspart bleibt, die E-Mail noch einmal lesen und geistig verarbeiten zu müssen. Formulieren Sie diese Aufgaben dann am besten auch gleich als konkrete Handlungsanweisung (also »Caterer wegen Meetingverpflegung anrufen« und nicht so etwas Vages wie »Meeting-Organisation«). Wenn es Zeit ist, die Aufgabe anzugehen, wissen Sie, wo Sie anfangen müssen. Doch machen Sie sich jetzt noch keine Gedanken darüber, *wann* Sie genau zu diesen Aufgaben kommen werden. Das schauen wir uns im nächsten Kapitel an, wenn wir Ihre To-do-Liste als Teil Ihrer Wochenplanung wieder aufgreifen.

Nachdem Sie den Absender über Ihren nächsten Schritt informiert haben, können Sie die E-Mail ablegen.

Obwohl ich alle Tricks hinsichtlich E-Mail-Effizienz kenne, muss ich leider gestehen, dass es auch mir manchmal noch schwerfällt, meinen Posteingang außerhalb dieser festen Zeiten zu ignorieren. Fakt ist, dass wir süchtig sind nach E-Mails. Und das ist kein Zufall.

Warum machen E-Mails süchtig?

In seinem Buch *Hooked* schlüsselt Nir Eyal auf, wie wir nach einem Produkt süchtig werden. Wir alle kennen diesen Drang, ständig unsere Nachrichten checken zu wollen. Manchmal können wir kaum widerstehen: frühmorgens im Bett, während wir in einer Schlange stehen oder sogar, wenn wir uns mit Freunden unterhalten. Laut Nir Eyal ist das kein Zufall, da die E-Mail *die* gewohnheitsformende Technologie schlechthin ist. Hier kommt alles zusammen:

1. Die Mischung aus Alltäglichem und Aufregendem sorgt für Spannung, denn man weiß ja nie, was kommt.
2. E-Mails sind sehr leicht zugänglich.
3. Unsere Aufmerksamkeit wird durch ein auffälliges rotes Blinken oder durch Benachrichtigungstöne erregt.
4. E-Mails vermitteln uns das Gefühl von Erfüllung, was sofortige Befriedigung auslöst.

Charles Duhiggs Buch *Die Macht der Gewohnheit* erklärt, wie diese Sucht funktioniert. Alle Süchte haben laut Duhigg drei Dinge gemeinsam: einen Schlüsselreiz, eine Routine und eine klare Belohnung. Unser Postfach ist ein einziger Jackpot der Belohnung (und das gilt auch für Messenger-Services wie WhatsApp). Es versorgt uns mit Komplimenten, Jobangeboten und Nachrichten von Freunden. Natürlich gibt es auch noch die Möglichkeit – eine sehr große, um ehrlich zu sein –, dass man schlechte Nachrichten erhält. Doch die Chance, dass es sehr positive Nachrichten sein könnten, erscheint uns immer größer. Das ist es, wonach wir süchtig werden. Selbst wenn eine neue E-Mail nichts Weltbewegendes mitteilt, werden wir trotzdem ein wenig belohnt. Denn wir fühlen uns sofort bestätigt, informiert oder als ein Teil von etwas. Ein Glücksspielautomat im Kasino funktioniert übrigens genauso.

Meist kommt der Schlüsselreiz, der uns eine E-Mail lesen lassen will, von unserem Handy oder Computer. Haben Sie diese Benachrichtigungen deaktiviert, nachdem Sie in Kapitel 2 von den Vorteilen der Hyperkonzentration erfahren haben, ist ein großer Verursacher dieses Problems eliminiert. Abgesehen von den konstanten »äußeren Triggern« der Benachrichtigungen, sind E-Mails auch eine gute Ausrede, wenn man sich abgelenkt oder blockiert fühlt. Denn das Öffnen und Beantworten von E-Mails fühlt sich so an, als würde man etwas tun (E-Mails sind ja schließlich auch Teil der Arbeit). Gleichzeitig verschaffen sie einem eine Pause von der komplexen und wichtigen Aufgabe, die man eigentlich erledigen sollte.

Duhigg behauptet, dass es unmöglich sei, nicht süchtig nach E-Mails zu werden. Denn jede neue Nachricht fühle sich wie eine kleine Belohnung an. Doch es gibt noch andere Arten, wie Sie Ihrem Gehirn Befriedigung verschaffen. Wenn Sie sich dieses Gefühl der Belohnung erhalten wollen, können Sie eine schlechte Gewohnheit durch eine gesündere ersetzen. Jeder von uns wird anders durch E-Mails belohnt. Manchen geht es darum, sich mit anderen Menschen verbunden zu fühlen. Für andere wiederum ist es eine winzige Pause von der Arbeit. Ich kenne Leute, die den Blick in Ihren Posteingang durch einen kurzen Spaziergang eingetauscht haben. Andere machen ein paar Push-ups, wenn ihre Konzentration nachlässt. Sie können sich auch mit einer Tasse Kaffee belohnen.

Mir hilft es, dass meine E-Mails nicht sofort im Posteingang auftauchen. So werde ich nicht jedes Mal von neuen Nachrichten abgelenkt, wenn ich das Programm aufmache. (Dafür verwende ich Boomerang, ein geniales Plug-in für Gmail. Mehr Tipps zu Apps und Plug-ins für die Verwaltung von E-Mails finden Sie auf gripbook.com/apps.) Suchen Sie pfiffige Tools und Features aus, die Sie ansprechen. Hauptsache, sie helfen Ihnen dabei, gesündere E-Mail-Gewohnheiten zu entwickeln.

SINNLOSE E-MAILS

E-Mails können nicht nur süchtig machen, sie sind auch oft unnötig. Meistens sind sie nur ein Arbeitsaufschub oder -ersatz und nur selten Gold wert. Wichtig sind eigentlich der Anhang, die Präsentation oder das aktuell vorliegende Problem. Sie brauchen nur einen Blick auf die E-Mail-Konversationen zu werfen, die sich gerade in Ihrem Posteingang befinden. Wie viele davon tragen direkt zu Ihren höchsten Prioritäten bei? Die Tatsache, dass eine E-Mail an sich nicht viel leistet, ist gleichzeitig der Grund, der sie zu so einer netten Ablenkung macht. Sie können sich endlos über die Arbeit austauschen, die erledigt werden muss, wie Sie planen, sie anzugehen, warum Sie diesen oder einen anderen Weg einschlagen sollten und Ihre Meinung von jedem Blickwinkel aus bekräftigen, doch im Grunde drücken Sie sich damit nur vor dem, was Sie eigentlich tun sollten.

Schützen Sie sich vor E-Mails

Das Letzte, was wir wollen, ist eine E-Mail nur der E-Mail halber. Wie merkt man also, wenn der Austausch aus dem Ruder läuft? Das ist leicht zu erkennen. Sind mehr E-Mails als Menschen in einer Konversation, ist das bedenklich. Ein weiteres Alarmsignal: Der Austausch hat sich weit vom ursprünglichen Thema entfernt. Sie könnten Ihr Bestes geben, um das Gespräch wieder auf das Hauptthema zu lenken, doch meist haben Sie mehr Erfolg, wenn Sie den Kommunikationskanal wechseln: Greifen Sie zum Telefon, starten Sie einen Video-Anruf, richten Sie einen Chat ein, machen Sie ein kurzes persönliches Treffen aus oder schauen Sie im Büro des Kollegen vorbei. Niemand mag Meetings, aber 15 Minuten online oder persönlich zusammenzukommen, ist deutlich effektiver als eine E-Mail-Flut.

Bevor Sie auf »Antworten« klicken, fragen Sie sich zuerst: »Muss ich dazu wirklich einen Input geben?« Das klingt zwar etwas kalt, aber wenn Sie nichts Sinnvolles beitragen können, ist es besser, nichts zu schreiben. Natürlich kann es hilfreich sein, das vorher mit Ihrem Team abzusprechen. Ich bin mir sicher, dass Sie sich schon bald deutlich weniger E-Mails schreiben werden. Und das ist für alle gut.

MEHR TIPPS ZU E-MAILS

Die E-Mail-Arbeit an drei festen Zeitfenstern pro Tag zu erledigen, ist bereits ein großer Schritt nach vorn. Und es gibt noch mehr pfiffige Tools und Techniken, die Ihnen dabei helfen können, Ihr Postfach im Griff zu haben.

Verabschieden Sie sich von der Idee eines leeren Posteingangs

Ich bin kein Fan von der »Zero-Inbox-Methode«, dem Ziel eines leeren Posteingangs. Es ist der falsche Ansatz, denn bei den meisten E-Mails, die Sie erhalten, dreht es sich um die Bedürfnisse und Prioritäten anderer. Sie (und auch Ihr Chef) wären aber glücklicher, wenn Sie den Großteil Ihrer Zeit mit Ihren eigenen Prioritäten verbrächten.

Beherrschen Sie Ihr E-Mail-Programm

Da Sie sehr viel Zeit mit E-Mails verbringen, lohnt es sich, alles zu entdecken, was Ihr Programm zu bieten hat. Es gibt Funktionen, mit denen Sie Ihren Lesebereich personalisieren, Nachrichten schneller finden, Gruppen-E-Mails leichter versenden und vieles mehr tun können. Ich habe viele Programme ausprobiert, bevor ich mich für Gmail entschieden habe. Die Schnelligkeit, die gute Suchfunktion und verschiedene andere Extras machen es zu einem perfekten Tool für mich. Leider können wir uns unsere Software nicht immer aussuchen, meistens tut das der Arbeitgeber. Finden Sie dennoch heraus, was Ihr System kann.

Lernen Sie Tastatur-Shortcuts

Das gilt für alle Programme, die Sie regelmäßig benutzen, aber für E-Mails ist das ein Muss: Nehmen Sie sich die Zeit, sich Tastaturkürzel anzueignen. Dadurch geht so vieles schneller und einfacher: neue E-Mails schreiben, den Posteingang checken, Nachrichten archivieren sowie E-Mails versenden und abrufen. Das sind die Befehle, die Sie so häufig ausführen, dass es Ihnen viel Zeit erspart, wenn Sie, anstatt nach der Maus zu greifen, nur mit der Tastatur arbeiten.

Nutzen Sie Vorlagen

Wenn Sie viele Fragen per E-Mail erhalten, kann es eventuell sein, dass Sie oft ähnliche Antworten verschicken. Sie können sich sehr viel Zeit dadurch ersparen, dass Sie Ihre Antworten wiederverwenden. Gmail verfügt für diesen Zweck über einen Plug-in namens »Gespeicherte Antworten«. Mac und iOS verfügen über eine eingebaute Funktion, mit denen Sie häufig verwendete Sätze schneller eingeben können (Einstellungen -> Tastatur -> Text). Sie können es mit einer etwas ausgefeilteren App wie TextExpander probieren oder einfach Ihre übliche Notizen-App benutzen, mit der Sie die Antworten kopieren und einfügen. Das beschleunigt nicht nur Ihren Arbeitsablauf, es verhilft Ihnen auch zu besseren Antworten – da Sie sie ständig optimieren können.

Verlassen Sie sich nicht auf ein System, bei dem »Ungelesen« gleich »To-do« ist

Viele gewöhnen sich an, nur den als »ungelesen« markierten Nachrichten Aufmerksamkeit zu schenken. Ich kann davon nur abraten, denn so passiert es schnell, dass man eine E-Mail übersieht, bei der noch Handlungsbedarf besteht. Wenn Sie nur einen Blick auf eine E-Mail werfen und vergessen, sie als ungelesen zu markieren, riskieren Sie, dass sie untergeht.

Versuchen Sie, es sich so schwer wie möglich zu machen, Ihre E-Mails aus den Augen zu verlieren. Wie das geht? Indem Sie jene E-Mails, die abgearbeitet sind, immer manuell archivieren. So müssen Sie sich um jede Nachricht in Ihrem Posteingang kümmern. Und ein Bonus: Der letzte Schritt beim Verschieben einer Nachricht in den Archivordner ist äußerst befriedigend.

Bewachen Sie Ihren Posteingang

Ich versuche immer, sehr kritisch damit umzugehen, welche E-Mails bei mir eingehen. Newsletter und Updates von Seiten wie Facebook oder Twitter erzeugen ein Dauerrauschen, auf das ich verzichten kann. Viele dieser E-Mails lassen sich durch ein paar Klicks abbestellen. Wenn Sie lieber nicht auf sie verzichten möchten, aber auch nicht wollen, dass Ihnen der Posteingang zugemüllt wird, dann richten Sie besser einen Filter ein, der E-Mails von bestimmten Absendern automatisch archiviert. Diese Funktion gibt es bei den meisten Programmen.

Der priorisierte Posteingang von Gmail

Benutzen Sie Gmail? Dann kann Ihnen folgendes Tool viel Arbeit abnehmen. Gehen Sie in den Einstellungen auf »Art des Posteingangs« und wählen Sie »Sortierter Eingang« aus. Gmail wird nun alle eingehenden E-Mails automatisch mit »Wichtig und ungelesen«, »Markiert« oder »Alles andere« kennzeichnen.

Diese Funktion ist nicht nur äußerst effektiv, sie ist auch lernfähig. Wenn Sie zum Beispiel die Prio-Markierung einer E-Mail ändern, weiß Gmail, dass es alle zukünftigen E-Mails von diesem Absender als wichtig einstufen soll – oder eben nicht.

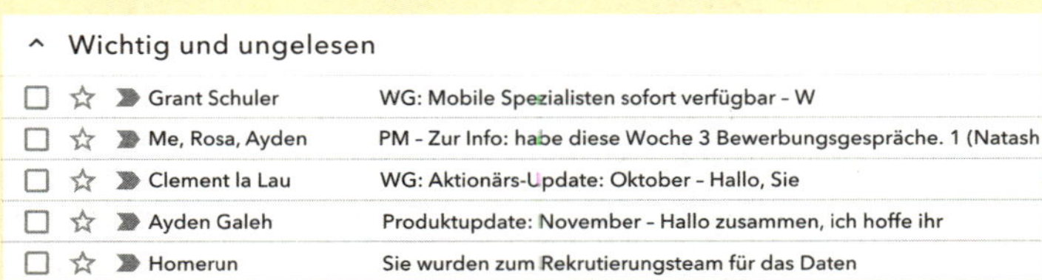

Checken Sie in Meetings keine E-Mails

Das ist eine Gewohnheit, die wir alle sofort ablegen sollten. Es ist sehr ärgerlich, wenn jemand, dem man gerade etwas Wichtiges erklären möchte, von seinen E-Mails abgelenkt ist. Das Schlimmste ist, wenn der E-Mail-Junkie denkt, niemand würde es merken.

Sich während Meetings um E-Mails zu kümmern, ist eine kolossale Zeitverschwendung. Denn Ihre Aufmerksamkeit ist nicht bei der Sache. Also vergeuden Sie nicht nur Ihre Zeit, sondern auch die der anderen. Genauso wenig konzentrieren Sie sich ganz auf das Lesen und Verstehen Ihrer Nachrichten. Wenn Sie Glück haben, machen Ihre Antworten gerade noch so Sinn. Wenn Sie sich jetzt wiedererkennen, schauen Sie noch einmal kritisch auf die drei Zeitblöcke, die Sie pro Tag eingeplant haben. Sind das wirklich die besten Zeiten des Tages? Ist es wirklich notwendig, dass Sie während dieses Meetings auf E-Mails antworten? Auf der anderen Seite: Wenn Sie in einem faden Meeting sitzen, zu dem Sie nichts beizutragen haben, dann sollte das geändert werden.

TIPPS FÜR DAS VERFASSEN VON E-MAILS

Sie wollen bessere E-Mails schreiben? Dann nehmen Sie sich Zeit. Meine Top-3-Tipps für das Verschicken von effektiven E-Mails sind: Seien Sie sich darüber bewusst, was Sie erreichen wollen, halten Sie es kurz und seien Sie proaktiv.

Der Zweck Ihrer E-Mail

Bevor Sie mit dem Tippen anfangen, ist es hilfreich, kurz innezuhalten und über den Zweck Ihrer E-Mail nachzudenken. Wollen Sie eine Antwort? Wollen Sie einfach nur informieren? Oder wollen Sie etwas in Gang setzen? Versuchen Sie, den Leser von etwas zu überzeugen? Wenn Sie ein klares Ziel haben, werden Sie bessere E-Mails schreiben.

Machen Sie es kurz

Egal, was der Zweck Ihrer E-Mail ist, machen Sie es kürzer. Kommen Sie direkt auf den Punkt. In den meisten Fällen wollen Sie etwas vom Empfänger, doch da alle viel zu tun haben, schreit eine lange E-Mail »schwierig«. Auf der anderen Seite wirkt eine kurze und auf den Punkt gebrachte E-Mail, die eine konzise Frage stellt, »machbar« und wird daher womöglich schneller und wohlwollender beantwortet. Ihnen wurden viele Fragen gestellt? Dann ziehen Sie es in Erwägung, die Antworten auf mehrere E-Mails aufzuteilen oder die Fragen per Telefon oder persönlich zu besprechen.

Oder Sie nehmen sich ein Beispiel an Marketingfritzen, die die Kunst perfektioniert haben, ihre Newsletter mit anklickbaren Betreffzeilen zu versehen. Eine klare Betreffzeile verrät Ihrem Empfänger sofort, was Sie von ihm wollen. Sagen wir einmal, Sie brauchen ein Feedback zu einem Kurzvorschlag. Dann ist »Könnten Sie einen kurzen Blick auf diesen Kurzvorschlag werfen?« eine gute Betreffzeile.

Kommunizieren Sie proaktiv

Lautet Ihr Ziel, weniger Zeit mit E-Mails zu verbringen, dann ist es ein guter Anfang, wenn Sie proaktiv kommunizieren. Wie das geht? Denken Sie voraus: Machen Sie einen Vorschlag, anstatt offene Fragen zu stellen. Dann muss Ihr Empfänger nur noch mit »Ja« oder »Nein« antworten. Je beschäftigter diese Person ist, desto besser funktioniert das. Doch am Ende ist es für Sie beide leichter. Anhand dieses E-Mail-Austauschs sehen Sie, warum:

Ich: »Hallo! Ich habe Ihren Kontakt von einem Kollegen bekommen und würde Sie gern mal auf einen Kaffee treffen, um Projekt X zu besprechen.«

Empfänger: »Kein Problem, das klingt super. Wann passt es Ihnen?«

Ich: »Mittwochs und donnerstags passt es mir am besten – welche Uhrzeit wäre Ihnen am liebsten?«

Empfänger: »Ich kann am Donnerstag um 14 Uhr. Wo sollen wir uns treffen?«
Ich: »Wie wäre es mit unserem Büro in Amsterdam?«

Ich hätte dieses ganze Hin und Her vermeiden können, indem ich in meiner ersten E-Mail bereits einen konkreten Vorschlag gemacht hätte. Wenn die andere Person weniger Zeit hat als Sie, dann schlagen Sie ihr drei oder vier Termine und Orte vor. Indem Sie sofort Alternativen anbieten, könnte Ihr Termin mit einer einzigen Antwort feststehen. Zum Beispiel so:

Ich: »Ich würde Sie gern mal auf einen Kaffee treffen, um Projekt X zu besprechen. Würde es Ihnen gut passen, mich nächsten Mittwoch in Ihrem Büro in Amsterdam zu treffen, sagen wir um 10 Uhr? Bei mir wäre es an diesem Tag auch zu jeder anderen Zeit möglich, oder auch ab 11 Uhr donnerstags.«
Empfänger: »Mittwoch geht bei mir nicht, allerdings habe ich am Donnerstag um 14 Uhr Zeit. Bis dann!«

KURZNACHRICHTEN AM ARBEITSPLATZ

Bei den meisten von uns beschränkt sich elektronische Kommunikation nicht auf E-Mails. Viele Unternehmen benutzen weitere Messenger-Dienste, und das aus gutem Grund. Sie und Ihre Kollegen können so zum Beispiel eine WhatsApp-Gruppe gründen, um immer informiert zu sein. Bei Blendle benutzten wir dafür Slack. E-Mails sind zwar schnell geschrieben, allerdings ist die Hemmschwelle mit WhatsApp und Slack noch geringer. Und da Chat-Verläufe gespeichert werden, lässt sich Wissen besser teilen, man steht in engerem Austausch und es wird unwahrscheinlicher, dass Arbeit doppelt verrichtet wird. Die Kommunikation wird einfacher und leichter, da jeder immer im Chat ist.

Ganz eindeutig bringen diese Messenger-Dienste Vorteile, und sie können uns auch dabei helfen, wertvolle Zeit zu sparen. Doch genau wie bei E-Mails müssen wir entscheiden, wie wir sie nutzen wollen. Denn es gibt einen großen Nachteil: In Chats neigen wir dazu, eine sofortige Antwort zu erwarten. Es ist zwar bequem, auf alles eine schnelle Antwort zu erhalten, doch das setzt uns gleichzeitig stark unter Druck, ebenfalls zu antworten, besonders bei arbeitstechnischen Nachrichten nach Feierabend. Hat man einmal eine Nachricht gesehen – dringlich oder nicht – ist es unmöglich, sie wieder ungesehen zu machen. Und viel Glück dabei, mit der Antwort bis zum Morgen warten zu wollen.

Sie wollen das Beste aus Messenger, WhatsApp, Slack oder Teams herausholen? Hier sind meine Tipps:

- **Deaktivieren Sie Benachrichtigungen.** Wenn Sie sich auf Ihre wichtigste Arbeit konzentrieren wollen, können Sie sich nicht ständig durch diese Apps ablenken lassen. Sie befürchten, eine wichtige Nachricht von Ihrem Chef zu verpassen? Bei den meisten Diensten kann man Ausnahmen einrichten. Bei WhatsApp können Sie die Benachrichtigungen über neue Nachrichten von bestimmten Gruppen oder Personen stumm schalten, und Slack bietet das auch an (für Einzelpersonen oder Channels). Slack hat einen praktischen »Bitte nicht stören«-Status, wenn Sie einmal offline gehen und konzentriert etwas wegschaffen wollen. Ich empfehle Ihnen, so viele Chats wie möglich stummzuschalten. Sie können auch später noch alles nachlesen. Vergewissern Sie sich allerdings, dass alle wissen, wie man Sie im Falle eines Arbeitsnotfalls erreicht.
- **Nutzen Sie die Status-Einstellungen.** Sowohl Slack als auch Microsoft Teams haben eine Statusanzeige, in der man mit wenigen Worten sagen kann, wo man ist und was man tut. So erfahren andere, ob Sie geschäftlich unterwegs, in einem Meeting, im Urlaub oder an Ihrem Schreibtisch sind. Nachfragen werden so unnötig, und das bedeutet weniger Mühe für alle.
- **Kommen Sie gleich zur Sache.** Das ist etwas, was viele am Chatten stört: Nachrichten, die mit »Hey!« beginnen, weil der Absender zuerst auf eine Antwort warten will, bevor er seine Frage

stellt. Obwohl der Absender höflich-zurückhaltend agiert, ist es für den Empfänger nervig, da er »gezwungen« wird, sofort zu antworten, und keine Ahnung hat, was ihn erwartet.

- **Behandeln Sie Chats wie E-Mails.** Wenn man mich etwas via Slack oder WhatsApp fragt, gehe ich damit so um wie mit neuen E-Mails. Wird es mich maximal zwei Minuten kosten? Dann kümmere ich mich sofort darum. Wenn ich mehr Zeit brauche, trage ich die Aufgabe in meinen Terminkalender ein oder füge sie meiner To-do-Liste hinzu. Indem ich Sofortnachrichten in meine Routine einbaue, wird das Risiko geringer, dass wichtige Arbeit auf der Strecke bleibt.
- **Lernen Sie Tastatur-Shortcuts.** Genauso wie bei E-Mails können Sie mit den Shortcuts bei Messenger-Apps sehr viel Zeit sparen. Es lohnt sich, sie auswendig zu lernen.

In diesem Kapitel haben Sie für E-Mails und andere Kommunikationsformen Platz in Ihrer Arbeitswoche geschaffen. Wenn Ihnen das alles noch etwas zu viel ist, können Sie erst einmal damit anfangen, für jeden Tag diese drei 30-minütigen E-Mail-Blöcke einzuplanen. Sie können das Kapitel auch noch einmal in Ihrem eigenen Tempo durchgehen und nach und nach weitere Elemente dazunehmen.

Die E-Mails vervollständigen die Stufe 3 unserer Rakete, doch wir sind noch nicht ganz fertig. Denn nun benutzen Sie zwar ein schlaues System und die Tools aus den ersten drei Kapiteln, doch wie behalten Sie das bei?

4. MIT EINEM SICHERHEITSNETZ ARBEITEN

Der Freitagsrückblick für mehr Klarheit und Seelenfrieden

Ihr Terminkalender steht, Ihre To-do-Liste kann in Angriff genommen werden und Sie haben feste Zeiten, um sich an jedem Arbeitstag auf Ihre E-Mails zu konzentrieren. Nicht schlecht! Sie haben die Basis für Klarheit und Seelenfrieden geschaffen. Doch damit ist es noch nicht getan. Denn ohne regelmäßige Wartung wird dieses System bröckeln.

Diese Wartung besteht aus einer einfachen Routine: Nehmen Sie sich jede Woche 30 Minuten Zeit, um Ihren Terminkalender upzudaten und in Ihrer To-do-Liste aufzuräumen.

Von diesem »Wochenrückblick« habe ich in David Allens Buch *Wie ich die Dinge geregelt kriege* gelesen, und jetzt kann ich nicht mehr ohne. Das ist ein sehr einfaches, aber trotzdem wirkungsvolles Tool, und ich werde Ihnen Schritt für Schritt erklären, wie es funktioniert.

Warum einmal pro Woche und nicht täglich oder monatlich? Gute Frage. Nehmen wir als Beispiel Ihre Küche. Wenn sich das dreckige Geschirr eine Woche lang in Ihrem Spülbecken auftürmt, wird dieser Bereich bald zu einer Gefahrenzone. Auf der anderen Seite ist es sehr unrealistisch, zu jeder Tageszeit saubere Arbeitsflächen und eine leere Spülmaschine anzustreben. Jeden dreckigen Teller sofort abwaschen zu wollen, kann sehr ineffizient sein. Wäscht man nicht sofort ab, verschwindet das dreckige Geschirr allerdings nicht einfach, also muss man sich irgendwann darum kümmern. Genauso wie beim Abwasch geht es auch bei der Arbeit darum, eine gute Balance zu finden. Und da habe ich für mich herausgefunden, dass einmal pro Woche genau das Richtige ist. So bleibt man in seiner Arbeitswoche flexibel, ohne den Überblick zu verlieren.

Bei einem wöchentlichen Resümee – oder, wie ich es nenne, meinem »Freitagsrückblick« – geht es darum, ein Sicherheitsnetz unter Ihre Arbeitswoche zu spannen. Egal, wie chaotisch Ihre Tage werden, mit überlappenden Meetings und zu löschenden Feuern, der Freitagsrückblick bringt Sie wieder auf Kurs. Tatsächlich erlaubt er Ihnen, während der Woche etwas chaotischer zu sein, da Sie wissen, dass Sie sich am Freitag wieder zur Ordnung rufen.

Ein Freitags…-was?

Ein Freitagsrückblick ist ein Termin, den Sie einmal pro Woche mit sich selbst ausmachen, um a) auf die vergangene Arbeitswoche zurückzuschauen und b) einen Blick auf die kommende Arbeitswoche zu werfen. Das Wissen, dass Sie sich jede Woche die Zeit nehmen, um eine Bestandsaufnahme und neue Pläne zu machen, bedeutet auch, dass Sie sich in der restlichen Zeit um Liegengebliebenes keine Gedanken mehr machen müssen. Wenn es etwas gibt, zu dem Sie nicht gekommen sind oder das Sie nicht mehr auf dem Schirm haben, dann werden Sie sich das bei diesem Termin vor Augen halten. Der Freitagsrückblick hilft Ihnen dabei, den Überblick zu behalten, und Sie brauchen dafür nur 30 Minuten pro Woche. Und habe ich schon erwähnt, für welch inneren Frieden er in der restlichen Woche sorgt?

Den besten Moment finden

Ich mache meinen Wochenrückblick – das verrät schon der Name – immer am Freitagnachmittag. Warum freitags? Ganz einfach. Ich möchte aufgeräumt und mit einem klaren Kopf ins Wochenende starten. Es fühlt sich toll an, meinen Terminkalender und meine To-do-Liste freitagnachmittags durchzugehen. So weiß ich, dass ich an alles gedacht und all das neu eingeplant habe, zu was ich in der vergangenen Woche nicht kam. Und ich habe Prioritäten gesetzt und einen Plan für die kommende Woche gemacht. Das macht es einfacher, die Arbeit für das Wochenende hinter mir zu lassen. Doch ich kenne auch Menschen, die ihren Wochenrückblick lieber samstags oder sonntags machen. Ein Freund von mir hat sich dafür den Montagmorgen ausgesucht, da ihm das für die Woche frische Energie gibt. Für was auch immer Sie sich entscheiden: Das Wichtige ist, dass Sie sich einen Tag und eine Uhrzeit aussuchen, bei der Sie auch bleiben können.

Dreißig Minuten sind für den Freitagsrückblick vollkommen ausreichend. Geben Sie sich für den Anfang allerdings besser 90 Minuten, um alles so zu organisieren, wie Sie es brauchen.

Wenn ich erkläre, welche Idee hinter dem Freitagsrückblick steckt, sind viele meist sofort an Bord. Klarheit und Seelenfrieden in Bezug auf die Arbeitswoche? Wer könnte dazu schon Nein sagen? Doch ich habe auch gesehen, wie schwer es manchen fällt, damit anzufangen. Also räumen wir zuerst dieses Hindernis beiseite. Hören Sie einen Moment lang auf zu lesen und planen Sie diese 90 Minuten in Ihren Terminkalender ein, wann immer Sie möchten. (Wie gesagt, nach dem ersten Mal geht es viel schneller.) Keine Sorge, es ist nicht kompliziert. Wenn Sie sich dazu verpflichten können, den Freitagsrückblick viermal zu machen, dann haben Sie den Bogen heraus. Und es ist das wirkungsvollste Tool, was es gibt, um Ihre Arbeit auf das nächste Level zu heben.

Nächste Frage: Wie macht man einen Freitagsrückblick? Nun, er besteht aus zwei Teilen: Man blickt auf seine Woche zurück. Und dann blickt man auf die kommende Woche.

TEIL 1: DER RÜCKBLICK

Ihr Freitagsrückblick beginnt mit einer Fehleranalyse der letzten Woche und einer Aufräumaktion. Sollten Sie nicht sofort überblicken, wie viel im Chaos unterging, keine Sorge. Darum geht es ja dabei – dass Sie etwas dagegen tun können. Los geht's!

1. Prüfen Sie Ihren Terminkalender

Das ist der Teil, der bei mir am Wochenende für den größten Seelenfrieden sorgt. Und dieser Schritt ist so unglaublich simpel. Ich klicke mich einfach durch alle Meetings und Arbeitsblöcke, die ich für die vergangene Woche geplant hatte und frage mich:

- Habe ich mir Notizen gemacht? Oder gibt es Protokolle zu den Meetings? (Wenn ja, dann gehe ich sie durch und füge alle Aktionen hinzu, die ich auf meine To-do-Liste setzen muss.) Gibt es irgendwelche anderen Einträge, die ich noch nachbereiten möchte oder muss?
- Muss ein Folgetermin angesetzt werden? Wenn ja, habe ich das eingeplant?
- Habe ich alles erledigt, was ich mir für die vergangene Woche vorgenommen hatte? Habe ich alle kontaktiert, die ein Update von mir brauchten?

2. Gehen Sie alle Inboxen durch

Wahrscheinlich sind in der vergangenen Woche viele neue Einträge in Ihre To-do-Liste eingegangen. Das ist eine gute Zeit, um all diese Aufgaben in Handlungsanweisungen zu verwandeln (falls Sie das nicht schon getan haben), damit sie klar umrissen und machbar sind. Ist das getan, können Sie sie in die jeweiligen Projekte ziehen – falls vorhanden.

Da Sie ja eventuell mehrere Arten von Inboxen bzw. Eingängen haben, nehmen Sie sich etwas Zeit, um alle auf Liegengebliebenes zu prüfen. Dazu könnten gehören:

- ein Notizbuch
- auf Ihrem Schreibtisch verteilte, hingekritzelte Notizen
- eine Notizen-App, wie Notion oder Microsoft OneNote
- Ihr E-Mail-Posteingang (Überprüfen Sie nur ganz kurz, dass Sie diese Woche nichts Wichtiges übersehen haben. Lassen Sie sich nicht zur E-Mail-Arbeit hinreißen.)
- Und vergessen Sie auch nicht die Briefpost, die Dateien in Ihrem »Download«-Ordner, gemachte Fotos und Videos sowie die Konversationen in Chat-Apps. Prüfen Sie überall, ob es noch etwas nachzubereiten gibt.

3. Prüfen Sie Ihre laufenden Projekte

Gehen Sie nach und nach all Ihre Projekte in Ihrem Aufgabensystem durch:

- Lesen Sie sich jede Aufgabe im Projekt durch und wandeln Sie dabei vage Formulierungen in klare, machbare Aktionen um. Prüfen Sie, ob es offene Handlungseinträge gibt, die upgedatet werden müssen. Und ganz wichtig: Vergewissern Sie sich, dass Sie den nächsten Schritt bei jedem Projekt kennen. Wenn nicht, ist es jetzt an der Zeit, sich das zu überlegen.
- Gibt es neue Projekte, die Sie hinzufügen müssen? Oder alte, die Sie streichen können?
- Sind alle Projekte und designierte Arbeitsbereiche (wie in Kapitel 2 beschrieben) noch aktuell? Darin liegt das Geheimnis, so übersieht man nichts mehr.
- Gibt es Menschen auf Ihrer »Warteliste«, denen Sie eine kurze Erinnerung schicken sollten?
- Vergessen Sie auch nicht, einen Blick auf Ihre »Irgendwann«-Liste zu werfen. Gibt es Aufgaben oder Projekte, die Sie nächste Woche in Angriff nehmen könnten?

TEIL 2: DER BLICK NACH VORN

Mit all den Informationen, die Sie im ersten Teil Ihres Freitagsrückblicks gesammelt haben, sehen Sie nun klar vor sich, was in der nahen Zukunft wichtig ist. Vergessen Sie das nicht. Nächster Schritt: Planen Sie Ihre nächste Woche.

Planen Sie Ihre nächste Woche

In Kapitel 1 bin ich Schritt für Schritt mit Ihnen durchgegangen, wie man eine Arbeitswoche im Terminkalender plant. Das werden wir jetzt noch einmal machen. Hier eine kurze Auffrischung:

- Entscheiden Sie sich für die Arbeit, die mit Ihren Pflichten und Zielen im Einklang steht.

- Finden Sie eine gute Balance zwischen dringender und wichtiger Arbeit. Versuchen Sie, sich so viel Zeit wie möglich für *wichtige* und *nicht dringende* Aufgaben zu reservieren.
- Weniger ist mehr. Planen Sie eher konservativ – wir neigen dazu, uns zu viel aufzuhalsen. Versuchen Sie, in dieser Woche Ihre Prioritäten auf lediglich zwei oder drei Dinge zu reduzieren.

Mit diesen Prioritäten vor Augen können Sie Ihre Woche planen. Das sind die sechs Schritte, die ich dabei befolge:

1. Blockieren Sie Zeit für all Ihre Prios, Meetings und Termine.
2. Wurden alle Meetings von den Teilnehmenden bestätigt?
3. Haben Sie die Anreisezeit für Meetings außerhalb des Büros eingeplant?
4. Haben Sie die Vorbereitungszeit eingeplant, die Sie für Meetings benötigen?
5. Brauchen Sie noch irgendwelche Informationen für ein bestimmtes Meeting?
6. Es ist recht wahrscheinlich, dass Sie für diese Woche bereits manche Termine geplant hatten. Sind manche davon inzwischen unnötig oder überflüssig? Und können Sie sie absagen?

Ziele

An diesem Punkt haben Sie sich vielleicht noch keine konkreten Ziele gesetzt. Das war zu erwarten, denn die meisten Pläne und Träume existieren nur als schwammige Ideen in unseren Köpfen. In Kapitel 5 und 6 werde ich Ihnen dabei helfen, Ihre Ziele zu setzen. Nachdem Sie sie für sich selbst formuliert haben, ist Ihr Freitagsrückblick die beste Zeit, um Ihre Ziele eins nach dem anderen durchzugehen und sicherzustellen, dass Sie den jeweils nächsten Schritt skizziert haben.

Bei Blendle hat sich jedes Team viermal pro Jahr evaluiert, um eine Bestandsaufnahme des letzten Quartals vorzunehmen. Ein Thema, das immer wieder aufkam, war, dass wir bei der Arbeitsplanung alle dazu neigen, unsere eigenen Ziele außer Acht zu lassen.

Was für eine verpasste Chance! Daraus habe ich gelernt, meine Ziele zur Grundlage jeder neuen Woche zu machen.

Die persönliche Checkliste

Der nächste Schritt besteht darin, eine Basis-Checkliste für Ihren Freitagsrückblick aufzustellen. Nehmen Sie Einträge auf, die wichtig für Sie, Ihre Arbeit und Ihr Privatleben sind. Meine Checkliste beinhaltete jahrelang den Eintrag »Notizen aus dem Produktteam-Meeting durchlesen«. Ich machte das zu einem Dauereintrag, denn ich wollte mir diese Notizen jede Woche besonders genau ansehen. Ich kenne jemanden, der »Backup erstellen« als einen festen Eintrag auf seiner Checkliste führt. Und ich weiß von einem HR-Manager, dass seine Liste »E-Mail mit Team-News verschicken« beinhaltet. Anders gesagt: Sie entscheiden, worauf der Fokus Ihres Freitagsrückblicks liegt. Mit einer personalisierten Liste kann man dieses System am besten nutzen. Und so sieht meine eigene Checkliste aus:

CHECKLISTE FÜR DEN FREITAGSRÜCKBLICK	
STANDARD-CHECKLISTE	**RICKS LISTE**
DER BLICK ZURÜCK	
Terminkalender + Meeting-Notizen prüfen	Terminkalender + Meeting-Notizen prüfen
Inboxen checken	Inboxen checken
Projekte durchsehen	Notizen vom Produktteam-Meeting durchlesen
	Projekte durchsehen
	Desktop und Download-Ordner aufräumen
	mein Energielevel bewerten + Erkenntnisse aufschreiben
DER BLICK NACH VORN	
Terminkalender befüllen	Terminkalender befüllen
	Ziele prüfen
	alle offenen Rechnungen bezahlen
	persönliche Mission nachlesen (mehr dazu in Kapitel 5)

Reflektieren Sie effektiver über Ihre Woche

Der Freitagsrückblick ist der perfekte Moment, um die To-do-Liste aufzuräumen und die nächste Arbeitswoche zu planen. Es ist außerdem eine gute Möglichkeit, über die Woche nachzudenken und sich vor Augen zu halten, was funktioniert und was nicht. Ich bewerte zum Beispiel mein Energielevel gern auf einer Skala von 1 bis 10 und notiere, warum ich mich jeweils so gefühlt habe. Das hilft mir, Muster in meinem Workflow zu erkennen. Hier sind noch weitere Fragen, die Sie eventuell in Ihren Freitagsrückblick integrieren können:

- Auf welche Leistung oder persönlichen Erfolg sind Sie in dieser Woche besonders stolz?
- Konnten Sie wie geplant an Ihren Prioritäten arbeiten? Und wenn ja, warum? Und wenn nein, warum nicht?
- Was ist die größte Lektion, die Sie diese Woche gelernt haben? Was nehmen Sie in die kommende Woche mit?

Hilfe!

Ich trainiere nun schon seit einiger Zeit Menschen darin, diese wöchentlichen Rückschauen zu machen. Sie alle sagen – ohne Ausnahme –, dass sie durch dieses einfache System Liegengebliebenes leichter auffangen und jede neue Woche mit einem besseren Plan anfangen können. Nichtsdestotrotz gibt es noch immer ein paar Fallen, in die man tappen kann. Das häufigste Problem, von dem ich höre, lautet: »Ich plane meinen Freitagsrückblick für jeden Freitag ein, aber dann mache ich ihn nicht.« Kommt Ihnen das bekannt vor? Sie wissen ganz genau, welch inneren Frieden Ihnen ein Freitagsrückblick bringt, und trotzdem können Sie sich nicht dazu aufraffen? Folgendes könnte Ihnen helfen:

- Wie gut halten Sie sich an das, was in Ihrem Terminkalender steht? Denken Sie daran: Ihr Terminkalender ist heilig. Es ist der Fels, auf den Sie Ihre Woche bauen. Eventuell dauert es etwas, bis Sie sich daran gewöhnt haben, doch je mehr Sie sich an

Ihren Wochenplan halten, desto besser wird alles für Sie funktionieren. Ihr Freitagsrückblick ist Teil dieses Plans.

- Hält die Angst Sie zurück? Sie fühlen sich beim Gedanken an all die liegengebliebene Arbeit und die verstreuten To-dos überfordert? Das ist nur natürlich. Doch lassen Sie sich davon nicht entmutigen. Versuchen Sie es einfach noch mal. Ignoriert oder meidet man die Arbeit, wird sie nicht weniger. Außerdem bedeutet ein in Ihren Terminkalender eingetragener Freitagsrückblick nicht nur, dass Sie eine feste Startzeit haben, sondern auch eine feste Endzeit. Hören Sie einfach auf, wenn Sie das Ende dieses Zeitblocks erreicht haben. Planen Sie dann Teil 2 und machen Sie den Rest zu einem anderen Zeitpunkt.
- Stimmt der Zeitpunkt? Wie gesagt, ich lege meinen Freitagsrückblick gern auf den Freitagnachmittag. So habe ich eine klare Ziellinie am Ende der aktuellen Woche und einen klaren Ausblick auf die nächste. Das ist eine wunderbare Art, um ins Wochenende zu starten. Aber spielen Sie ruhig etwas mit dem Termin, bis Sie das Richtige für sich gefunden haben. Wenn Sie freitagnachmittags häufig zum Feuerlöschen gerufen werden, könnte es am Freitagmorgen, bevor es hektisch wird, besser für Sie sein. Oder Sie könnten es einmal mit einem ruhigen Moment am Wochenende probieren. Dabei können Sie sich auch mal etwas gönnen. Ein Freund von mir erledigt seinen Freitagsrückblick als verlängerte Kaffeepause – mit einem Cappuccino als Belohnung.
- Ist Ihre persönliche Checkliste zu lang? Oder zu vage formuliert? Wenn Ihr Freitagsrückblick immer am gleichen Punkt schwierig wird, besteht die Gefahr, dass Sie den Rest weglassen. Das ist ein Zeichen dafür, dass die Liste vereinfacht werden sollte.
- Fällt es Ihnen schwer, Ihren Termin einzuhalten? Dann versuchen Sie, sich mit jemandem zusammenzutun und den Freitagsrückblick gemeinsam zu machen. Das muss nicht Ihr engster Kollege sein, sondern einfach jemand, der Ihnen den Schubser gibt, den Sie brauchen. In Kapitel 7 sehen wir uns an, wie man diesen Verbündeten findet.

- Dauert Ihr Freitagsrückblick zu lang? Wenn Sie sich schwer damit tun, ihn abzuschließen, dann nehmen Sie sich vielleicht zu viel vor. Konzentrieren Sie sich vorerst darauf, die Dinge klar formuliert und aktuell zu halten. Streichen Sie nicht einfach hier und da Aufgaben! Ich weiß, wie verlockend es ist, in diesem Organisationsprozess auch etwas richtige Arbeit zu erledigen, doch wenn Sie ständig unter Zeitdruck stehen, ist es besser, die eigentliche Arbeit für später aufzuheben. Konzentrieren Sie sich zuerst nur auf den Freitagsrückblick.
- Nach den ersten Malen wird Ihnen der Freitagsrückblick schon viel leichter von der Hand gehen. An diesem Punkt können Sie versuchen, auch die Zwei-Minuten-Regel anzuwenden: Wenn Sie auf eine Aufgabe stoßen, die sich in zwei Minuten oder weniger erledigen lässt, dann machen Sie sie unverzüglich. Heben Sie sich alles andere für Ihre To-do-Liste oder den Terminkalender auf.

Ich habe einen Crashkurs konzipiert, um Ihnen bei Ihrem Freitagsrückblick unter die Arme greifen zu können. Wenn Sie sich unter gripbook.com/fridayrecap anmelden, werde ich Ihnen jede Woche eine Inspiration schicken, die Ihnen dabei hilft, dieses wunderbare Tool anzuwenden.

Wenn Sie nur eine Sache umsetzen können, um Ihre Arbeitswoche zu optimieren, sollte das der Freitagsrückblick sein!

SPICKZETTEL FÜR TEIL 1

MIT EINEM TERMINKALENDER ARBEITEN

- Tragen Sie alle Meetings und Termine in Ihren Terminkalender ein.
- Bestimmen Sie klare Start- und Endzeiten.
- Verschicken Sie Einladungen.
- Planen Sie auch Reise- und Vorbereitungszeit sowie etwas Raum für den Papierkram ein.
- Und das Wichtigste: Planen Sie Ihre Arbeit an den Prio-Projekten.

DIE EIGENEN PRIORITÄTEN BESTIMMEN

- Fassen Sie Ihre Verantwortungsbereiche zusammen (beziehen Sie sich hier auf Ihre Jobbeschreibung und die Unternehmensziele).
- Erstellen Sie nun, basierend auf diesen Verantwortlichkeiten, eine Liste Ihrer Hauptaufgaben und delegieren Sie so viele *dringende und nicht wichtige* Aufgaben wie möglich.
- Legen Sie einen Schwerpunkt, indem Sie diese Aufgabenliste auf ein, zwei oder drei Prioritäten einstreichen.
- Überlegen Sie sich für jede Priorität einen ersten Schritt.
- Planen Sie in der nächsten Woche für jeden dieser Schritte in Ihrem Terminkalender etwas Zeit ein.

DEN WOCHENPLAN PRÜFEN

- Haben Sie genug Vorbereitungszeit für Meetings eingeplant?
- Haben Sie alle eingeladen, die daran teilnehmen sollen?
- Ist der Ort allen bekannt oder haben alle den Link zum Online-Meeting?

- Spiegelt Ihr Terminkalender Ihre Prioritäten wider?
- Haben Sie sich Zeit für E-Mails reserviert?
- Holen Sie das Beste aus Ihren Arbeitsstunden heraus? Haben Sie kreative Arbeit und Aufgaben, die eher Routine sind, für die richtigen Zeiten eingeplant? Begrenzt Ihr Terminplan das Bedürfnis, zwischen Meetings und kreativer Arbeit zu wechseln?
- Haben Sie Ihre wichtigste Arbeit auf den Anfang der Woche gelegt?
- Haben Sie sich genug Puffer eingerichtet?

MIT UNERWARTETER ARBEIT UMGEHEN

- Muss diese Aufgabe wirklich sofort erledigt werden?
- Schätzen Sie großzügig, wie lange Sie dafür brauchen werden.
- Planen Sie diese Aufgabe in Ihren Terminkalender ein.
- Prüfen Sie Ihren Kalender nach sich überschneidenden Terminen und lassen Sie Beteiligte wissen, dass Sie verschieben müssen.
- Tragen Sie auch Folgeaufgaben (wie Terminverschiebungen) in Ihre To-do-Liste ein.

MIT EINER TO-DO-LISTE ARBEITEN

- Suchen Sie sich ein Programm aus (siehe auch gripbook.com/apps).
- Schreiben Sie Ihre Aufgaben auf Ihre digitale To-do-Liste.
- Formulieren Sie Ihre Aufgaben als machbare Tätigkeiten.
- Bündeln Sie Ihre Tätigkeiten zu Projekten.
- Versehen Sie Tätigkeiten mit Stichwörtern, um sie schneller filtern zu können.
- Skizzieren Sie Arbeitsbereiche.

SICH ZEIT FÜR E-MAILS NEHMEN

- Planen Sie pro Tag drei 30-Minuten-Blöcke für E-Mails ein.
- Deaktivieren Sie E-Mail-Benachrichtigungen.
- Melden Sie sich von Newslettern ab, die Sie nicht lesen.
- Eignen Sie sich die Tastatur-Shortcuts Ihres E-Mail-Programms an.
- Schreiben Sie kürzere E-Mails.
- Kommunizieren Sie proaktiv, um ein ewiges Hin und Her zu vermeiden (schlagen Sie zum Beispiel direkt Termine vor, wenn Sie ein Treffen organisieren).

EINE NACHRICHT NACH DER ANDEREN DURCHGEHEN

- Es besteht kein Handlungsbedarf Ihrerseits. Legen Sie die Nachricht einfach ab.
- Sie entscheiden, die Anfrage abzulehnen. Informieren Sie den Absender.
- Sie können die Arbeit in zwei Minuten oder weniger erledigen. Kümmern Sie sich sofort darum.
- Es wird etwas dauern, und es gibt eine feste Deadline. Planen Sie diese Aufgabe in Ihren Terminkalender ein.
- Es wird etwas dauern, doch es gibt keine feste Deadline. Schreiben Sie die Aufgabe auf Ihre To-do-Liste.

FREITAGSRÜCKBLICK-CHECKLISTE

- Betrachten Sie Ihre Woche in der Rückschau.
- Prüfen Sie Terminkalender und Meeting-Notizen.
- Gehen Sie alle Posteingänge durch.
- Checken Sie Ihre laufenden Projekte.
- Führen Sie sich den Fortschritt vor Augen, den Sie bezüglich Ihrer Ziele gemacht haben.
- Werfen Sie nun einen Blick auf die kommende Woche.
- Planen Sie Ihre Arbeitswoche mit Ihrem Terminkalender und besinnen Sie sich auf Ihre Ziele und Prioritäten.

TEIL 2

GRIP

UND IHR JAHR

Stellen Sie sich einen Landwirt vor, der nicht darüber nachdenkt, was er wann zu erledigen hat, sondern einfach das tut, was sich gerade richtig anfühlt. Er würde dann sicherlich nicht in der kalten Jahreszeit die Felder für eine Ernte im Spätsommer bestellen. Oder was wäre, wenn eine durchschnittliche Marathonläuferin sich keinen Trainingsplan aufstellte? Höchstwahrscheinlich würde sie für einen Wettlauf, der noch Monate entfernt liegt, nicht aufstehen, um im Morgengrauen den Elementen zu trotzen.

Um zu einer Ernte zu kommen oder sich für einen Marathon vorzubereiten, braucht es mehr, als nur seinem Gefühl zu folgen, man muss sich einem Plan verpflichten. Und diese Verpflichtung beginnt früh. Denn zuerst muss man wissen, *was* man besser machen will. Oder *warum* man laufen will. Manche Menschen haben klare Ziele und einen Fünf-Jahres-Plan, doch was ist mit denen, die das nicht haben?

In Teil 1 dieses Buches haben wir uns das *Wie* unserer Arbeit näher angesehen. Nun legen wir eine andere Gangart ein und konzentrieren uns auf das *Was* und das *Warum*. Was treibt Sie an? Und warum? Viele von uns nehmen sich nicht die Zeit, sich eingehend mit diesen Fragen zu beschäftigen. Vielleicht fürchten wir die Auswirkungen, die sie auf unser Leben haben könnten, das sowieso schon stressig genug ist. Oder vielleicht haben wir ja Ziele im Kopf, nehmen uns aber nie die Zeit, sie auszusprechen.

In den nächsten drei Kapiteln werde ich Ihnen zeigen, wie Sie herausfinden können, was Sie wirklich wollen. Ich werde mit Ihnen durchgehen, wie man einen Plan mit Jahreszielen erstellt. Und wie man diese Ziele auch tatsächlich erreicht – Schritt für Schritt. Zum Schluss sehen wir uns eine meiner Lieblingstechniken an, mit denen man Dinge durchzieht: das Wochengespräch mit unserem *Erfolgskomplizen*.

5. WAS LÄSST SIE MORGENS AUFSTEHEN?

Finden Sie heraus, was Sie antreibt

»Was will ich wirklich?« Das ist eine unglaublich wichtige Frage, doch viele Menschen haben zu viel Angst, sie sich zu stellen. Haben Sie keine Angst! Sie verpassen so viel, wenn Sie ihr aus dem Weg gehen.

In den ersten Kapiteln konzentrierten wir uns darauf, die Dinge ins Rollen zu bringen – das heißt, wie man Terminkalender und To-do-Liste nutzt, um mehr Prio-Arbeit zu erledigen. In diesem Kapitel werden wir uns von der täglichen Praxis abwenden und den grundlegenderen Fragen widmen: Was motiviert Sie und warum?

Damit Sie das Beste herausholen können, empfehle ich Ihnen, sich bereits beim Lesen Ihre Antworten aufzuschreiben.

Für die Suche nach dem, was einen antreibt, habe ich einen ganz simplen Ansatz: Indem man *Dinge ausprobiert*, findet man am besten heraus, was man wirklich gern macht. Testen Sie Neues aus, behalten Sie bei, was Ihnen gefällt, und lassen Sie den Rest wieder sein. Nichts ist in Stein gemeißelt.

Ich glaube, dass uns unsere Arbeit leichter gelingt, wenn wir uns Ziele setzen. Und natürlich bin ich da nicht allein. Zahllose Studien zeigen, dass es einen Unterschied macht, ob man auf etwas hinarbeitet oder nicht.[1] Aber bevor man sich Ziele setzt, sollte man sich zuerst die fundamentale Frage stellen, wofür man sich begeistert. Auf meiner eigenen Suche nach einer Antwort auf diese Frage habe ich gelernt, dass es drei Teile zu diesem persönlichen Puzzle gibt: Leidenschaften, Fähigkeiten und eine Mission.

WAS TREIBT SIE AN?

Ihre Leidenschaft

Im Jahr 2005 hielt Apple-Gründer Steve Jobs an der Stanford University eine mitreißende Rede, in der er dazu aufrief, stets der eigenen Leidenschaft zu folgen.[2] Er sagte zu den Studenten: »Ihr müsst herausfinden, was ihr mögt ... Man kann nur Großes leisten, wenn man mag, was man tut. Wenn ihr das noch nicht gefunden habt, solltet ihr weiter danach suchen. Gebt euch nicht zufrieden. Wie bei allen Dingen des Herzens werdet ihr wissen, wann ihr es gefunden habt.« Laut Steve Jobs sollte man seiner Fantasie keine Grenzen setzen, wenn man an seine Leidenschaft denkt. Fragen Sie sich also:

- Bei welchen Aktivitäten verlieren Sie das Zeitgefühl?
- Was können Sie immer lesen, hören oder ansehen, ohne jemals gelangweilt zu sein? Von was können Sie nicht genug bekommen? Was fasziniert Sie?
- In welchem Bereich wissen Sie mehr als die meisten Menschen?
- Wenn Zeit und Geld (oder andere Zwänge) keine Rolle spielten, was würden Sie dann gern ein paar Monate lang tun?

Aber natürlich ist Leidenschaft nicht das Einzige, was Sie antreibt. Zu diesem Puzzle gibt es noch zwei weitere Teile: Ihre Fähigkeiten und Ihre Mission.

Ihre Fähigkeiten

In seinem Buch *Die Traumjoblüge* spricht Cal Newport von etwas, das er als Handwerker-Mindset bezeichnet. Während Leidenschaft sich auf die Frage »Was kann die Welt mir bieten?« konzentriert, stellt sich der Handwerker die Frage: »Was kann ich der Welt bieten?« Laut Newport ist die Einstellung des Handwerkers ein besserer Ausgangspunkt, um mit der Suche nach der eigenen Leidenschaft zu beginnen. Fangen Sie damit an, etwas zu tun, worin Sie gut sind, und folgen Sie diesem Pfad, bis Sie Ihre Leidenschaft gefunden haben. Die Leidenschaft zum Ausgangspunkt zu machen, sei riskant, sagt Newport, da es immer nur eine kleine Überschneidung zwischen dem gebe, was man selbst will, und dem, was die Welt will. Es ist nicht einfach, sich Leidenschaft bezahlen zu lassen.

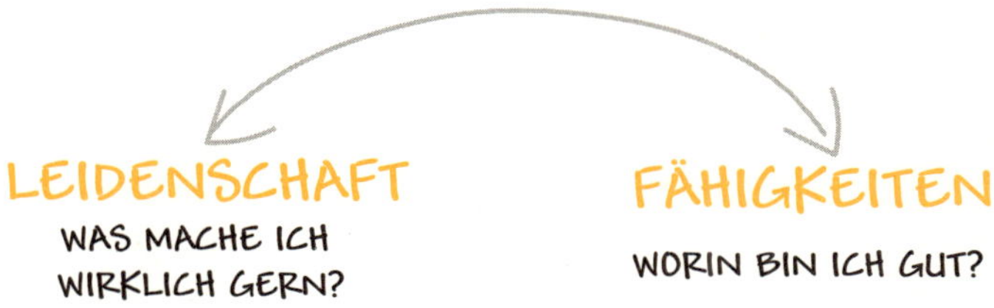

Wenn ich neue Leute anstelle, suche ich immer nach dem Handwerker-Mindset: Menschen, die gut in dem sind, was sie tun, und eine Leidenschaft dafür haben.

Was sind also *Ihre* Fähigkeiten? Diese Fragen könnten Ihnen Aufschluss geben:

- Worin sind Sie gut? Was fällt Ihnen besonders leicht und kommt Ihren Mitmenschen zugute? (Dinge, an die Sie vielleicht nicht sofort denken oder die Ihnen noch nicht aufgefallen sind)
- Was fällt Ihnen zu der Frage ein: »Was kann ich der Welt bieten?«

Neben dem Folgen der eigenen Leidenschaft ist es also genauso wichtig, dem nachzugehen, worin man gut ist. Das bringt uns zum dritten Teil des Puzzles.

Ihre Mission

Neben Ihren Fähigkeiten gibt es noch etwas, was Sie antreibt. Selbst Steve Jobs ging nicht jeden Tag zur Arbeit, weil er sie so geliebt hätte. Er wollte etwas erreichen. Als er Apple gründete, sagte er: »Ich will einen Beitrag für diese Welt leisten, indem ich Werkzeuge für den Verstand mache, die die Menschheit voranbringen.« Mit anderen Worten: Er hatte eine Mission.

Stephen Covey entwickelte aus dieser Idee seine berühmten »sieben Gewohnheiten hocheffektiver Menschen«: *Haben Sie schon am Anfang das Ende im Sinn.* Hierfür rät er, sich vorzustellen, dass man gerade gestorben sei. Dann soll man aufschreiben, was Familie und Freunde bei der Beerdigung über einen sagen würden. Wie soll man sich nach Ihrem Tod an Sie erinnern? Sollte diese Übung nichts für Sie sein, gibt es noch andere Wege, um darüber nachzudenken, was für Sie wichtig ist.

Fadumo Dayib ist eine Frau mit einer Mission. Sie wurde in Kenia geboren, ihre Eltern sind Somalier, die aus ihrer Heimat flohen, nachdem sie elf Kinder an heilbare Krankheiten verloren hatten. Als die Familie aus Kenia zurück nach Somalia deportiert wurde, musste Fadumo Dayib kurz darauf selbst flüchten. Dieses Mal vor dem Bürgerkrieg. Sie und ihre jüngeren Geschwister schafften es bis nach Finnland, wo man ihnen Asyl gewährte. Mit 14 Jahren lernte sie lesen, besuchte eine Krankenpflegeschule, machte zwei Master-Abschlüsse und arbeitet aktuell an ihrer Promotion. Im Jahr 2014 erklärte sie, wieder zurück in ihr Heimatland gehen zu wollen, um sich dort zur Präsidentschaftswahl aufstellen zu lassen, der ersten Wahl in Somalia seit 1984. Auf ihrer Website schreibt sie: »Mein Ziel ist es, den Wiederaufbau des befriedeten Somalia durch sachkundige Führung zu unterstützen.« Und: »Meinen vier Kindern eine hingebungsvolle Mutter zu sein und Somalia als Land weiterzubringen – das sind meine Missionen. Ich möchte der Menschheit dienen.« Größer und klarer kann eine Mission kaum werden.

Die eigene Mission zu finden, ist eine persönliche Angelegenheit. Ich hoffe, dass Sie Dayibs Geschichte dazu inspiriert, eine eigene mutige Mission zu finden und sich durch nichts aufhalten zu lassen. Muss es präsidentiell oder heroisch sein? Überhaupt nicht. Doch es ist gut, wenn man weiß, dass es das sein *kann*.

Was auch immer Sie von Elon Musk und seinem Plan halten, Menschen auf den Mars zu bringen – seine Gedanken über die *Wirkung* von Taten können uns hier nützlich sein. Er bemisst die Wirkung von Taten, indem er das Maß an Gutem, das etwas tut, mit der Anzahl an Menschen multipliziert, die davon profitieren. Das bedeutet, dass ein wenig Gutes für eine große Gruppe von Menschen genau die gleiche Wirkung hat, wie viel Gutes für eine Handvoll Menschen. Hier noch weitere Anregungen, mit denen Sie vielleicht Ihre eigene Mission finden:

- Probieren Sie Stephen Coveys Übung aus: Wie soll man sich an Sie erinnern?
- Wie könnten Sie ein wenig Gutes für eine große Anzahl von Menschen tun? Welche Leidenschaften und Fähigkeiten könnten Sie dafür einbringen?
- Was macht Sie wütend? Diese starke Emotion könnte ein Hinweis darauf sein, wo Ihre Mission liegt.

Diese drei Puzzleteile – Leidenschaft, Fähigkeiten, Mission – werden noch bedeutungsvoller, wenn Sie an ihnen arbeiten. Versuchen Sie, Ihre Gedanken zu jedem Puzzleteil schriftlich festzuhalten. Es muss nichts Kompliziertes sein. Meine Notizen sehen etwa so aus:

Mission

Was ist mir wichtig?

- Ich möchte die Welt jeden Tag ein bisschen besser machen:
  - durch meine Arbeit,

- durch die Projekte neben meiner Arbeit,
- indem ich meinen Teil dazu beitrage, die Erde zu retten und die Schere zwischen Arm und Reich zu schließen,
- indem ich enge und liebevolle Beziehungen zu meiner Familie führe.

Leidenschaft

Was mache ich wirklich gern?

- Ich erfinde gern Dinge, die andere benutzen können.
- Ich löse gern Probleme.
- Ich finde gern Wege, um Langsames schneller zu machen oder Kompliziertes einfacher.
- Ich mache gern Sachen, die nützlich sind.
- Ich baue gern etwas aus dem Nichts auf.

Fähigkeiten

Worin bin ich gut?

- Ich bin gut darin, etwas ins Rollen zu bringen.
- Ich bin gut darin, Kompliziertes einfach zu machen.
- Ich bin sehr diszipliniert.
- Ich bin ein guter Zuhörer.
- Ich bin gut darin, strategisch zu denken.
- Ich bin gut darin zu priorisieren.

Es ist ein fester Teil meines wöchentlichen Freitagsrückblicks (siehe Kapitel 4), diese Notiz durchzulesen. So kann ich im Blick behalten, was mich antreibt, und überprüfen, ob meine Handlungen noch im Einklang damit stehen. Immer wenn ich etwas Neues über mich lerne, bringe ich meine Puzzleteile auf den neuesten Stand.

MISSION

Was ist mir wichtig?

- ______________________________

- ______________________________
- ______________________________
- ______________________________

LEIDENSCHAFT

Was mache ich wirklich gern?

- ______________________________
- ______________________________
- ______________________________
- ______________________________

FÄHIGKEITEN

Worin bin ich gut?

- ______________________________
- ______________________________
- ______________________________
- ______________________________

Legen Sie los

Gute Freunde von mir haben vor einiger Zeit ihr Haus verkauft, um mit einem Campingwagen durch Europa zu reisen. Herman und Sietske sind nun schon seit einem Jahr unterwegs und waren noch nie glücklicher. Für sie haben sich die Puzzleteile Leidenschaft, Fähigkeiten und Mission zu einem vollständigen Bild zusammengefügt. Sie wollten frei leben (*Leidenschaft*), und da sie beide musikalisch und handwerklich geschickt sind (*Fähigkeiten*), konnten sie ihren Wagen selbst reparieren und nebenbei Geld verdienen. Außerdem ist es wichtig für sie (*Mission*), offen mit den Menschen umzugehen, die ihnen auf ihrer Reise begegnen. Der nomadische Lebensstil hat sich zu diesem Zeitpunkt als ideal für sie herausgestellt, doch das war kein glücklicher Zufall. Es hatte sie Monate des Kopfzerbrechens und Planens gekostet.

Es gibt nur eine Art herauszufinden, ob die Idee, die Sie im Kopf haben, auch das ist, was Sie wirklich wollen: Sie müssen es ausprobieren. Sie können endlos darüber philosophieren, ob es der richtige Schritt ist, Ihr Haus für einen Camper einzutauschen. Doch sicher wissen werden Sie es erst dann, wenn Sie es tun.

Möchte man herausfinden, was man will, sollte man zunächst über seine persönliche Mission, seine Leidenschaft und seine Fähigkeiten nachdenken (1). Sind diese drei Puzzleteile definiert, kann man richtig loslegen, indem man sich für jedes Puzzleteil etwas vornimmt (2) und diese Vorsätze dann in konkrete Tätigkeiten zum Ausprobieren verwandelt (3).

Deuten Ihre Mission, Ihre Leidenschaften oder Ihre Fähigkeiten darauf hin, dass Sie eine andere Art von Arbeit machen oder andere Hobbys verfolgen sollten? Je mehr ein Vorsatz zu Ihren drei Puzzleteilen passt, desto besser wird er zu Ihnen passen. Ihre Vorsätze müssen Ihr Leben nicht auf den Kopf stellen wie bei meinen Nomadenfreunden. Es können bescheidene Dinge sein, wie die ehrenamtliche Mitarbeit bei einer Tafel, das Trainieren eines Kinderfußballteams oder die Teilnahme an einem Rhetorikkurs. Die Erfahrungen, die Sie machen, werden Ihnen helfen, genau herauszufinden, was Sie wirklich wollen.

Aber wie verwandelt man ein Puzzleteil in einen Vorsatz? Hier ein Beispiel:

- Mission: Es ist mir wichtig, für die Gleichbehandlung von Männern und Frauen einzustehen.
- Vorsatz: einer Organisation beitreten, die daran arbeitet, dieses Ziel voranzubringen, oder
- Vorsatz: daran arbeiten, unsere Unternehmenskultur zu ändern, damit jeder gleich behandelt wird, oder
- Vorsatz: einen Buchclub gründen, um dieses Thema mit Freunden zu diskutieren.

Sie sehen also, dass Vorsätze – alle drei ergeben sich aus Ihrer Mission – sehr unterschiedlich sein können. Am besten nehmen Sie erst einmal nur einen in Angriff, denn das hilft Ihnen bereits zu erkennen, ob Sie diese Mission wirklich motiviert. Die Puzzleteile Leidenschaften und Fähigkeiten lassen sich genauso zu Vorsätzen machen. Wenn Sie das Arbeiten mit Holz begeistert, melden Sie sich für einen Kurs an. Dann sehen Sie, ob es mehr als nur eine Laune ist. Oder nehmen Sie sich ein Beispiel an meinem Vater: Er begann im zarten Alter von 56 Jahren, Schlagzeug zu spielen. Sie möchten noch mehr Tipps zur Formulierung von Vorsätzen?

Folgendes hilft mir:

- Machen Sie sich bewusst, dass Entscheidungen sehr oft reversibel sind, und es okay ist, nicht sofort richtigzuliegen. Vorsätze und das, was Sie damit tun, sind meist leicht zu verändern oder wieder rückgängig zu machen.

- Dank meines Freitagsrückblicks reflektiere ich meine Entscheidungen regelmäßig. Außerdem habe ich gelernt, dass mir die Vorsätze, die mich anfangs etwas nervös gemacht hatten, letztlich am meisten brachten. Blicken Sie also häufiger zurück und nutzen Sie die Erkenntnisse, die Sie so gewinnen.
- Wenn Sie nicht Ihrer Mission, Ihren Leidenschaften oder Ihren Fähigkeiten folgen, dann bedeutet das automatisch, dass Sie sich für etwas anderes entscheiden. Indem Sie Nein zu diesem neuen Job sagen, sagen Sie gleichzeitig Ja zu Ihrem aktuellen Arbeitsplatz. Ist das eine Entscheidung, mit der Sie glücklich sind?

Wenn Sie Ihre Vorsätze nicht in konkrete Tätigkeiten übersetzen, dann ist es sehr unwahrscheinlich, dass Sie überhaupt etwas damit anfangen werden. Nehmen wir etwa diesen Vorsatz: »unsere Unternehmenskultur ändern, damit jeder gleich behandelt wird.« Das ist ein großartiges Ansinnen, doch schwer in Angriff zu nehmen. Wenn Sie es jedoch konkreter formulieren – »dabei helfen, unsere Unternehmenskultur zu ändern, indem ich eine Arbeitsgruppe zusammenstelle, die ein Handbuch zu Gleichberechtigung verfasst« –, haben Sie es bereits in eine Tätigkeit umgewandelt. Das ist das perfekte Sprungbrett für Ihre Ziele. Für viele Menschen ist es nicht leicht, sich für Arbeit und Privatleben erreichbare Ziele zu setzen. Bevor wir uns näher anschauen, wie man das macht, möchte ich einen Schritt zurückgehen und folgende Frage stellen: Warum ist es überhaupt eine gute Idee, sich Ziele zu setzen?

Ein Ziel ist ein Meilenstein

Ich bin ein großer Fan davon, sich persönliche Ziele zu setzen. Sie helfen mir dabei, mich auf das zu konzentrieren, was am wichtigsten ist. Und sie helfen mir dabei zu entscheiden, woran ich nicht arbeite. Ich erledige immer viel mehr, wenn ich deutlich sehe, worauf ich hinarbeite – und das sehe ich bei anderen auch. Doch Sie müssen mein Wort nicht für bare Münze nehmen.

Seit 1974 erforschen die Wissenschaftler Edwin Locke und Gary Latham die Bedeutung von Zielen. Basierend auf ihren Forschungen, bei denen sie Hunderte Studien untersucht haben, entwickelten sie ihre Zielsetzungstheorie.[3] Diese Theorie besagt, dass Ziele ein effektiver Weg sind, um produktiver zu werden. Solange man sie richtig benutzt. Das Geheimnis? Ein klares und ausreichend herausforderndes *Was* und ein spezifisches *Wann*, kombiniert mit einem regelmäßigen Feedback dazu, wie es läuft.

Manche Menschen reagieren allergisch auf das Wort »Ziel«. Es fühlt sich zu groß und schwer an, vielleicht weil ein Chef oder jemand anderes ihnen einmal unmögliche Ziele gesetzt hat. Oder vielleicht hatten sie sich früher einmal enthusiastisch an ein persönliches Ziel gemacht, das sich als unerreichbar herausgestellt hat. Wenn Sie bereits solch negative Erfahrungen gemacht haben, dann sind Sie vielleicht nicht scharf darauf, sich Ziele zu setzen.

Ich hoffe allerdings trotzdem, dass Sie Spaß daran haben werden, neue Ziele auf eine neue Weise zu verfolgen. Bei meiner Methode sind Ziele nicht abschließend oder endgültig, es sind Meilensteine, bei denen man für einen Moment stehen bleiben kann, um Atem zu holen und zu feiern, wie weit man bereits gekommen ist. Ziele zu erreichen, fühlt sich fantastisch an. Und man kann sie so klein und machbar wie möglich gestalten – das ist ein Trick, der immer funktioniert.

Ziele geben Energie

Sicherlich haben Sie schon einmal diesen Energieschub gespürt, wenn ein Ziel in Sichtweite kommt – wenn Sie die letzte Kurve in einem Rennen nehmen und die Ziellinie sehen. Diese letzte Strecke vor Ihnen ist klar und machbar, und ein letzter Akt der Anstrengung ist alles, was noch nötig ist. Ziele können den gleichen Rausch auslösen, den gleichen Extraschub an Energie.

ZIELSETZUNG

Ob man seine Ziele erreicht, hängt vor allem davon ab, wie sorgfältig man sie sich gesetzt hat. Ein gut formuliertes Ziel entscheidet darüber, ob man diese Ziellinie erreicht oder auf halbem Weg aufgibt. Wahrscheinlich haben Sie schon einmal von der SMART-Methode gehört, mit der man seine Ziele setzen kann. Nach dieser Methode sollen Ziele spezifisch (**S**pecific), messbar (**M**easurable), erreichbar (**A**chievable), realistisch (**R**ealistic) und terminiert (**T**imely) sein. Und obwohl an diesen Kriterien nichts Falsches ist, wende ich lieber etwas an, was weniger kompliziert ist. Ich prüfe meine Ziele nämlich nur auf zwei Kriterien:

1. Begeistert mich mein Ziel?

Wenn Ihre Ziele auf Ihrer Leidenschaft, Ihren Fähigkeiten und Ihrer Mission gründen, dann müssen Sie sich einfach für Sie begeistern. Daher ist das auch das Hauptkriterium für meine eigenen Ziele. Die Vorstellung, ein Ziel anzustreben, sollte mich enthusiastisch stimmen. Und wenn ich es erreiche, sollte ich das feiern wollen. Die Standardkriterien wie erreichbar, realistisch oder messbar sehen im Vergleich dazu blass aus.

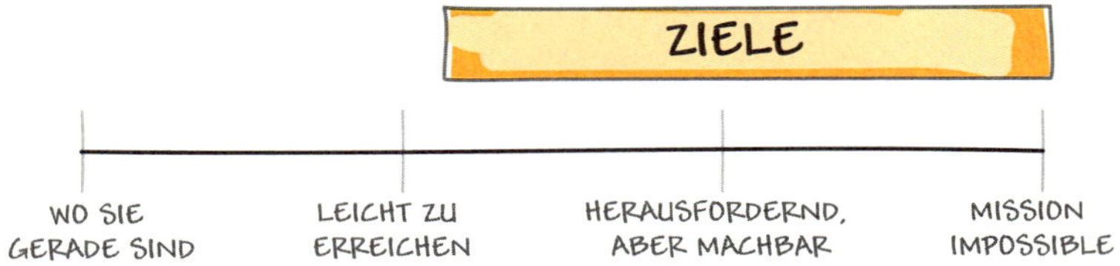

Ihr Enthusiasmus für ein Ziel hängt auch davon ab, wie herausfordernd es für Sie ist. Wie mühsam wird es, das Ziel zu erreichen? Man sollte sich keine Ziele setzen, die man nicht erreichen kann, doch sie sollten auch nicht *zu* einfach sein. Will man motiviert bleiben, liegt ein Geheimnis darin, sich Ziele zu setzen, die zwischen diesen beiden Extremen liegen.

Doch was ist mit den Zielen, die Ihr Vorgesetzter für Sie gesetzt hat? Hier kann es helfen, seine Begeisterung zu verstehen. Was bedeutet Ihrem Chef dieses Ziel? (Manchmal werden Sie entdecken, dass Sie die Werte Ihres Chefs nicht teilen. Passiert das öfter, sollten Sie sich vielleicht fragen, ob Ihr Job noch der richtige ist.) Wenn ich höre, warum mein Chef wegen dieses einen Projekts so aufgekratzt ist, macht das häufig einen großen Unterschied für mich. Und hat man erst einmal verstanden, *warum* ein Ziel wichtig ist, kann das einem die nötige Motivation geben, um es zu erreichen.

2. Werde ich es merken, wenn ich mein Ziel erreiche?

Es ist unglaublich wichtig, im Vorhinein zu wissen, wie genau es aussieht, wenn man sein Ziel wirklich erreicht hat. Zahllose Studien haben das gezeigt, und ich habe es persönlich immer wieder gesehen: Sind Ihre Ziele nicht spezifisch, können Sie sie nur schwer erreichen. Bei Blendle lag es in meinem Verantwortungsbereich, mir Gedanken über die Unternehmensstrategie zu machen. Niemand musste mich davon überzeugen, dass das wichtig war, also war Begeisterung kein Problem. Um daraus ein Ziel zu machen, hätte ich es zum Beispiel »Über die Zukunft von Blendle nachdenken« nennen können. Aber wie sollte ich dann wissen, wann ich fertig war? Wenn ich stattdessen gesagt hätte, mein Ziel lautet »Bis zum 7. Juni Pläne für das restliche Jahr präsentieren«, dann gäbe es keinen Zweifel daran, wo die Ziellinie ist. Wenn man ein Ziel formuliert, ist es also entscheidend, eine klare Antwort auf die Frage zu haben, wann man es erreicht hat. Wann ist es geschafft? Ob das Ergebnis klar genug ist, kann man gut testen, indem man sich fragt: Werden es andere Menschen sehen, wenn ich mein Ziel erreicht habe? Wenn die Antwort Ja lautet, ist das spezifisch genug.

In der Praxis sind Ziele, für die Sie mehr als drei Monate in die Zukunft hinein planen müssen, schwierig. Die Ziellinie ist einfach zu weit weg. Ich versuche, die Deadlines für meine Ziele nur in die nächsten drei Monate zu legen. Bei größeren Projekten sollten Sie das Ziel in kleinere Abschnitte aufteilen.

Stretch-Ziele

US-Präsident John F. Kennedy wollte den ersten Menschen auf den Mond bringen. Fadumo Dayib hat ihr Auge auf das höchste somalische Staatsamt geworfen, das noch nie von einer Frau besetzt war. Jody Williams möchte die Erde von Landminen befreien. Und Bill

Gates will Malaria ausrotten. Das sind kühne Ziele, die im englischsprachigen Raum auch BHAGs – *Big Hairy Audacious Goals* – genannt werden, also »große, haarige, kühne Ziele«. Ich ziehe den Begriff »Stretch-Ziele« vor. Denn wenn Sie sich von Ihren Zielen nicht genügend herausgefordert fühlen, sollten Sie sie etwas ausdehnen.

Sich ein gutes Stretch-Ziel zu setzen, ist eine Kunst für sich. Das Ziel liegt außerhalb Ihrer normalen Reichweite, doch es ist nicht so weit entfernt, dass Sie es niemals erreichen werden. Wenn Sie sich zu einem großen Ziel motivieren und herausfordern wollen, dann sollte es irgendwo zwischen *unmöglich* und *hart, aber machbar* liegen. Als John F. Kennedy am 25. Mai 1961 erklärte, dass er noch in den 60er-Jahren einen Menschen zum Mond schicken wolle, war das ein klares, wenn auch scheinbar unerreichbares Ziel. Gleichzeitig konnte sich jeder auf der Erde *vorstellen,* wie ein Raketenschiff zum Mond fliegt. Und das ist das zweite Element eines Stretch-Ziels.

Wenn Sie sich ein gutes Stretch-Ziel setzen wollen, prüfen Sie zunächst, wie es bei dieser Checkliste abschneidet:

- Ich kann mir sehr gut vorstellen, dieses Ziel zu erreichen.
- Über dieses Ziel nachzudenken, macht mich etwas nervös.
- Ich habe keine Ahnung, wie ich dieses Ziel jemals erreichen soll.
- Meine Mitmenschen zweifeln offen daran, dass ich das schaffen kann.
- Die Idee, dieses Ziel zu erreichen, finde ich super aufregend.

Sowohl normale Ziele als auch Stretch-Ziele bringen Sie voran. Meiner Erfahrung nach ist eine Mischung aus beiden Zieltypen das Beste. Ich habe vielleicht ein oder zwei richtig große, ambitionierte Ziele, plus eine Handvoll kleinerer, machbarer Ziele, bei denen ich mir sicher bin, dass ich sie mit etwas Zeit und Anstrengung erreiche.

Da Sie sich die besten Chancen einräumen wollen, Ihre Ziele zu erreichen, sollten Sie sich nicht zu viele auf einmal setzen. Ich empfehle nicht mehr als sieben Ziele, maximal. Denken Sie daran: Weniger ist mehr. Ich zum Beispiel habe immer gern mindestens vier Ziele, auf die ich hinarbeite. Denn komme ich bei einem nicht weiter, kann ich auf ein anderes ausweichen.

Ziele dokumentieren

Nun zu den praktischen Dingen: Wie behält man seine Ziele im Blick? Genauso wie beim Terminkalender, der To-do-Liste und den E-Mails stehen Ihnen hier eine ganze Menge an Tools zur Verfügung. Allerdings schreibe ich meine Ziele am liebsten in eine leere Google-Docs-Datei.

Wie Sie unten sehen können, habe ich mir für Ende Juni sechs Ziele gesetzt, und zwei davon habe ich bereits erreicht. Sie haben alle die gleiche Deadline. Ich nutze dafür gern Google Docs, da es mir eine simple leere Seite bietet, auf der ich Dinge einfach so notieren kann, wie ich will. Und ich kann mit diesem Programm auch eines oder alle meine Ziele mit anderen teilen.

Natürlich haben viele Unternehmen ihre eigenen Systeme, in denen Mitarbeiter die Ziele, die sie mit ihren Vorgesetzten vereinbaren, dokumentieren können. Ich habe mir angewöhnt, Arbeitsziele auf meine Google-Docs-Liste zu schreiben. So befinden sich

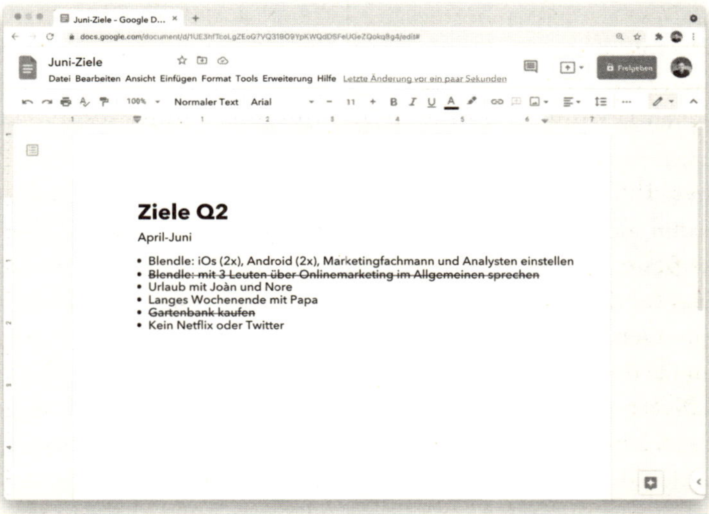

alle meine aktuellen Ziele an einem Ort. Ich empfehle Ihnen dringend, das auszuprobieren. Es stimmt, es wird ein paar Ziele geben, die dann an beiden Orten auftauchen, aber das ist nicht schlimm. Die Hauptsache ist: Ich sehe alle meine Ziele auf einen Blick.

ZIELE ERREICHEN

So, nun haben Sie Ihre Ziele aufgeschrieben, Sie wissen, warum Sie Ihnen wichtig sind, und Sie haben bestimmt, wann Sie sie erreichen wollen. Gut gemacht! Nehmen wir diese Ziele also jetzt in Angriff …

Der erste Schritt

Vielleicht betrachten Sie gerade eines Ihrer Ziele und haben nicht die leiseste Vorstellung davon, wo Sie anfangen sollen. Das ist nicht verwunderlich, besonders, wenn es ein Stretch-Ziel ist. Denken Sie nur an meine Freunde Herman und Sietske und ihren Traum, in einem Camper zu leben. Wo sollen Sie überhaupt anfangen? Eigentlich ist das erstaunlich einfach. Sie müssen sich nur diese eine Frage stellen: Was ist der erste konkrete Schritt, den ich auf dem Weg zu diesem Ziel machen könnte? Zum Beispiel könnte das sein: »Nach zum Verkauf stehenden, gebrauchten Campern suchen« oder »Erfahrenere Freunde um Tipps bitten«. Erinnern Sie sich daran, wie Sie im ersten Kapitel Ihre Prioritäten in spezifische Aufgaben verwandelt haben? Ein Ziel verfolgt man auf die gleiche Weise. Es geht darum zu entscheiden, was Ihr nächster Schritt sein könnte, und das so lange zu wiederholen, bis Sie die Ziellinie erreichen.

Sie haben sich einen ersten Schritt überlegt? Sehr gut. Bevor Sie irgendetwas anderes tun, schnappen Sie sich Ihren Terminkalender und planen Sie die Zeit ein, die Sie brauchen, um ihn umzusetzen. So können Sie sicher sein, dass diese wichtige (aber wahrscheinlich nicht dringende) Aufgabe in Ihrer Woche zur Priorität wird.

Danach geht es nur noch darum, sich dahinterzuklemmen. Schließen Sie Ihr E-Mail-Programm. Loggen Sie sich bei Netflix aus. Deinstallieren Sie auf Ihrem Handy Facebook und Instagram (oder noch besser: Legen Sie Ihr Handy außer Sichtweite). Vergessen Sie den Haushalt für eine Weile und *legen Sie los.*

Sie wollen nicht so richtig in Gang kommen? Hier noch ein paar Tipps:

- Machen Sie Ihren ersten Schritt noch kleiner, damit Sie diese erste Tätigkeit innerhalb von Minuten erledigen können. Sagen wir, Ihr Ziel ist es, Excel zu beherrschen. Stellen Sie sich einen Wecker, um sich ein fünfminütiges Excel-Tutorial auf YouTube anzusehen. Wenn Ihr Ziel eher sportlicher Natur ist, dehnen Sie sich zunächst nur für zehn Minuten.
- Belohnen Sie sich, wenn Sie den ersten Schritt geschafft haben. Gönnen Sie sich eine kurze Pause, eine Tasse Kaffee oder eine andere kleine Freude.
- Rufen Sie sich in Erinnerung, warum dieses Ziel so wichtig für Sie ist. Was erhoffen Sie sich davon? Schließen Sie Ihre Augen und stellen Sie sich vor, wie es sein wird, wenn Sie es erreicht haben.

Viele Menschen haben große Pläne, doch nicht jeder schafft es, sie zu verwirklichen. Der Trick besteht in der Übung, große, ambitionierte Bestrebungen auf kleine, machbare Aufgaben herunterzubrechen. Sie werden verwundert sein, wie weit Sie diese einfache Fähigkeit bringt und wie viel Sie erreichen werden.

Setzen Sie sich realistische Deadlines

Ein gutes Ziel braucht auch eine Deadline. Deadlines sind nichts, was sich gestresste Chefs ausdachten, um ihre Mitarbeiter gegen sich aufzubringen. Sie haben eine nachgewiesene Wirkung auf unsere Arbeit. Ohne Fristen schweift unsere Aufmerksamkeit zu weniger wichtigen Dingen ab, und wir riskieren, unsere Ziele nie zu erreichen.

Sich eine lange Frist zu setzen, mag zwar gut klingen, doch es ist nicht sinnvoll. Eines der Parkinson'schen Gesetze lautet: »Arbeit dehnt sich in genau dem Maße aus, wie Zeit dafür zur Verfügung steht.« Geben Sie einem komplizierten technischen Projekt eine feste Frist von vier Wochen, garantiere ich Ihnen, dass Sie bis zum letzten Tag daran arbeiten werden. Das Gleiche gilt auch im Kleinen. Wenn Sie ein Meeting für zwei Stunden ansetzen, werden Sie 120 Minuten füllen. Eine realistische Deadline hilft Ihnen jedoch dabei, die Dinge schneller zu erledigen und zu etwas anderem überzugehen.

Setzen Sie sich nicht zu viele Ziele gleichzeitig

Viele Menschen erliegen auch der Versuchung, sich zu viele Ziele auf einmal zu setzen. Wenn Sie sich jedoch auf viele verschiedene Ziele konzentrieren müssen, wird es unwahrscheinlicher, dass Sie auch nur einziges davon erreichen. Wie ich schon schrieb, liegt meine ideale Zahl irgendwo zwischen vier und sieben Zielen. Sind es mehr, wird es schwer, die Begeisterung für alle aufrechtzuerhalten. Sind Sie sich bezüglich eines Ziels nicht sicher, rate ich Ihnen, es erst einmal liegen zu lassen (oder es mit Ihrem Chef zu besprechen). Wenn Sie plötzlich doch mehr Zeit haben sollten, können Sie sich immer noch überlegen, ein weiteres Ziel dazuzunehmen.

Nehmen Sie sich Zeit für eine Evaluation

Sie können sich jederzeit neue Ziele setzen oder sie zu Ihrer Übersicht hinzufügen. Diese Evaluation mache ich am liebsten einmal pro Vierteljahr (siehe auch nächstes Kapitel). Doch dazu gibt es keine bestimmte Regel. Wichtig ist, dass Sie jedes Ziel zu einem festen Bestandteil Ihres Freitagsrückblicks machen. Das ist der beste Weg, um Ihre Fortschritte zu verfolgen und nächste Schritte aufzuschreiben.

Eine weitere Maßnahme, von der ich inzwischen weiß, dass sie mir bei der Erreichung meiner Ziele hilft, besteht darin, aktiv andere zu involvieren. Hier ein Paradebeispiel: In meinem alten Job mussten wir einmal vor Quartalsende ein paar neue Mitarbeiter einstellen. Ich war über dieses Ziel begeistert, da die Neuzugänge unsere Arbeit besser und unterhaltsamer machen würden. Das Ziel war auch leicht zu bemessen, da es offensichtlich war, ob wir rechtzeitig neue Mitarbeiter eingestellt hatten oder nicht. So weit, so gut. Doch in den ersten paar Wochen machten wir diesbezüglich wenig Fortschritte. Klar, ich notierte mir ein paar Schritte, die ich unternehmen wollte, doch wir koordinierten unsere Arbeit nicht. Auswahl, Kontaktaufnahme und Bewerbungsgespräche mit den Kandidaten sollten eigentlich Teamarbeit sein, doch wir ließen es schleifen. Das war auch verständlich, da es eine typische *wichtige* und *nicht dringende* Aufgabe war, also das Erste, was verschoben wird, wenn gerade anderes ansteht. Schließlich schlug unser Personaler vor, die Taktik zu ändern und uns jede Woche zu einem Update zu treffen. Wir begannen also, uns einmal pro Woche als Team zusammenzusetzen und uns gegenseitig darüber zu informieren, was wir getan hatten und was unsere nächsten Schritte sein würden. Dadurch kamen wir endlich in Fahrt, da wir zur Erreichung unseres gemeinsamen Ziels alle aufeinander zählten. Das zeigt, dass es egal ist, wie klar Ziele definiert sind oder wie enthusiastisch man sie angeht. Einen *wirklich* großen Unterschied macht es jedoch, wenn einem jemand über die Schultern schaut und fragt: »Hey, wie kommst du voran? Was hast du bis jetzt gemacht? Was steht als Nächstes an?«

Eine Studie an der Dominican University in Kalifornien konnte die Wirkung einer solchen Teamarbeit unterstreichen.[4] Dabei betrachteten die Forscher verschiedene Arten, in denen man auf ein Ziel hinarbeiten kann. Es stellte sich heraus, dass die Studienteilnehmer, die Freunden von Ihrem Ziel erzählt hatten, es auch mit höherer Wahrscheinlichkeit erreichten. Diese Wahrscheinlichkeit stieg im Vergleich zur Kontrollgruppe, die ihre Ziele für sich behielten, um fast 50 Prozent. Bei einer Gruppe, die zusätzlich wöchentliche Updates an ihre Freunde verschickten, lief es noch besser: Sie waren um 77 Prozent erfolgreicher als die Kontrollgruppe. Daraus kann man schließen, dass das Mitteilen des eigenen Fortschritts ein wunderbarer Motivator ist, um einen Plan durchzuziehen. Darauf werden wir in Kapitel 7 auch noch näher eingehen.

Haben Sie keine Angst davor, Ihre Ziele zu revidieren

Es gibt kaum etwas Frustrierenderes, als sich Woche für Woche mit einem Ziel auseinanderzusetzen, das rückblickend nicht realistisch ist. Das ist mir vor ein paar Jahren passiert, als ich mich einer großen Herausforderung gestellt habe. Um an meinen Rhetorikkünsten zu feilen, wollte ich jeden Monat irgendwo einen Vortrag halten. In den ersten zwei Monaten startete ich mit viel Schwung, da schon Termine für Vorträge feststanden. Doch dann geriet das Ganze ins Stocken. März, April und Mai vergingen mit der vielen Arbeit wie im Flug, doch ohne einen einzigen Vortrag. Mein Frust wurde größer. Im Juni ließ ich dieses Ziel in meinem Freitagsrückblick gekonnt unter den Tisch fallen und hielt dann für den Rest des Jahres keine Vorträge mehr. Wie schade! Hätte ich mein Ziel zu etwas Machbarerem abgeändert – wie »In diesem Jahr vier Vorträge halten« oder »E-Mail mit meinem Vortrags-Pitch an zehn Konferenzen schicken« –, dann wären vielleicht mehr Vorträge dazugekommen. Stattdessen ließ ich meinen ursprünglichen Plan nach zwei Vorträgen fallen.

Vielleicht kennen Sie diesen Frust von Zielen, die Sie mit Ihrem Team oder Vorgesetzten vereinbart haben. Doch lassen Sie sich in solch einem Fall nicht entmutigen: Gehen Sie einfach auf die Beteiligten zu und bringen Sie das Problem zur Sprache. Indem Sie sich gemeinsam der Sachlage annehmen, entdecken Sie eventuell einen ganz anderen Weg zum ursprünglichen Ziel. Oder Sie einigen sich auf ein anderes Ergebnis, was zumindest besser ist, als das Ziel gänzlich aufzugeben.

Es ist außerdem schlau, ein Ziel anzupassen, wenn es nicht klar genug formuliert ist. Haben Sie und Ihre Kollegen zum Beispiel eine unterschiedliche Vorstellung davon, wann ein Ziel erreicht ist, sollten Sie die Sache klären. Dass unter allen Beteiligten Einigkeit herrscht, ist von großer Bedeutung. Nichts ist kräftezehrender, als nicht wirklich zu wissen, was das Ziel ist oder wann man es erreicht hat.

In diesem Kapitel haben Sie versucht herauszufinden, was Sie gern machen. Das beginnt damit, ein Puzzle aus den drei Teilen zusammensetzen, die Sie antreiben – die Dinge, für die Sie eine Leidenschaft hegen, in denen Sie gut sind und die etwas damit zu tun haben, was Ihnen wichtig ist. Außerdem hat sich herausgestellt, dass wir am effektivsten sind, wenn wir etwas haben, worauf wir hinarbeiten können. Setzen Sie sich also Ziele, die Sie begeistern. Doch selbst wenn Ihre Ziele all diese Bedingungen erfüllen, können Sie diesen Ansatz noch auf eine nächste Stufe heben. Wie das geht? Indem Sie sich konkrete Pläne für das nächste Jahr machen.

6. DIE JAHRESPLANUNG

Das gesamte Jahr an einem einzigen Tag planen

In Kapitel 4 haben Sie den Freitagsrückblick kennengelernt, bei dem man einen Blick auf die vergangene Woche wirft und die nächste plant. Die meisten von uns finden in Ihrem vollen Terminkalender keine Zeit, sehr viel weiter in die Zukunft zu sehen, vom nächsten Jahr ganz zu schweigen. Und hier kommt der *Jahresrückblick* ins Spiel. In diesem Kapitel werde ich Ihnen zeigen, wie Sie das Beste aus Ihrem Jahr herausholen, indem Sie auf alles zurückblicken, was das Jahr brachte und Pläne für das kommende Jahr schmieden.

Chris Guillebeau, ein US-amerikanischer Autor, Weltenbummler und Blogger, hat mich von der Idee einer »Jahresprüfung« überzeugt, die er in seinem Blog beschreibt. 2014 folgte ich seiner Anleitung zum ersten Mal und machte einen detaillierten Jahresrückblick.[1] Ich war so zufrieden mit dem Ergebnis, dass ich das seitdem jedes Jahr mache. Im Folgenden bekommen Sie eine Vorstellung davon, wie mir das half:

- Ich nahm mir Zeit darüber nachzudenken, welche Rolle ich auf der Arbeit einnehmen wollte, schrieb mich in einen Kurs ein, um mich darauf vorzubereiten, und gab meinem Job eine neue Ausrichtung.
- Ich überlegte, wie ich mein Team organisieren wollte und was sich dafür ändern musste. Das setzte ich dann um.
- Ich konzipierte und startete ein Projekt, um ein Jahr lang täglich Newsletter zu verschicken.
- Ich plante, mehr Sport zu treiben, öfter Gitarre zu spielen und mehr Vorträge zu halten.
- Ich beschloss, von heute auf morgen kein Netflix mehr zu gucken, was viel Zeit für andere Dinge schuf.

- Ich organisierte Treffen mit Freunden und der Familie, wie einen Segeltag mit meiner Mutter. (Sie ist eine Profiseglerin und, wie ich feststellen durfte, eine fantastische Lehrerin!)

Für einen Jahresrückblick investiere ich nur ein paar Stunden meiner Zeit, doch die Früchte dieser Arbeit ernte ich noch weit bis ins nächste Jahr hinein. Diese Rechnung spricht für sich. Sehen wir uns also an, wie ein Jahresrückblick genau funktioniert.

WAS IST EIN JAHRESRÜCKBLICK?

Wie auch beim Freitagsrückblick schaut man beim Jahresrückblick sowohl nach hinten als auch nach vorn. Doch das ist schon alles, was sie gemeinsam haben. Bei einem Jahresrückblick denkt man nämlich über komplett andere Dinge nach. Anstatt sich auf die nahe Zukunft zu konzentrieren, sehen Sie weit nach vorn. Es ist der Moment, in dem Sie die große Zeitspanne der letzten zwölf Monate betrachten und ungehindert davon träumen können, was Sie im kommenden Jahr machen könnten. Die Folge? Neue Erkenntnisse zum alten Jahr, gefestigte Erinnerungen und eine Fülle von Ideen für die Zukunft.

WANN SOLLTE ER STATTFINDEN?

Wann immer Sie wollen. Der beste Zeitpunkt, um auf das vergangene Jahr zu blicken und das neue zu erforschen, ist dann, wenn es Ihnen am besten passt. Hauptsache, Sie geben sich genug Zeit. Bei mir klappt es am besten, wenn ich mir in meinem Terminkalender zwei Tage am Stück blockiere. Ich kann mir dann Zeit lassen und es richtig genießen, mich an alles zu erinnern, was war, und neue Pläne zu erträumen. Am liebsten nehme ich dafür die ruhigen Tage zwischen Weihnachten und Silvester. Andere wiederum machen ihren Jahresrückblick lieber zu einem anderen Zeitpunkt, zum Beispiel nach der Sommerpause. Wie gesagt: Wann Sie das tun, ist allein Ihre Entscheidung. Obwohl es mit Sicherheit besser ist, sich viel Zeit dafür freizuschaufeln, ist es trotzdem erstaunlich, wie viel man zur Not an nur einem Nachmittag schaffen kann. Wollen Sie möglichst viel aus diesem Kapitel herausholen? Dann hören Sie einen Moment lang auf zu lesen, schnappen Sie sich Ihren Terminkalender und reservieren Sie sich für irgendwann in diesem Monat mindestens einen halben Tag für Ihre Jahresplanung.

Bevor wir jedoch zum eigentlichen Jahresplan kommen, habe ich kurz zusammengestellt, was Sie sich davon erwarten können:

- einen Überblick über die Höhe- und Tiefpunkte Ihres Jahres
- konkrete Ziele für die nächsten drei Monate (Ich werde gleich erklären, warum drei Monate und nicht das ganze Jahr.)
- eine Ideensammlung, auf die Sie im kommenden Jahr zurückgreifen können

Keine Sorge, falls Ihnen das zu ambitioniert klingt. Wir gehen das Schritt für Schritt an – beginnend mit einem Blick zurück.

RÜCKBLICK

Schritt 1: Ihr Jahr im Rückblick

TERMINKALENDER

Der Terminkalender ist Ihr Fels in der Brandung. Daher sollte man bei einem Rückblick auf das vergangene Jahr dort anfangen. Wir beginnen damit, ihn Woche für Woche durchzublättern. (Wenn Sie Ihren Kalender noch nicht so lange benutzen, blättern Sie durch die leeren Monate – vielleicht können Sie ja noch rekonstruieren, was Sie getan haben.) Schreiben Sie jedes große Ereignis oder jede bemerkenswerte Aktivität zusammen mit dem Monat auf eine von zwei Listen: Nennen wir sie »Höhepunkte« und »Tiefpunkte«.

Ich mache das gern digital, doch fühlen Sie sich frei, es anders zu tun – ein Notizbuch eignet sich auch gut. Was lief gut? Worauf sind Sie stolz? Setzen Sie das auf die Liste mit Ihren Höhepunkten. Was hätte besser laufen können? Das kommt auf die Liste mit Ihren Tiefpunkten.

Ich liebe es, mit Höhe- und Tiefpunkten zu arbeiten. Es ist so schön, in Erinnerung zu schwelgen, während man durch die Ereignisse des Jahres scrollt. So stoße ich immer wieder auf etwas, was ich komplett vergessen hatte. Ich kenne jemanden, der diesen Schritt 1 mit seiner Familie durchgeht. Es ist sehr spannend zu sehen, was für Kinder Höhe- und Tiefpunkte sind. Torben, sechs Jahre alt, sah zum Beispiel in der Kategorie Tiefpunkte einen klaren Gewinner: »Als die Katze Flöhe bekam (und dann das ganze Haus)«.

Falls es Ihnen jetzt in den Fingern juckt: Ich habe eine Vorlage für einen Jahresrückblick erstellt, die Sie gern benutzen können. Sie finden Sie auf gripbook.com/templates.

FOTOS

Jetzt ist der Moment gekommen, an dem wir uns die Tatsache zunutze machen, dass wir mehr Fotos schießen als jemals zuvor. Nehmen Sie sich die Zeit, um sich Ihre Fotos des letzten Jahres anzusehen und Ihre Gedanken dazu auf den beiden Listen festzuhalten.

TAGEBUCH

Führen Sie ein Tagebuch? Blättern Sie es durch. Die Zeitblöcke in Ihrem Terminkalender werden Ihnen nicht verraten, wie Sie sich an einem bestimmten Tag fühlten. Ihr Tagebuch kann da also wertvollen Kontext liefern. Oder scrollen Sie sich durch Ihre Posts in den sozialen Medien. Je mehr Sie im letzten Jahr dokumentierten – egal, wie kurz und knapp –, desto größer die Fülle an zu bearbeitendem Material.

Schritt 2: Ein Blick zurück auf Ihre Ziele

Es ist ein wichtiger Bestandteil des Jahresrückblicks, die Ziele zu rekapitulieren, die Sie sich letztes Jahr gesetzt hatten. Bei Ihrem ersten Jahresrückblick gibt es vielleicht noch keine klar formulierten Ziele aus dem Vorjahr. Kein Problem. Sie könnten versuchen, ein paar Sätze darüber zu schreiben, was Sie damals machen wollten und warum Sie das dann getan haben oder auch nicht.

Falls Sie sich Ziele gesetzt hatten, ist nun die Zeit, auf jedes von ihnen zurückzublicken. Nehmen Sie eine neue Seite oder ein leeres Blatt Papier und notieren Sie jedes Ziel – und ob Sie es erreicht haben. Und während ich schon dabei bin, schreibe ich gern auch gleich Dinge auf, die gut oder schlecht gelaufen sind. Habe ich mein ursprüngliches Ziel erreicht? Habe ich alles gemacht, was ich konnte, um es zu erreichen? Habe ich mein Ziel im Laufe des Jahres aus den Augen verloren? Oder habe ich es irgendwann angepasst? Habe ich das Interesse daran verloren? Wenn ja, warum? Und was habe ich durch diese Erfahrung gelernt?

Nun haben Sie drei Listen: die Höhepunkte, die Tiefpunkte und einen Rückblick auf Ihre Ziele des vergangenen Jahres.

Schritt 3: Ein Rückblick in Kategorien

Sehen Sie sich nun bestimmte Aspekte Ihres Jahres genauer an. Nutzen Sie dabei die Kategorien, die für Sie am meisten Sinn machen. Das ist die Liste, die ich benutze. Durch sie konzentriere ich mich nicht nur auf die Arbeit. Gern können Sie genau diese Kategorien verwenden oder neue hinzufügen, die zu Ihnen passen.

- Arbeit
- Partnerschaft
- Familie
- Freunde
- Gesundheit
- Spiritualität
- Fähigkeiten
- Nebenprojekte

- Spaß
- Geben
- Aufhören
- Geld – Einkommen
- Geld – Erspartes

Gehen Sie nun auf eine neue Seite und betrachten Sie jede Kategorie, die Sie benutzen. Lassen Sie das vergangene Jahr Revue passieren und halten Sie Ihre Gedanken zu jeder Kategorie schriftlich fest. Hier sind ein paar Fragen, die sich zu jedem Lebensbereich stellen können:

- Was habe ich getan?
- Was habe ich nicht getan?
- Womit bin ich glücklich? Und womit nicht?
- Was gab mir sehr viel Energie? Und was definitiv nicht?

Arbeiten Sie sich durch die Kategorien und notieren Sie jeweils Ihre Gedanken dazu. Nehmen Sie sich so viel Zeit, wie Sie brauchen. Diese wertvollen Erkenntnisse werden Ihnen im kommenden Jahr helfen.

Zur Kategorie »Freunde« habe ich Folgendes notiert:

- Freunde:
  - Habe mit ein paar Freunden einen Buchclub gegründet. Super Sache. Wir haben vier interessante Bücher besprochen.
  - Hin und wieder mit Jurgen Kontakt gehabt, doch nicht häufig genug. Hätte ihn gern öfter gesehen.

Wie eine Mitarbeiterbeurteilung … nur ohne Chef

Es wird oft unterschätzt, wie bereichernd es sein kann, einen kritischen Blick auf die eigene berufliche Leistung zu werfen. Da Sie so nur sich selbst gegenüber Rechenschaft ablegen müssen, fühlen Sie sich nicht dazu genötigt, nur Dinge zu sagen, die Vorgesetzte gern hören. Später können Sie Ihre Erkenntnisse dann in die nächsten Arbeitsschritte einfließen lassen. Und das alles in Ihrem eigenen Tempo. Das macht es zu einer einfachen und konkreten Methode, um persönliche Entwicklung zu fördern. Außerdem wird proaktives Verhalten meist belohnt.

Schritt 4: Der Vierteljahresrückblick

Treten wir nun wieder einen Schritt zurück: Nehmen Sie Ihre Höhe- und Tiefpunkte aus Schritt 1 und schreiben Sie diesmal Ihre Eindrücke aus jedem Quartal des letzten Jahres auf – nur ein paar Sätze, in denen Sie das Bemerkenswerte festhalten. So erkennen Sie, ob sich irgendein Teil des Jahres von den anderen abhebt. Gibt es da etwas, was Ihnen auffällt oder Sie überrascht? Was macht Sie stolz? Ein schneller Rückblick könnte folgendermaßen aussehen:

- Q1: Toller Urlaub. Doch ich hätte besser darin sein können, meine Arbeit vorzeitig zu delegieren. Wieder angefangen, Rad zu fahren. Das lief super, dank des milden Winters. Mit drei großen Projekten jongliert. Zwei von ihnen mit astronomischem Erfolg abgeschlossen (neue Marketingkampagne und Launch neuer App). Hätte dieses Quartal gern mehr von meinen Freunden gesehen. Eine neue Terrasse zur Gartenseite gebaut.
- Q2: Dieses Quartal bin ich kaum dazu gekommen, an meinen Zielen zu arbeiten. Viel Zeit draußen auf der neuen Terrasse verbracht. Ein Segen! Hart gearbeitet.

- Q3: Habe mir vorgenommen, meine Arbeit besser zu planen und weniger Zeit mit unwichtigen Dingen zu verschwenden. Große Fortschritte gemacht. Rückblickend in diesem Quartal gern eine Woche Urlaub genommen und mehr Bücher gelesen.
- Q4: Endlich die Garage aufgeräumt (seit Ewigkeiten auf meiner Liste). Habe mich in diesem Quartal nicht auf der Höhe gefühlt, war oft erschöpft und bin früh nach Hause gegangen. Wetter hat nicht geholfen. Viel vom Feedback meiner Vorgesetzten mitgenommen. Hat sich gut angefühlt, sofort ein paar ihrer Tipps anzuwenden.

Das sind wertvolle Erkenntnisse, die bei meiner Planung für das kommende Jahr sehr hilfreich sein können.

Schritt 5: Reflexion

Das ist der letzte Schritt. Nachdem Sie die Höhe- und Tiefpunkte dieses Jahres, Ihre gesetzten Ziele und die von Ihnen ausgewählten Kategorien rekapitulieren konnten und einen kurzen Blick auf alle vier Quartale geworfen haben, versuchen Sie nun, in ein paar Sätzen zusammenfassen, was Sie herausgefunden haben. Wie lief das vergangene Jahr? Sind Sie zufrieden damit? Sind irgendwelche fantastischen Dinge passiert? Oder Dinge, die schwierig für Sie waren?

Ihr Rückblick wird nun ungefähr so aussehen:

RÜCKBLICK

Hochs und Tiefs

Was lief gut? Womit bin ich zufrieden? Was waren die Höhepunkte meines Jahres?

- ____________________

- ____________________
- ____________________

Was hätte besser laufen können? Worüber bin ich nicht so glücklich? Was waren die Tiefpunkte?

- ____________________
- ____________________
- ____________________

Ziele

Was war mein Ziel? Habe ich es erreicht? Warum habe ich es erreicht? Warum habe ich es nicht erreicht?

- Ziel 1 ____________________
- Ziel 2 ____________________
- Ziel 3 ____________________

Kategorien

- Arbeit ____________________
- Partner und Privatleben ____________________
- Familie ____________________
- Freunde ____________________

Quartale

- Q1 ______________________________
- Q2 ______________________________
- Q3 ______________________________
- Q4 ______________________________

REFLEXION

Jahreszusammenfassung

- Dieses Jahr war …

Wählen Sie Ihre Form

Meine Schwester malt während Ihres Jahresrückblicks kleine Bilder. Denn wenn sie das vergangene Jahr rekapituliert, tut sie das in Form einer Mindmap mit vielen Farben, Symbolen und kleinen Männchen. Ich wünschte, ich hätte ihr Talent, doch ich muss mich mit der guten alten Liste begnügen.

Einen Blick zurück auf Ihr Jahr zu werfen, nützt Ihnen in vielerlei Hinsicht. (Zum Beispiel können Sie so die Dinge in Zukunft anders machen – und das nur, weil Sie sich die Zeit für eine Bestandsaufnahme nahmen.) Doch es lässt auch die Highlights wieder aufleben, von denen Sie sicherlich ein paar vergessen haben. Selbst in harten Jahren sorgt der Jahresrückblick dafür, dass ich noch mehr zu schätzen weiß, was alles in mein Leben kam. Und ich hoffe, dass Ihnen das auch so gehen wird.

BRAINSTORMING

An diesem Punkt *könnten* Sie einfach alles aufschreiben, was Sie ändern wollen, und es zu den Zielen für das nächste Jahr erklären. Doch damit würden Sie sich unter Wert verkaufen. Auf der Suche nach einem neuen Auto würden Sie ja auch nicht das erstbeste kaufen, das Sie sehen, nur weil es besser ist als Ihr jetziges. Nehmen Sie sich die Zeit für ein kurzes Brainstorming und entdecken Sie Ihre Möglichkeiten. Denn schließlich handelt es sich hier nicht um irgendwelche Entscheidungen. Die Entscheidungen, die Sie jetzt treffen, werden ein ganzes Jahr Ihres Lebens beeinflussen. Geben Sie sich also die Chance, gut darüber nachzudenken.

Bei der Brainstorming-Phase Ihres Jahresrückblicks geht es darum, praktische Bedenken beiseitezuschieben und *groß* zu denken. Ihrer Fantasie sind keine Grenzen gesetzt. Ignorieren Sie fürs Erste potenzielle Hindernisse oder Nachteile. Es gibt auch keinen Grund, sich nur auf die nächsten zwölf Monate zu beschränken. Sie werden später noch die Gelegenheit bekommen, das alles kritisch zu hinterfragen.

Um das Brainstorming anzustoßen, nehmen Sie am besten wieder Ihre Kategorien zur Hand. Dieses Mal werden Sie etwas aufschreiben, worüber Sie sich bei jeder Kategorie freuen. So kommen oft erste grobe Ideen für das nächste Jahr. (Mir hilft es hier, meine Ideen aus dem Brainstorming vom Vorjahr noch einmal durchzulesen. Viele sind noch immer relevant oder dienen als Inspiration für neue Ideen.)

Probieren Sie aus, welche Brainstorming-Methode für Sie am besten funktioniert. Sie könnten einfach auflisten, was Ihnen zu jeder Kategorie einfällt, Post-its für jede einzelne Idee verwenden, das Ganze in ein Kunstwerk verwandeln oder eine Mindmap erstellen. Ob Sie sich für einen Bildschirm oder Papier entscheiden, liegt ebenfalls ganz bei Ihnen – wichtig ist nur, dass Sie Ihrer Fantasie keine Grenzen setzen.

Nachfolgend habe ich für Sie ein paar Fragen als Gedankenanstoß zu jeder Kategorie formuliert. Nutzen Sie sie ruhig als Ausgangspunkt und fügen Sie Ihre eigenen Fragen hinzu. Noch ein letzter Tipp: Bewahren Sie diese Liste mit Fragen für das nächste Jahr auf.

BRAINSTORMING-FRAGEN

ARBEIT

- Macht mich mein Job glücklich?
- Möchte ich das weiterhin machen?
- Möchte ich mehr arbeiten?
- Möchte ich weniger arbeiten?
- Welche Art von Projekten möchte ich machen?
- Was möchte ich noch lernen?
- Was brauche ich, um besser zu werden?
- Mit welcher neuen Sache möchte ich anfangen?
- Womit muss ich aufhören?
- Sehe ich mich in drei Jahren noch in diesem Job?
- Was ist das häufigste Feedback, das ich bekomme?
- Worin bin ich gut, und wie kann ich darauf aufbauen?

PARTNERSCHAFT

Falls Sie in einer Beziehung sind, notieren Sie, was Ihnen zu Ihrem Leben mit Ihrem Partner/Ihrer Partnerin (und Ihren Kindern, falls vorhanden) einfällt.

- Was möchte ich mit ihm/ihr unternehmen?
- Verbringen wir im Moment ausreichend Zeit miteinander?
- Welche gemeinsamen Projekte möchte ich angehen?
- Was würde ich gern an unserer Beziehung ändern?
- Womit möchte ich gern anfangen?
- Womit muss ich aufhören?

FAMILIE

Machen Sie eine Liste der Familienmitglieder, mit denen Sie in Kontakt stehen, und notieren Sie sich Ihre Gedanken zu den einzelnen Personen.

- Was könnte ich ihnen geben?
- Was könnte ich von ihnen verlangen?
- Möchte ich diese Beziehung stärken und vertiefen? Falls ja, wie möchte ich das tun?
- Zu welchen Familienmitgliedern ist kürzlich der Kontakt abgebrochen? Will ich etwas daran etwas ändern? Falls ja, was?

FREUNDE

Gute Freunde sind unbezahlbar. Sie teilen unser Glück und sind uns in schweren Zeiten eine Stütze. Doch bei all dem, was in unserem Leben so los ist, verlieren wir unsere guten Freunde manchmal aus den Augen. Machen Sie eine Liste mit Ihren engen Freunden, und denken Sie über die gleichen Dinge nach wie bei Ihrer Familie: Was kann ich ihnen bieten? Was kann ich von ihnen verlangen? Und außerdem:

- Welche Freundschaft bedeutet mir am meisten?
- Welche Freundschaft verlangt mir das meiste ab?
- Gibt es Beziehungen, in die ich gern mehr investieren würde?
- Habe ich vielleicht auch Freunde, die eine negative Wirkung auf mich haben?
- Gibt es Freunde, zu denen ich keinen Kontakt mehr habe, die ich aber gern wieder in meinem Leben hätte?
- Wie werden sich meiner Ansicht nach meine Freundschaften in Zukunft entwickeln?

GESUNDHEIT

- Bekomme ich ausreichend Schlaf? Schlafe ich gut?
- Ernähre ich mich gesund und ausgewogen?
- Treibe ich ausreichend Sport?

- Bin ich mit meiner täglichen Routine zufrieden? Und mit meinen Morgen und Abenden?
- Wie viel Alkohol trinke ich?
- Wie sieht es mit meinem Suchtverhalten aus? (auch Handynutzung, soziale Medien, Nachrichten usw.)
- Gehe ich regelmäßig zum Zahnarzt?
- Bin ich psychisch stabil?

SPIRITUALITÄT

- Wie gut kenne ich mich selbst?
- Welche Rolle spielt Spiritualität in meinem Leben?
- Hätte ich gern ein spirituell aktiveres Leben? (Religion, Meditation, Achtsamkeit)

FÄHIGKEITEN

- Was würde ich gern lernen?
- Welche Fähigkeiten würden mich in meinem Job besser machen?
- Woran hätte ich Spaß?
- Gibt es eine Sprache, die ich gern lernen würde?
- Oder ein Musikinstrument, das ich gern spielen würde?
- Oder eine Sportart, in der ich gern gut wäre?

NEBENPROJEKTE

Nebenprojekten widmen Sie sich in Ihrer Freizeit, um etwas Neues zu lernen oder um etwas dazuzuverdienen. Etwa ein Abendstudium, ein Verkaufsportal auf Etsy oder eBay, ein Fotokurs oder das Schreiben eines Blogs. Hier ein paar Fragen, die Sie sich stellen könnten:

- Gibt es ein Nebenprojekt, das ich gern angehen würde?
- Welches meiner aktuellen Nebenprojekte gibt mir am meisten Energie?
- Welches Nebenprojekt möchte ich beibehalten?
- Mit welchem Nebenprojekt möchte ich aufhören?

- Habe ich das Gefühl, dass meine Nebenprojekte zu viel Zeit einnehmen?
- Was verraten meine Nebenprojekte über meinen Job?

SPASS

In den ersten zwei Jahren, in denen ich dieses Brainstorming gemacht habe, hatte ich noch keine Spaßkategorie, demnach waren meine Pläne für das Folgejahr alle ernster Natur. Ich kann Ihnen wirklich nur ans Herz legen: Überspringen Sie diesen Teil nicht! Er ist genauso wichtig wie die anderen, wenn es darum geht, die Weichen für ein volles, vielseitiges Jahr zu stellen. Und er bringt garantiert Gutes in Ihr Leben.

- Was tue ich in meiner Freizeit sehr gern?
- Was wird im kommenden Jahr in Sachen Freizeitvergnügen oder Erholung an erster Stelle stehen?
- Wenn ich einen ganzen Tag zur freien Verfügung habe, was mache ich dann am liebsten?
- Was ist diese eine Sache, die ich gern öfter machen würde?

GEBEN

Betrachten Sie diese Kategorie in ihrem weitesten Sinn. In früheren Versionen meines Jahresrückblicks ging es hier vorrangig darum, Geld zu spenden. Dann schrieb mir jemand, dass meine Kategorie »Geld geben« zu eingeschränkt sei, und ich war absolut einverstanden. Denn setzt man »Geben« in einen breiteren Kontext, eröffnen sich viele neue Möglichkeiten.

- Welchen Beitrag kann ich zu dieser Welt leisten? Denken Sie hier an Ihre Zeit, Güter oder Geld.
- Welche Fähigkeiten kann ich vermitteln?
- Kann ich Menschen miteinander bekannt machen, was sie dann im Leben oder auf der Arbeit weiterbringt?
- Wäre ich bereit, eine bestimmte Menge Geld oder Zeit an andere zu verschenken?

- Wie verbringe ich meine Zeit? Hält sich das, was gut für mich ist, und das, was gut für andere ist, in meinem Leben die Waage?

AUFHÖREN

Diese Kategorie habe ich vor ein paar Jahren eingeführt. Es ist oft schwierig, neue Dinge in unsere Leben zu integrieren, ohne vorher ein paar alte auszumisten. Die Kategorie »Aufhören« kann dabei helfen.

- Was raubt mir viel Energie?
- Welche meiner Verantwortlichkeiten wären bei einer anderen Person besser aufgehoben?
- Was tue ich, worin ich nicht wirklich herausragend bin und was ich besser sein lassen sollte?

GELD – EINKOMMEN

- Gibt es etwas in der nahen Zukunft, was mein Einkommen ernsthaft beeinflussen wird?
- Was würde ich gern in Zukunft verdienen?
- Wie viel brauche ich?
- Wie setzen sich meine Ausgaben gewohnheitsmäßig zusammen?

GELD – ERSPARTES

- Welche Sparziele habe ich und warum?
- Stehen in der Zukunft große Ausgaben an, für die ich jetzt sparen sollte? Dinge wie die Geburt eines Kindes, Studiengebühren oder ein Hauskauf?
- Wie viel Prozent meines Einkommens lege ich zur Seite?
- Sollte ich anfangen, etwas für das Alter zurückzulegen? Oder meine Investitionen ändern?

SETZEN SIE SICH KONKRETE ZIELE

DAS JAHR PLANEN

RÜCKBLICK > BRAINSTORMING > ZIELSETZUNG

Nach einem spannenden Rückblick auf Ihr Jahr und einem anregenden Brainstorming für neue Ideen sind Sie beim letzten Schritt angekommen: der Zielsetzung. Und die mache ich Ihnen ganz einfach, denn anstatt sich Ziele für das gesamte Jahr auszudenken, müssen Sie sich nur über die nächsten drei Monate Gedanken machen.

Warum drei Monate? Zunächst einmal, weil ein Jahr nach meiner Erfahrung zu lang ist, wenn es darum geht, konkrete Ziele zu formulieren. Irgendwann im Laufe des Jahres verlieren Sie sie aus den Augen oder sie lasten so schwer auf Ihnen, dass es einfacher ist, sie immer wieder aufzuschieben. Außerdem ist es recht schwer, Entscheidungen für ein ganzes Jahr zu treffen. Ein Monat ist jedoch zu kurz. Denn gerade, wenn man anfängt, echte Fortschritte zu machen, ist es auch schon wieder Zeit, die Dinge zum Abschluss zu bringen. Vierteljahresziele sind die goldene Mitte, da sie bei Weitem die besten Aussichten auf Erfolg haben. Diese Erfahrung habe ich nicht nur bei meiner eigenen Arbeit gemacht, sondern auch bei Kollegen und Geschäftspartnern.

Machen Sie sich auch nicht die Mühe, sich für jedes Ziel eine genaue Deadline zu setzen. Ihre Deadline ist das Ende des Quartals. Eine Sache weniger, um die Sie sich kümmern müssen!

Schritt 1: Ziele nach Kategorien setzen

Nun werden wir mit den Ergebnissen Ihres Brainstormings arbeiten. Wählen Sie aus jeder Kategorie einen bis drei Wünsche aus, die Sie sich im nächsten Quartal zum Ziel machen wollen. Mit welchem Kriterium? Lassen Sie Ihre Begeisterung sprechen. Vielleicht helfen Ihnen auch Ihre Antworten aus dem letzten Kapitel (bezüglich Mission, Leidenschaften, Fähigkeiten). Meine Liste könnte folgendermaßen aussehen:

ARBEIT

- irgendetwas präsentieren/vortragen
- Leiter eines wichtigen Projekts werden

FAMILIE

- meine Mutter regelmäßig anrufen

FITNESS

- an einem Wettlauf teilnehmen
- vielleicht mit dem Schwimmen anfangen

So viel Enthusiasmus ich diesen Zielen auch entgegenbringe (Kriterium 1 eines guten Ziels, siehe Kapitel 5) – sie sind noch nicht »messbar« (Kriterium 2). Also werde ich diese Liste zunächst in messbare Ziele übersetzen, denn das ist genauso wichtig, wie sie zu erreichen. Wie man Ziele setzt und erreicht, können Sie auch in Kapitel 5 noch einmal nachlesen.

Nun sieht meine Liste mit den Zielen für das nächste Quartal folgendermaßen aus:

Ziele für April bis Juni

ARBEIT

- ein Buch über das Halten von Vorträgen lesen
- einen Vortrag halten und Feedback von zwei Kollegen einholen
- Leiter eines neuen Projekts für die Unternehmenswebsite werden

FAMILIE

- meine Mutter einmal pro Woche anrufen

FITNESS

- an einem 10-Kilometer-Lauf teilnehmen
- einmal pro Woche schwimmen gehen

Okay, okay. Ich weiß schon, was Sie jetzt denken: Muss ich es mir wirklich zum Ziel machen, meine Mutter anzurufen? Wird das nicht zur lästigen Pflicht? Ganz und gar nicht. Außerdem entscheiden Sie selbst über Ihre Ziele. Für mich funktioniert es besser, mir das Ziel zu setzen, mit Freunden und Familie Zeit zu verbringen. Woher ich das weiß? Weil die Ergebnisse – der Wochenendtrip mit meinem Vater, der Segeltörn mit meiner Mutter – zu den Höhepunkten meines Jahres wurden. Probieren Sie es doch einmal aus! Sie können sich jederzeit umentscheiden. Was haben Sie schon zu verlieren?

An diesem Punkt angekommen, zögern Sie vielleicht etwas, manche Ziele zu 100 Prozent dingfest zu machen. Womöglich wünschen Sie sich zu einem Ziel zuerst noch den Input Ihres Chefs. Aber lassen Sie sich davon nicht zurückhalten. Den Vorgesetzten, der etwas gegen messbare Ziele hat, möchte ich erst mal kennenlernen! In diesem Sinne würde ich sagen, machen Sie Ihre Ziele einfach so konkret wie möglich.

Schritt 2: Ein letzter Check

Nun haben Sie für die nächsten drei Monate eine Reihe von konkreten, herausfordernden und messbaren Zielen. Vielleicht sind es 5, 15 oder sogar 20. Es ist besser, weniger Ziele zu haben und sie alle zu erreichen, als sich mehr aufzuladen, als man stemmen kann. Weniger ist mehr. Mit diesen Fragen können Sie Ihre Liste etwas einstreichen:

- Werden Sie im nächsten Vierteljahr an den Dingen arbeiten, die Ihnen wirklich wichtig sind?
- Gibt es im nächsten Vierteljahr andere Ereignisse oder Aktivitäten, die Ihnen beim Brainstorming nicht einfielen, aber einen großen Zeitaufwand bedeuten? Wenn es Ihr Ziel ist, jede Woche schwimmen zu gehen, bei Ihnen allerdings ein dreiwöchiger Wanderurlaub ansteht, sollten Sie dieses Ziel jetzt besser anpassen.
- Sind Ihre Ziele eine ausreichend große Herausforderung für Sie? Ist das Verhältnis zwischen Ihren Zielen und Ihren Stretch-Zielen ausgewogen?

Schritt 3: Umreißen Sie Ihre nächsten drei Quartale

Nachdem Sie sich für das erste Vierteljahr Ziele gesetzt haben, ist es nun sinnvoll, jene für den Rest des Jahres grob zu skizzieren. Machen Sie sich über die Einzelheiten noch keine Gedanken – das soll nur ein ungefährer Entwurf sein. Vielleicht gibt es bereits ein paar Ziele am Horizont, wie zum Beispiel eine große Kampagne auf der Arbeit oder ein DIY-Projekt zu Hause. Vielleicht steht auch ein wichtiges Ereignis an, wie eine große Reise oder ein weiteres Kind. Gehen Sie noch einmal Ihre Brainstorming-Notizen durch, um diese Art von zukünftigen Zielen zu finden. Ihr grober Umriss des nächsten Jahres sieht dann eventuell so aus:

QUARTAL 2

- den Dachboden ausräumen
- einen Praktikanten einstellen
- Urlaub am Strand?

QUARTAL 3

- die große Partnerschaft zwischen unserer Firma und der Stadt in die Wege leiten
- häufiger an die Küste fahren

QUARTAL 4

- über die Feiertage mehr Zeit für die Familie nehmen?

Wie Sie sehen können, vermischen sich in meiner groben Skizze für die nächsten drei Quartale persönliche Projekte, vage Ideen und die Erinnerung, zu Ende des Jahres mehr Zeit mit meiner Familie zu verbringen. Der letzte Eintrag rührt von einer Erkenntnis, die ich hatte, als ich das letzte Jahr Revue passieren ließ. Obwohl nichts in Stein gemeißelt ist, enthält dieser Plan ein paar klare Wegweiser, die meine Absichten markieren. Sie werden mir später nützlich werden, wenn ich bereit dazu bin, für mein zweites, drittes und viertes Quartal konkretere Ziele zu formulieren. Mehr dazu gleich.

Mit diesem letzten Schritt haben Sie Ihren Plan für das kommende Jahr fertiggestellt. Brennt es Ihnen jetzt unter den Fingernägeln? Super!

QUARTALSZIELE ERREICHEN

Sich Ziele zu setzen, ist eine Sache. Sie tatsächlich zu erreichen, eine ganz andere. Im Laufe der Jahre fiel mir auf, dass es einen Zusammenhang zwischen den Zielen gab, die ich erreichte, und der Häufigkeit, mit der ich an sie erinnert wurde – ganz egal, wer oder was diese Aufgabe übernahm. Und das lehrte mich eine wichtige Lektion: Damit die Chance, ein Ziel zu erreichen, möglichst groß ist, muss es regelmäßig auf dem eigenen Radar auftauchen.

Es bedarf also eines einfachen Weges, um Vierteljahresziele im Blick zu behalten. Die gute Neuigkeit ist, dass wir das perfekte Tool dafür bereits haben: der Freitagsrückblick (Kapitel 4). Ich hänge die Ziele dieses Quartals an meine persönliche Checkliste an. So werde ich sie sehen und – noch wichtiger – mir jede Woche Folgemaßnahmen ausdenken.

Was ebenfalls äußerst hilfreich ist: seine Ziele in häppchengroße Stücke aufzuteilen. So kann ich jede Woche ein bisschen was tun, und es ist auch einfacher, das in meinen Terminplan zu integrieren.

Wenn Sie noch effektiver sein wollen, können Sie sich auch jemanden suchen, der dafür sorgt, dass Sie Ihre Ziele stets verfolgen. Beginnen Sie ganz einfach: Vereinbaren Sie mit dieser Person einen wöchentlichen E-Mail-Austausch, bei dem Sie zusammenfassen, welche Fortschritte Sie bezüglich Ihrer Ziele gemacht haben. Im nächsten Kapitel werde ich Ihnen verraten, auf welche Arten uns ein Erfolgskomplize noch nützlich sein kann.

Quartalsende

Zum Ende des Quartals ist es Zeit, sich neue Ziele für das nächste zu setzen. Das ist wie das große Brainstorming, das Sie für das gesamte Jahr gemacht haben. Allerdings ist es schneller und einfacher, weil Sie bereits den Großteil der Kopfarbeit geleistet haben.

Hier sind die Schritte, die ich gehe, um ein neues Quartal zu planen. Das ist im Grunde eine komprimierte Version der Aktionen, die ich Ihnen zu Anfang des Kapitels zeigte. Sie können gern meine Vorlage benutzen. Sie finden sie unter gripbook.com/templates.

EIN KURZER RÜCKBLICK

- Schritt 1: Notieren Sie sich Ihre Höhe- und Tiefpunkte aus den letzten drei Monaten.
- Schritt 2: Gehen Sie Ihre Quartalsziele durch und streichen Sie jene durch, die Sie erreicht haben.
- Schritt 3: Schreiben Sie zu jeder Kategorie, die Sie auswählen, in ein oder zwei Zeilen, wie das vergangene Vierteljahr verlaufen ist.
- Schritt 4: Fassen Sie das Quartal als Ganzes in ein paar Sätzen zusammen.

SETZEN SIE SICH NEUE ZIELE

- Schritt 1: Nehmen Sie die Notizen, die Sie während Ihres jährlichen Brainstormings gemacht haben, sowie Ihre grobe Skizze für die nächsten drei Quartale zur Hand und setzen Sie sich damit neue Ziele für das nächste Quartal.
- Schritt 2: Prüfen Sie genau, ob diese Ziele im Moment Ihrer wichtigsten Arbeit entsprechen.
- Schritt 3: Gehen Sie Ihren Entwurf für das restliche Jahr durch. Hat sich etwas verändert? Bringen Sie alles auf den neuesten Stand.
- Schritt 4 (optional): Weihen Sie einen guten Freund oder Kollegen in Ihre Ziele ein.

Sie werden sehen, dass diese kleinen »Quartalsprüfungen« Ihren Jahresrückblick sehr viel einfacher machen werden, da Sie bereits alles in vier Blöcke zusammengefasst haben.

Machen Sie also den nächsten Schritt und geben Sie dem Jahresrückblick eine Chance. Nehmen Sie sich so bald wie möglich etwas

Zeit dafür. Sie werden staunen, welche Erkenntnisse Sie gewinnen werden und wie scharf Ihr Orientierungssinn im Arbeits- und Privatleben plötzlich sein wird.

Doch wir alle wissen, dass es schwer sein kann, sich an Pläne zu halten. Meine Lösung? Rekrutieren Sie jemanden, der Ihnen weiterhelfen und Sie auf dem richtigen Kurs halten wird. Zeit für einen Erfolgskomplizen!

7. EINE ERMUTIGUNG DER ANDEREN ART

Das Wochengespräch mit Ihrem Erfolgskomplizen

J. R. R. Tolkien, Autor der legendären Buchreihe *Der Herr der Ringe,* sagte einmal über seinen Schriftstellerkollegen und Freund C. S. Lewis, dass die unbezahlbare Schuld, in der er bei Lewis stehe, nicht durch den »Einfluss« entstand, wie er gewöhnlich aufgefasst werde, sondern durch Ermutigung in ihrer reinsten Form. Lewis sei lange seine einzige Leserschaft gewesen, und nur durch ihn sei ihm irgendwann die Idee gekommen, sein »Kram« könne mehr sein als nur ein privates Hobby.[1]

Wir alle brauchen Ermutigung, besonders in schweren Zeiten oder bei großen Projekten. Deswegen habe ich es auch zu meiner Priorität gemacht, über meine Arbeit zu informieren, egal, wo ich arbeite – in den wöchentlichen Meetings, die ich in meiner Agentur leitete, bei den täglichen Update-Sitzungen, die wir bei Blendle pflegten, oder bei den virtuellen Zusammenkünften der Unternehmergruppe, der ich aktuell angehöre. Diese Gespräche sind nicht immer lustig oder interessant, doch wenn Menschen zusammenkommen und sich gegenseitig erzählen, woran sie arbeiten, kann das unglaublich inspirierend und ermutigend sein.

Also überlegte ich mir einen anderen Weg, um Ermutigung zu finden. 2014 begann ich, wöchentliche Skype-Telefonate mit Derk zu führen, einem ehemaligen Geschäftspartner, der ungefähr in meinem Alter ist. Unsere Gespräche, in denen wir uns nach der Arbeit und dem Leben des anderen erkundigen, verleihen uns die Kraft, über uns hinauszugehen. Und sie werden regelmäßig zu einem Highlight meiner Woche.

Ein Freitagsrückblick, so wie wir ihn in Kapitel 4 organisiert haben, ist dafür da, Dinge geradezurücken, sicherzugehen, dass nichts auf der Strecke geblieben ist, und dann einen Plan für die nächste Woche zu machen. Doch damit das funktioniert, müssen Sie diszipliniert bleiben. Ihr Freitagsrückblick spricht nicht mit Ihnen, und wenn Sie wollen, könnten Sie Unangenehmes sehr einfach unter den Teppich kehren.

Einen guten Rechenschaftspartner zu haben – ich nenne ihn auch gern »Erfolgskomplizen« –, macht diese Form der Problemvermeidung schwer. Denn er erinnert Sie an Ihre Vorsätze, sorgt für neue Erkenntnisse, ermutigt Sie in dem, was Sie gut können, und zeigt auf, wo noch Entwicklungsmöglichkeiten sind. Sie geben ihm grünes Licht dafür, dass er Ihnen sagt, was er sieht – sogar das, was Sie lieber nicht hören möchten.

Dieses Wochengespräch mit Ihrem Erfolgskomplizen ersetzt Ihren Freitagsrückblick nicht. Sie sollten beides tun. Ihr Freitagsrückblick bringt Ordnung ins Chaos und steckt Ihre neue Woche ab, das Gespräch mit Ihrem Rechenschaftspartner ist hingegen darauf ausgelegt, dass Sie ihm von Ihren Plänen erzählen und er Ihnen kritisches Feedback geben kann. Und Sie machen das Gleiche für ihn bzw. sie.

Doch immer der Reihe nach: Wie finden Sie den perfekten Partner oder die perfekte Partnerin?

Einen Erfolgskomplizen finden

Wenn ich jemandem von meinem Rechenschaftspartner erzähle, dann ist die erste Reaktion meist Überraschung. Die zweite ist: »Ich wüsste gar nicht, mit wem ich das machen sollte. Verlangt man da nicht etwas zu viel?«

Machen Sie sich darüber keine Sorgen, denn Sie beide profitieren davon. Das ist ein Dialog – Ihr Input ist genauso wertvoll für die andere Person. Hier ein paar Tipps, wie man den perfekten Partner findet:

- Es sollte eine Person sein, der Sie vertrauen und mit der Sie sich wohl genug fühlen, um mit ihr eine große Bandbreite an Themen zu besprechen. Derk und ich kannten uns anfangs nicht

so gut, daher konzentrierten sich unsere ersten Gespräche vorrangig auf die Arbeit. Nach einiger Zeit begannen wir, uns von unseren Zielen und Träumen jenseits der Arbeit zu erzählen.
- Es sollte jemand sein, der gut zuhören kann. Diese Termine haben eine exponentiell höhere Wirkung, wenn Ihr Partner Ihnen den Raum gibt, den Sie für Ihre Geschichte brauchen. (Lernen auch Sie, gut zuzuhören. Mehr dazu in Kapitel 9.)
- Es sollte eine Person sein, die Ihnen Energie gibt. Sie sollten aus jedem Gespräch energiegeladen herausgehen und diese Kraft gleich in die Verfolgung Ihrer Ziele stecken können.
- Es sollte jemand sein, der sich traut, Ihnen die Wahrheit zu sagen, und auch direkte Worte nicht scheut.

Ich weiß, dieser erste Schritt kann etwas einschüchternd sein. Aber lassen Sie sich davon nicht zurückhalten. In Ihrem Netzwerk ist sicherlich eine Person, die alle Kriterien erfüllt. Werfen Sie doch mal einen Blick auf Ihre Kontakte bei LinkedIn. Vielleicht gibt es auch eine frühere Klassenkameradin, einen Geschäftspartner oder Kollegen aus einem anderen Team oder einer anderen Stadt, die bereit wären, es ein paarmal auszuprobieren? Betrachten Sie es als Probezeit. Wenn es nicht funktioniert, können Sie es einfach dabei belassen.

Wenn Sie eine passende Person gefunden haben, ist es Zeit, Ihr erstes Gespräch zu planen.

Das erste Gespräch

Dieser Schritt ist einfach: Wählen Sie einen Termin für das Gespräch. Während dieses ersten Treffens werden Sie vereinbaren, wie Sie Ihre Gespräche strukturieren wollen. Hier sind ein paar Fragen, die Sie auf jeden Fall klären sollten:

- Wie sind unsere Gespräche aufgebaut? Worum soll es gehen? (Wir kommen gleich zu den Standardfragen.)
- Welche Themen wollen wir besprechen? Ist irgendetwas tabu?
- Wie häufig wollen wir uns treffen?

- Was erwarten wir voneinander?
- Was erhoffen wir uns von diesen Gesprächen?
- Wie lange dauert unsere Probezeit?

Damit diese Gespräche eine möglichst große Wirkung haben, brauchen Sie etwas Zeit, um ein Gefühl für den anderen bekommen zu können. Wägen Sie nach dem ersten Termin sorgfältig ab, ob dieser Partner richtig für Sie ist. Derk und ich vereinbarten zum Beispiel, dass wir nach drei Gesprächen entscheiden wollten, ob wir gut zusammenpassen.

Wie organisiere ich diese Termine?

Bevor wir uns anschauen, wie diese Gespräche an sich funktionieren, möchte ich gern etwas auf meine Erfahrungen eingehen. Ich hoffe, dass die Lektionen, die Derk und ich über die Jahre lernten, auch Ihre Termine besser und schneller machen können.

ZEITPUNKT

Derk ist abends meist beschäftigt, genau wie ich. Da wir uns zu einem festen Termin treffen wollten, einigten wir uns auf einen bestimmten Morgen unter der Woche, vor der Arbeit. Das ist auch noch aus einem anderen Grund ideal: Da einer von uns oder wir beide meist einen anderen Termin im Anschluss haben, sind wir dazu gezwungen, auf die Zeit zu achten. Wir sprechen uns per Video-Call, weil wir fast immer in anderen Städten sind.

DAUER

Wann auch immer Sie sich treffen – morgens, im Laufe des Tages oder am Abend –, es ist gut, die Zeit im Auge zu behalten. Denn ein Zeitlimit stellt sicher, dass Sie sich konzentrieren und zur Sache kommen. Derk und ich reservieren 30 Minuten für unser Wochengespräch, somit hat jeder 15 Minuten. Zu Beginn haben wir uns immer abwechselnd Fragen gestellt, doch das hat dazu geführt, dass wir uns zu sehr auf unsere eigenen Antworten konzentriert haben. Die Zeit auf uns beide aufzuteilen, hat dieses Problem gelöst.

NOTIZEN

Uns ist aufgefallen, dass wir viel aktiver zuhören, wenn wir uns Notizen machen. Während mein Erfolgskomplize spricht, fasse ich seine Punkte in einer gemeinsamen Google-Docs-Datei zusammen, damit er das in Echtzeit nachverfolgen kann. Dann kann er sich darauf konzentrieren, seine Geschichte zu erzählen, und sieht sofort, ob seine Message bei mir angekommen ist. Ein weiterer Vorteil dieser Notizen ist, dass wir so ein Archiv unserer Gespräche haben. Das wird vor allem dann nützlich, wenn wir auf das Jahr zurückblicken.

VORBEREITUNG IST ALLES

Bei jedem Termin gehen wir eine feste Liste an Fragen durch (dazu später mehr). Schon früh ist uns aufgefallen, dass es effektiver ist, wenn wir uns im Vorhinein unsere Antworten überlegen. Daher schreiben wir sie nun jeder für sich vor dem Gespräch auf. Diese Vorbereitung lässt uns präziser sein und dem Feedback des Partners aufmerksamer folgen. Wenn Sie das Gefühl haben, Sie könnten mehr aus Ihren Gesprächen herausholen, prüfen Sie, ob Sie sich beide gut vorbereiten.

REGELMÄSSIGKEIT

Mein Partner und ich sprechen uns mittlerweile jede Woche, doch zu Beginn war es nur jede zweite Woche. Das hat dazu geführt, dass wir innerhalb von zwei Wochen unsere geplanten Aktionen schleifen gelassen haben, dass wir Prioritäten neu sortiert und vergessen haben, was wir eigentlich verbessern wollten. Wenn es heutzutage dazu kommt, dass wir mal eine Woche auslassen müssen, fühle ich mich immer leicht unmotiviert und unkonzentriert. Für uns hat sich also herausgestellt, dass wöchentliche Termine deutlich effektiver sind. Probieren Sie aus, ob das Gleiche für Sie gilt.

Das Format

Wie Sie wissen, sorgt eine klare Tagesordnung dafür, dass Meetings glattlaufen. Das Gleiche gilt für unsere Rechenschaftsgespräche. Wenn Sie im Vorhinein keine solide Agenda aufstellen, besteht das Risiko, dass Sie den gesamten Termin damit verbringen, vom Thema abzuweichen. Natürlich ist ein wenig Smalltalk willkommen. Doch vor allem, wenn man im Homeoffice arbeitet, sollte die gemeinsame Zeit bestmöglich genutzt werden. Aus diesem Grund halten Derk und ich uns an ein paar festgelegte Fragen, die unserem Gespräch eine bestimmte Richtung geben. Das ist die eine Liste mit unseren Fragen, die ich nachfolgend noch erläutern werde:

1. An welchem Quartalsziel arbeitest du gerade?
2. Wie sind dir die Aufgaben gelungen, die du dir für letzte Woche vorgenommen hattest?
3. Was ist letzte Woche gut gelaufen und warum?
4. Was hättest du besser machen können?
5. Wie hältst du ein gesundes Gleichgewicht zwischen Arbeit und Privatleben?
6. Wie kannst du ein besserer Partner und Vater sein?
7. Was wirst du nächste Woche konkret umsetzen?

Uns war es bei der Formulierung dieser Fragen wichtig, dass sie uns zu unserem nächsten Handlungsschritt führen. Wie unsere Beziehung zum Partner ist, mag zwar eine interessante Frage sein, sie verleitet uns jedoch nicht zum Handeln. Die Frage »Wie kannst du ein besserer Partner sein?« bringt uns direkt zu dem, was wir tun könnten. Und das ist genau das, was auch Sie wollen: ein freundlicher Schubser, um die Dinge anders zu machen. Es sind diese einfachen Kniffe, die Ihr Gespräch auf ein anderes Level heben. Probieren Sie also unterschiedliche Arten der Fragestellung aus, um zu sehen, was für Sie beide funktioniert.

Mein Gesprächspartner und ich prüfen auch regelmäßig, ob unsere Fragen das tun, was wir von ihnen erwarten. Falls nicht, überarbeiten wir unsere Liste. Doch das Grundrezept ist immer gleich: Wir blicken zurück, überlegen, ob unsere Handlungen mit unseren Zielen in Einklang stehen, und blicken dann auf die kommende Woche. Wenn wir plötzlich anfangen, uns jede Woche zu wiederholen, dann ist eine bestimmte Frage wahrscheinlich nicht sehr effektiv, und die Liste sollte überdacht werden.

AN WELCHEM QUARTALSZIEL ARBEITEST DU GERADE?

In Kapitel 6 haben wir uns angesehen, wie man einen proaktiven Plan für das kommende Jahr aufstellt. Er hilft Ihnen dabei, sich für jedes Quartal Ziele zu setzen – Ziele, die Sie dann jede Woche in Ihrem Freitagsrückblick in Augenschein nehmen. Zusammengenommen sorgen diese Elemente dafür, dass Sie sich stets auf das konzentrieren, was Sie machen wollen.

Sie können sicherstellen, dass Sie Ihre Ziele nicht aus den Augen verlieren, indem Sie sie in Ihre Rechenschaftsgespräche einbauen. Schließlich gilt: Je öfter Sie an Ihre Ziele erinnert werden, desto wahrscheinlicher ist es, dass Sie sie auch erreichen.

Derk und ich haben beschlossen, unsere Termine mit folgender Frage zu beginnen: »An welchen Quartalszielen arbeitest du gerade?« Sie ringt uns die Entscheidung darüber ab, welches Ziel aktuell höchste Priorität hat. Meine Antwort verrät mir sofort, für was ich in der kommenden Woche am meisten Zeit reservieren sollte. Währenddessen notiert sich mein Rechenschaftspartner die Schritte, die ich zur Erreichung dieses Ziels machen möchte.

Sie haben noch keine Quartalsziele? Kein Problem. Beginnen Sie Ihr Gespräch doch mal mit folgender Frage: »Auf welche eine Sache möchtest du dich nächste Woche am meisten konzentrieren?«

WIE SIND DIR DIE AUFGABEN GELUNGEN, DIE DU DIR FÜR LETZTE WOCHE VORGENOMMEN HATTEST?

Diese Frage soll überprüfen, ob wir das, was wir uns für die Woche vorgenommen haben, auch angegangen sind. Falls nicht, ist das nichts, wofür Sie sich schämen müssen. Das passiert den Besten von uns. Es geht uns hier darum, das Warum mit Ihrem Rechenschaftspartner zu besprechen und einen neuen Ansatz zu finden, um es nächste Woche noch einmal zu probieren.

WAS IST LETZTE WOCHE GUT GELAUFEN UND WARUM?

Das klingt nach einer einfachen Frage – bis Sie zu dem »Warum« am Ende kommen. Es ist leicht, über gut gemachte Arbeit zu reden. Doch es fällt schwerer zu überlegen, wie man sie getan hat. Denken Sie zurück und fragen Sie sich: »Warum macht Sie das besonders glücklich oder stolz? Welchen Beitrag haben Sie geleistet?« Um eine gute Antwort zu haben, müssen Sie sehr präzise sein. Eine einfache Antwort wäre: »Ich habe ein wichtiges Meeting gerockt.« Doch das ist deutlich weniger informativ als: »Es war gut, dass ich mir am Dienstag zusätzlich Zeit freischaufeln konnte, um mich auf ein wichtiges Meeting am Mittwoch vorzubereiten. Das Meeting lief wie am Schnürchen, und ich freue mich sehr über das Ergebnis.« Die zweite Antwort beschreibt genau, wo Sie schlaue Entscheidungen getroffen haben. Und das ist es, was Sie wollen.

WAS HÄTTEST DU BESSER MACHEN KÖNNEN?

Für mich ist das die wichtigste Frage von allen, denn aus meinen Fehlern lerne ich immer am meisten. Die Versuchung ist groß, eine einfache Antwort zu geben und weiterzumachen. Widerstehen Sie! Nehmen Sie sich die Zeit, um wirklich darüber nachzudenken. Ich scrolle vor jedem Gespräch gern durch meinen Terminkalender, um meinem Gedächtnis auf die Sprünge zu helfen. Auch Tagebuch zu führen kann hilfreich sein.

Durch diese Frage begriff ich etwa, dass mit Aktivitäten vollgepackte Wochenenden für mich eine große Quelle der Frustration sind. Da ich mir nun darüber bewusst bin, geht es jetzt nur noch darum, mir an den Wochenenden nicht zu viel vorzunehmen. Und mein Erfolgskomplize hält mich auf Trab, indem er mich regelmäßig danach fragt.

WIE HÄLTST DU EIN GESUNDES GLEICHGEWICHT ZWISCHEN ARBEIT UND PRIVATLEBEN?

Diese Frage haben wir der Liste vor einiger Zeit hinzugefügt. Denn uns war aufgefallen, dass wir uns in der Hektik des Alltags verloren und uns nicht die Zeit nahmen, uns um uns selbst zu kümmern.

Wir hatten nicht ausreichend Schlaf, keine wirkliche Auszeit und zu viel Abendprogramm. Im Grunde wussten wir beide, dass sich daran etwas ändern musste. Dem anderen jede Woche diese Frage zu stellen, lässt uns einen Moment innehalten, über das Tempo nachdenken, das wir uns setzen, und überlegen, ob es gesund und tragfähig ist.

WIE KANNST DU EIN BESSERER PARTNER UND VATER SEIN?

Im Vergleich zum Anfang sind unsere Gespräche inzwischen viel persönlicher geworden. Unseren Frauen ein guter Partner zu sein, ist etwas, was uns beiden wichtig ist. Inzwischen kennen Derk und ich uns gut genug, um auch über diesen Bereich unseres Lebens miteinander zu sprechen. Seitdem wir diese Frage auf unsere wöchentliche Agenda gesetzt haben, denken wir aktiv über unsere Beziehungen nach. Und jetzt, wo wir beide Kinder haben, bedeutet diese Frage auch, dass wir uns wöchentlich über unsere Rolle als Väter Gedanken machen.

WAS WIRST DU NÄCHSTE WOCHE KONKRET UMSETZEN?

Diese Frage bildet den Kern unserer Gespräche (zusammen mit »Was hättest du besser machen können?«). Denn sie fasst zusammen, was wir bisher alles getan haben. Das könnte auch einfach jeder für sich aufschreiben, doch ich kenne mich: Ich kann von Glück sagen, wenn ich nur die Hälfte von all dem schaffe, was ich mir vornehme. Wir haben die Erfahrung gemacht, dass es sehr viel besser funktioniert, wenn wir geplante Schritte gemeinsam formulieren und als geteilte Notizen aufschreiben.

Denken Sie bei der Vorbereitung dieses Gesprächs bereits an die nächsten Schritte bezüglich Ihrer anderen Quartalsziele. Jetzt ist eine gute Zeit, um sie kurz gemeinsam durchzugehen und sie Ihrer Liste mit Aktionspunkten hinzuzufügen. Nehmen Sie sich nach dem Termin einen Moment Zeit, um diese Aktionen in Ihren Terminkalender und Ihre To-do-Liste einzuflechten. Wahrscheinlich wird sich das mit den Aufgaben überlappen, die Sie sich bereits in Ihrem Freitagsrückblick gestellt haben – umso besser. Durch die

Gespräche mit Ihrem Erfolgskomplizen werden Sie häufig neue Erkenntnisse gewinnen und dann vielleicht bestimmte Dinge ändern wollen. Nehmen Sie sich die Zeit, diese Änderungen vorzunehmen. Sollte Ihr Wochenplan jedoch perfekt gewesen sein, so wie er war, dann ist das auch gut zu wissen. Indem Sie all diese Aktionen direkt nach dem Gespräch in Ihr System einpflegen, stellen Sie sicher, schließlich auch zu ihnen zu kommen.

Zwischen unseren Terminen schicken Derk und ich uns gegenseitig Updates zu unseren Fortschritten. Ansonsten ist die Versuchung groß, die wesentlichen Tätigkeiten aufzuschieben, selbst wenn es nur einen Moment dauern würde, sie zu erledigen. Diese Nachrichten sind nicht als Kontrolle gedacht, sondern vielmehr als Ermutigung, den nächsten Schritt zu machen. So bleiben wir auf dem richtigen Weg. Und es fühlt sich toll an, Erfolge teilen zu können! *Wie* Sie sich gegenseitig ermutigen, bleibt natürlich Ihnen überlassen. Das Entscheidende ist, dass Sie sich darüber einig sind, was Sie vom anderen erwarten, was sich gut anfühlt und was funktioniert.

Strickfallen

Wie alles im Leben sind auch Ihre Rechenschaftsgespräche immer im Wandel. Es bedarf etwas Übung, bis sie richtig glattlaufen. Allerdings haben Sie einen Startvorteil, da Sie von den Fehlern lernen können, die wir gemacht haben.

1. IHRE FRAGEN SIND NICHT KRITISCH GENUG

Die erste Antwort, die Sie bekommen (oder geben) ist fast nie die ganze Antwort. Die Qualität Ihrer Gespräche hängt sehr von schlauen, konstruktiven Nachfragen ab. Sie müssen also kritisch bleiben. Das ist einerseits die Stärke dieser Gespräche, andererseits sitzen Sie dadurch natürlich auf einem heißen Stuhl.

Nach einer Weile werden Sie wissen, was Ihr Partner Sie fragen wird. Wenn er eine Antwort zu schnell als bare Münze nimmt, zögern Sie nicht, ihn darauf hinzuweisen. Das Gleiche gilt für Sie. Wenn Ihr Partner an der Reihe ist, von sich zu erzählen, geben

Sie ihm positives und konstruktives Feedback. Der Sinn besteht nicht darin, seine Aussagen zu hinterfragen, sondern lediglich etwas nachzubohren, um seine Antworten auszuleuchten und seine Motivation zu fördern.

2. SIE KOMMEN NICHT MEHR AUF VORGESEHENE TÄTIGKEITEN ZURÜCK

Es ist wichtig aufzuschreiben, was Sie vorhaben. Doch wenn Sie Ihren Fortschritt beim nächsten Termin nicht überprüfen, geraten Ihre Vorhaben nur zu leicht in Vergessenheit. Deswegen sollte Ihr Partner ruhig sagen können, wenn sich etwas nicht entwickelt (egal, aus welchem Grund): »Wie schade, dass du X nicht machen konntest.« Damit ist der Anfang getan, um darüber zu sprechen, ob und wie Sie diese Sache noch einmal in Angriff nehmen könnten.

Meine Wochengespräche mit Derk haben sich schon auf so viele Arten bezahlt gemacht: Ich konnte erfolgreich umziehen, auf der Arbeit neue Wege einschlagen und Beziehungen mit Freunden und Verwandten vertiefen – um nur ein paar Dinge zu nennen. Und ich bin nicht der Einzige, der erkannt hat, welch unglaubliche Wirkung es haben kann, mit einem Erfolgskomplizen darüber zu sprechen, was einem am wichtigsten ist. Mir wurden schon sehr viele enthusiastische Berichte zugetragen. Die einzige Frage, die sich zu Ende dieses Kapitels also noch stellt, ist folgende: Worauf warten Sie?

SPICKZETTEL FÜR TEIL 2

WAS LÄSST SIE MORGENS AUFSTEHEN?

- Notieren Sie Ihre Mission: Was ist Ihnen wichtig?
- Notieren Sie Ihre Leidenschaft: Was machen Sie wirklich gern?
- Notieren Sie Ihre Fähigkeiten: Worin sind Sie gut?
- Was wollen Sie erreichen, das zu Ihrer Mission, Ihrer Leidenschaft und Ihren Fähigkeiten passt?
- Welche konkreten Ziele könnten Ihnen dabei helfen?

ZIELSETZUNG

- Fragen Sie sich: Begeistert mich dieses Ziel?
- Wie werde ich wissen, dass ich es erreicht habe?

ZIELERREICHUNG

- Haben Sie auf jeden Fall einen klaren nächsten Schritt vor Augen. Er sollte außerdem so klein wie möglich sein.
- Setzen Sie sich eine realistische Deadline.
- Nehmen Sie nicht zu viele Ziele gleichzeitig in Angriff. Sie machen keine Fortschritte? Streichen Sie ein paar Ziele.
- Machen Sie sich Termine, an denen Sie Ihre Ziele evaluieren.
- Lässt Ihr Interesse nach, sollten Sie Ihre Ziele überdenken.

Der Tag Ihrer Jahresplanung

DER RÜCKBLICK

- Gehen Sie Ihren Terminkalender Woche für Woche durch und listen Sie Ihre Höhepunkte und Tiefpunkte auf.
- Sehen Sie sich Bilder und Social-Media-Posts aus dem vergangenen Jahr an und erweitern Sie Ihre Liste.

- Blättern Sie durch Ihr Tagebuch und setzen Sie die Höhe- und Tiefpunkte auf Ihre Liste.
- Haben Sie sich im vergangenen Jahr Ziele gesetzt? Schreiben Sie auf, ob Sie jedes Ziel erreicht haben.
- Blicken Sie zurück auf Ihr Jahr. Nutzen Sie dabei die Kategorien, die für Sie am sinnvollsten sind: Arbeit, Partner und Privatleben, Familie, Freunde, Gesundheit, Spiritualität, Fähigkeiten, Nebenprojekte, Spaß, Geben, Aufhören, Geld/Einkommen, Geld/Erspartes.
- Notieren Sie sich Ihre Gedanken zu jedem Quartal.
- Schreiben Sie ein paar allgemeine Sätze zum vergangenen Jahr.

DER BLICK NACH VORN

- Werfen Sie einen Blick in die Zukunft, nutzen Sie dabei die von Ihnen gewünschten Kategorien: Arbeit, Partner und Privatleben, Familie, Freunde, Gesundheit, Spiritualität, Fähigkeiten, Nebenprojekte, Spaß, Geben, Aufhören, Geld/Einkommen, Geld/Erspartes.
- Überlegen Sie sich nun Träume und Ideen für jede gewählte Kategorie.
- Formulieren Sie pro Kategorie zwei oder drei messbare Ziele für die nächsten drei Monate.
- Glauben Sie, Ihre Ziele erreichen zu können? Falls nein, kürzen Sie Ihre Liste, bis sie sich machbar anfühlt.
- Prüfen Sie, ob Sie das nächste Quartal damit verbringen, an dem zu arbeiten, was Ihnen am wichtigsten ist.
- Steht etwas Großes an, das Ihrem Plan im Wege stehen könnte (eine lange Reise, ein großes Projekt, ein weiteres Kind)?
- Treten Sie einen Schritt zurück und fragen Sie sich: Fordere ich mich genug heraus?
- Skizzieren Sie Ihre nächsten drei Quartale grob.

Die Arbeit mit Ihrem Erfolgskomplizen

EINEN ERFOLGSKOMPLIZEN FINDEN

- Es sollte jemand sein, dem Sie vertrauen.
- Es sollte jemand sein, der gut zuhören kann.
- Es sollte jemand sein, der Ihnen Energie gibt.
- Es sollte jemand sein, der keine Angst hat, Klartext mit Ihnen zu reden.

DAS ERSTE GESPRÄCH

- Wie sind unsere Gespräche aufgebaut?
- Welche Themen wollen wir besprechen? Ist irgendetwas tabu?
- Wie häufig wollen wir uns treffen?
- Was erwarten wir voneinander?
- Was erhoffen wir uns von diesen Terminen?
- Wie lange dauert unsere Probezeit?

DIE FRAGEN

- »An welchem Quartalsziel arbeitest du gerade?«
- »Wie sind dir die Aufgaben gelungen, die du dir für letzte Woche vorgenommen hattest?«
- »Was ist letzte Woche gut gelaufen und warum?«
- »Was hättest du besser machen können?«
- »Wie hältst du ein gesundes Gleichgewicht zwischen Arbeit und Privatleben?«
- »Wie kannst du ein besserer Partner und Vater sein?«
- »Was wirst du nächste Woche konkret umsetzen?«

TEIL 3

GRIP

UND IHR LEBEN

Mit den letzten Kapiteln haben Sie bereits in einen höheren Gang geschaltet, indem Sie gewöhnliche Tools neu eingesetzt haben. Sie haben aus Ihrem Terminkalender Ihren Fels in der Brandung gemacht. Sie haben sich ein Backup-Gehirn erstellt, um Ihren Kopf freizumachen, haben die Kontrolle über Ihren Posteingang übernommen, mit Ihrem Freitagsrückblick ein Sicherheitsnetz gespannt, sich einen Tag für Ihre Jahresplanung genommen, sich Ziele gesetzt, die Sie auch tatsächlich in Angriff nehmen werden, und erste Testläufe mit Ihrem Erfolgskomplizen unternommen. Gut gemacht! Und nun? Was kommt als Nächstes?

Mithilfe des dritten Teils will dieses Buches Ihnen dabei helfen, so richtig Fahrt aufzunehmen. Was nun folgt, ist anders als die bisherigen Kapitel. Damit Sie das nächste Level erreichen, werden wir nun ganz nah an *Sie* heranzoomen. Es geht nun um die Kunst, man selbst zu sein, nur besser. Wie kann man besser zuhören, strategischer denken, sich besseren Rat einholen und – zu guter Letzt – wie kann man groß denken und trotzdem klein anfangen? Kurz gesagt: Machen Sie sich bereit, eine Schippe draufzulegen!

8. SEIEN SIE SIE SELBST, NUR BESSER

So verändern Sie Ihr Verhalten und Ihr Selbstbild

Sie haben Ordnung in Ihre Arbeitswoche gebracht. Sie haben Ihre Arbeit, Ihre Ziele und Ihre Motivation im Griff. Nun ist die perfekte Zeit, um an sich selbst zu arbeiten. Was können Sie tun, um zu einer besseren Version Ihrer selbst zu werden? Um an Ihren Fähigkeiten zu feilen? Und wie können Sie es tun, ohne dabei auszubrennen?

Um diese Fragen zu beantworten, sollten wir damit beginnen, Ihr Selbstbild unter die Lupe zu nehmen. Wie sehen Sie sich selbst? Sind Sie eher schludrig? Oder detailverliebt? Ist es für Sie schwer oder einfach, sich Veränderungen anzupassen? Sind Sie eher der lockere oder der vorsichtige Typ, der sich erst in vertrauter Umgebung öffnet?

Vielleicht glauben Sie, dass es ebendiese Eigenschaften seien, die Sie ausmachen – dass das Schludrige oder die Abneigung gegen Veränderung einfach zu Ihnen gehöre. Vielleicht denken Sie: »Ich arbeite langsamer, da ich perfektionistisch bin.« Oder: »Ich bin chaotisch, deswegen bin ich so schlecht im Planen.« Wir sind alle verschieden, das zumindest stimmt. Doch wenn ich eines gelernt habe, dann dies: Wir haben mehr Kontrolle darüber, wie wir uns fühlen und verhalten, als wir glauben. Wir können sogar unsere grundlegendsten Charakterzüge in die Richtung steuern, in die wir wachsen wollen. Klingt kompliziert? Das ist es ganz und gar nicht. Sie müssen nur wissen, wo Sie ansetzen können.

SELBSTBILD, VERHALTEN UND REAKTION

Im Kapitel 3 zum Thema E-Mails habe ich kurz angerissen, wie eine Sucht entsteht. Bei einer Sucht gibt es immer einen Auslöser, eine Gewohnheit und eine Belohnung. Dieser Kreislauf verfestigt sowohl negative als auch positive Süchte. Fast genauso kann auch Ihr Verhalten geformt werden.

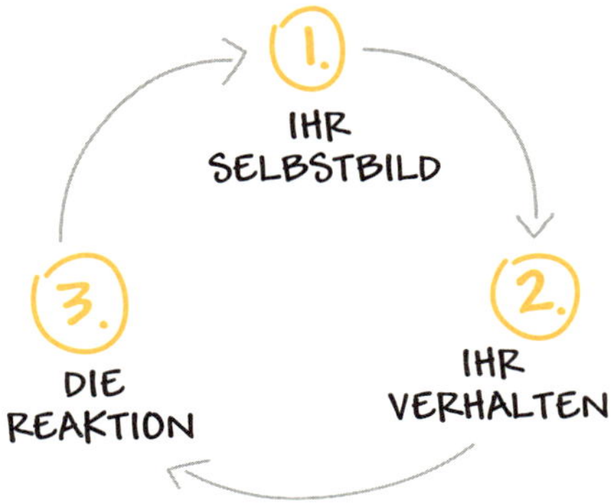

Unser Selbstbild ist die Geschichte, die wir uns über uns selbst erzählen. Es sind die Dinge, die wir uns selbst und anderen sagen, und diese Äußerungen dienen gleichzeitig als Auslöser für unsere Handlungen. Wenn Sie sich also jeden Tag sagen, Sie seien ungeschickt, dann werden Sie ständig Verhaltensweisen an sich sehen, die das bestätigen.

Umgebungen können ebenfalls bestimmte Verhaltensweisen verstärken. Hier ein Beispiel: Eines Tages fiel mir auf, dass ich in Meetings meine kreative Seite nicht zeigte und nur sehr wenig Ideen beitrug. Dann dämmerte es mir: Das hatte nichts mit den Ideen an sich zu tun, sondern vielmehr mit meinem Verhalten. Denn in diesen Meetings war ich oft von Menschen umgeben, die auf Zack waren und mit Ideen nur so um sich warfen. Derweil hörte ich aufmerksam zu, um zu verstehen, was sie meinten. Niemand bat mich um Input. Alle konzentrierten sich darauf, die eigenen Sichtweise kundzutun. Sie deuteten mein Schweigen so, dass ich nichts hinzuzufügen hatte. Und jedes Mal, wenn das passierte, traf mich das in meinem eigenen Sinn für Kreativität. Das hatte einen Einfluss auf mein Selbstbild, was wiederum mein Verhalten bestärkte, und so weiter und so fort.

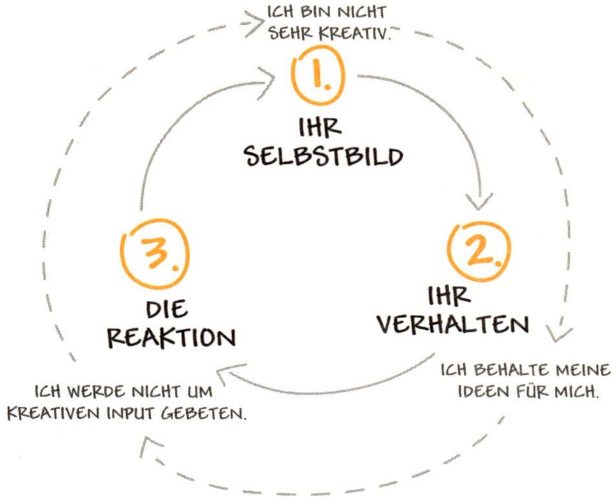

Ohne es zu wollen, hatte ich eine Einstellung entwickelt, die meinen Mangel an Kreativität immer wieder bestätigte. Mit der Zeit brannte sich dieser Teufelskreis in mein Gehirn ein. Und dann glaubte ich nicht nur, dass ich in Sachen Kreativität eine Null war, ich hörte mich sogar sagen: »Ich bin nicht kreativ.« Mit anderen Worten: Es war zu einem Teil meiner Persönlichkeit geworden. Es ist wichtig zu verstehen, dass dieser Kreislauf süchtig macht. Selbst wenn sich die Geschichte in unserem Kopf nicht ganz richtig anfühlt, verleitet uns die ständige Bestätigung dazu zu glauben, dass das stimmig ist. Unser Verhalten scheint im Einklang mit unserer Persönlichkeit zu sein. Und unser Gehirn liebt es, wenn die Dinge Sinn machen. Denken Sie zurück an Kapitel 1 – das ist das klassische »System-1-Denken«: Etwas zu denken, was man bereits glaubt, kostet weniger Energie als ein Muster zu verändern.

Doch es gibt auch gute Nachrichten: Sobald Sie erkannt haben, wie Ihr Gehirn Sie auf die falsche Fährte lockt, können Sie den Teufelskreis durchbrechen. Denn der gleiche Vorgang, der dieses Muster verfestigt, kann auch dazu verwendet werden, das Muster wieder aufzuheben.

WIE MAN SEIN VERHALTEN ANPASST

Nehmen wir an, ich will dieses Verhalten ändern. Ich nehme mir also vor, mir vorher Ideen zu überlegen, damit ich sie später mit den Kollegen teilen und zu ihnen stehen kann. Ich werde die Energie der Menschen, die mir zuhören, anzapfen. Ich werde erleben, wie schön es ist, anderen von meinen kreativen Ideen zu erzählen. Natürlich werde ich auch weiterhin kritischen Input erhalten, doch das beweist lediglich, dass meine Ideen ernst genommen werden. Nach und nach wird sich die Geschichte verändern, die ich mir über mich selbst erzähle: von »Ich bin nicht kreativ« zu »Mit etwas Zeit fallen mir ziemlich tolle Sachen ein«. Auch mein Verhalten wird sich an diese neue Geschichte über mich selbst anpassen.

Das klingt verrückt? Das ist es nicht, es ist mir genau so passiert.

Ein weiteres Beispiel wäre ein Freund, der sich in den letzten sechs Jahren sehr verändert hat. Hätte ich ihn zwischendurch nicht gesehen, würde ich ihn auf der Straße nicht wiedererkennen. Vor sechs Jahren war er Kettenraucher und das Gegenteil eines Athleten. Dann beschloss er, die Geschichte in seinem Kopf zu ändern, und zwar von »Ich bin nicht sportlich« zu »Ich bin ein Läufer«. Ein ganz schöner Wandel. Und eine Geschichte, die tief wurzelt, schreibt sich nicht von allein um. Das kostet Kraft. Mein Freund begann zu trainieren – zunächst nur behutsam, dann immer ernsthafter. Aktuell ist er in Topform, pflegt gesunde Gewohnheiten und kann auf mehrere Marathons und sogar Triathlons zurückblicken. Die positive Energie, die ihm sein Verhaltenswandel verlieh, änderte nicht nur seine Geschichte. Sie wird auch von den Menschen gestärkt, die ihn umgeben. Spreche ich ihn auf seine Fitness an, sagt er nicht einfach nur: »Ja, ich laufe viel«, er verkündet: »Ich bin ein Läufer.« Er ist der lebende Beweis dafür, dass wir eine Eigenschaft, mit der wir vielleicht fremdeln, in ein neues Verhalten und dann in einen wesentlichen Bestandteil unseres Selbstbilds verwandeln können.

Wenn Sie also Ihre Geschichte umschreiben wollen, sollten Sie ignorieren, was Sie schon immer über sich gesagt haben und Ihr Verhalten in kleinen Schritten ändern. Und das geht so:

IHRE GESCHICHTE ÜBER SICH SELBST	WAS KÖNNEN SIE TUN?
ICH BIN UNSTRUKTURIERT	Überlegen Sie sich einen Bereich, in dem Sie etwas organisierter sein könnten. Es gibt keinen schnelleren Weg, eine neue Gewohnheit zu verinnerlichen, als sie regelmäßig einzuüben. Das könnte etwas so Einfaches sein wie ein Schlüsselbrett aufzuhängen und sich anzugewöhnen, direkt nach dem Betreten der Wohnung die Schlüssel aufzuhängen. Jetzt sind Sie nicht länger »nicht organisiert«.
ICH HABE KEINE KREATIVEN IDEEN	Kaufen Sie sich ein Notizbuch und tragen Sie es immer bei sich. So können Sie jede Idee aufschreiben, die Ihnen in den Kopf kommt – selbst Unsinn.
	Nehmen Sie sich täglich fünf Minuten Zeit für ein Brainstorming zu irgendeinem Thema. Notieren Sie sich alles, was Ihnen einfällt.
ICH KANN NICHT SCHREIBEN	Fangen Sie an, Tagebuch zu führen. Niemand außer Ihnen wird es sehen oder lesen. Schreiben Sie jeden Tag einen Absatz.
	Beginnen Sie einen Blog und schreiben Sie hin und wieder etwas. Nutzen Sie ein Pseudonym, wenn Sie möchten.
	Nehmen Sie sich ein wenig Zeit, um an Ihren E-Mails zu feilen.
ICH BIN UNORDENTLICH	Nehmen Sie eine routinemäßige Tätigkeit und verpassen Sie ihr eine kleine neue Gewohnheit, die Sie dazu zwingt, von nun an ordentlicher zu sein. Ich weiß, dass ich meine Klamotten, wenn ich sie am Abend neben das Bett fallen lasse, nicht aufheben werde. Also habe ich mein Chaos in den Gang verlegt, was mich dazu zwingt, meine Kleidung morgens sofort aufzuheben und in den Wäschekorb zu tun, da sie mir buchstäblich im Weg ist.
ICH BIN ZU NACHGIEBIG	Sagen Sie nicht automatisch Ja. Bitten Sie die andere Person, ihre Anfrage noch einmal zu erläutern, damit Sie mehr Zeit haben, darüber nachzudenken.
	Bitten Sie um etwas Bedenkzeit, damit Sie die Pros und Contras der Anfrage abwägen können. Es ist schließlich vernünftig, große Entscheidungen nicht Hals über Kopf treffen zu wollen.

Ich will damit nicht sagen, dass man alles geraderücken kann. Wir können unsere Zukunft nicht einfach neu konstruieren, indem wir unsere Handlungen optimieren. Doch ich hoffe, dass diese Beispiele zeigen, dass es in Ihrer Macht liegt, mehr zu verändern, als Sie vielleicht gedacht haben. Und das ist doch einen Versuch wert, oder?

Natürlich sind manche Verhaltensmuster festgefahren und wurzeln sehr tief in unserer Vergangenheit. Falls Sie in einem Teufelskreis stecken, aus dem Sie allein nicht herausfinden, sprechen Sie am besten mit jemandem vom Fach. Ich denke, dass wir alle viel von Gesprächen mit Psychologen profitieren können. Als ich auf der Suche nach Werkzeugen und Techniken war, um ein besserer Teamplayer zu werden, buchte ich ein paar Therapiesitzungen. So herausfordernd unsere Sitzungen auch waren, sie gaben mir auch einen faszinierenden Einblick in meinen eigenen Kopf. Ich kann nur jedem empfehlen, es einmal auszuprobieren.

Die Zutaten einer erfolgreichen Verhaltensänderung:

- Verändern Sie Ihr Verhalten in kleinstmöglichen Schritten, damit es nahezu unmöglich ist, der Veränderung zu widerstehen.
- Konzentrieren Sie sich jeweils nur auf ein Element, anstatt eine Reihe von Verhaltensweisen gleichzeitig zu verändern. Veränderung bedarf einer Menge Energie. Es wird also Ihre Erfolgschancen steigern, wenn Sie klein anfangen.
- Möchte man sein Verhalten ändern, sollte man wissen, wann und wo es auftritt. Gibt es ein bestimmtes Muster? Wenn ja, dann wissen Sie, wann Sie auf der Hut sein müssen.
- Können Sie die neue Verhaltensweise an eine bestimmte Zeit oder Aktivität koppeln? Verbindet man zwei Handlungen lange genug miteinander, entsteht eine Gewohnheit. Wenn Sie zum Beispiel »Zahnseide benutzen« zu Ihrem abendlichen Zähneputzen hinzufügen, wird Ihr Gehirn diese beiden Aktivitäten automatisch miteinander verbinden. Alles, was es braucht, ist Wiederholung.
- Identifizieren Sie die größten Stolpersteine auf dem Weg zu Ihrem neuen Verhalten. Räumen Sie jeden Stolperstein vorzeitig aus dem Weg, indem Sie die »Wenn-dann«-Regel anwenden.

Also: »*Wenn* es regnet, *dann* werde ich meine Regenjacke anziehen und trotzdem laufen gehen.« Das hält Sie davon ab, bei jedem Hindernis zu Ausreden zu greifen.

- Erzählen Sie Ihrem Umfeld von Ihrem neuen Verhalten oder machen Sie es zum Komplizen in Ihren Plänen. Zum Beispiel, indem Sie Freunden erzählen, dass Sie Ihre Schlüssel nicht verlieren, seitdem Sie sie an einen bestimmten Ort legen, oder indem Sie verkünden, dass Sie sich von nun an alles notieren, was in Meetings vereinbart wurde, um nichts mehr zu vergessen. Das verändert sowohl die Geschichte in Ihrem Kopf als auch in den Köpfen der Menschen um Sie herum. Mit etwas Glück werden Sie vielleicht sogar angefeuert.

Die Seinfeld-Methode

Stand-up-Comedian Jerry Seinfeld entwickelte eine eigene Strategie, um sein Verhalten besser im Griff zu haben.

Dafür hängte er sich einen großen Kalender an die Wand und nahm sich vor, nur die Tage, an denen ihm neuer Comedy-Stoff einfiel, mit einem X zu markieren. Ein kleiner Witz war schon ausreichend. Mit dieser Folge täglicher Xe nicht zu brechen, wurde zu seinem Motto. Seinfelds Methode ist ein äußerst effektiver Weg, um eine Verhaltensänderung zu verinnerlichen.

GESUNDE SELBSTENTWICKLUNG

Keiner von uns ist jemals fertig in seiner persönlichen Entwicklung. Doch wie schafft man es, angesichts dieses ständigen Optimierungsdrucks nicht den Verstand zu verlieren? In der Einführung zu diesem Buch habe ich erwähnt, ich sei allergisch gegen Menschen, die einen dazu auffordern, es entspannt anzugehen und weniger hart zu arbeiten. Das ist nichts, was Sie jemals von mir hören werden. Trotzdem glaube ich, dass persönliche Weiterentwicklung gesund sein und die Grenzen des Menschen respektieren sollte. In den letzten Jahren habe ich intelligente Ansätze entdeckt, die das tun und gleichzeitig Tatendrang und Ehrgeiz nähren.

Jeder von uns wird von drei Kräften angetrieben: unserer Energie, äußeren Erwartungen und eigenen Erwartungen. Die Frage ist nur, an welchem Punkt man seine Grenzen überschreitet. Um das zu beantworten, werfen wir nun einen genaueren Blick auf dieses Drei-Kräfte-Modell.

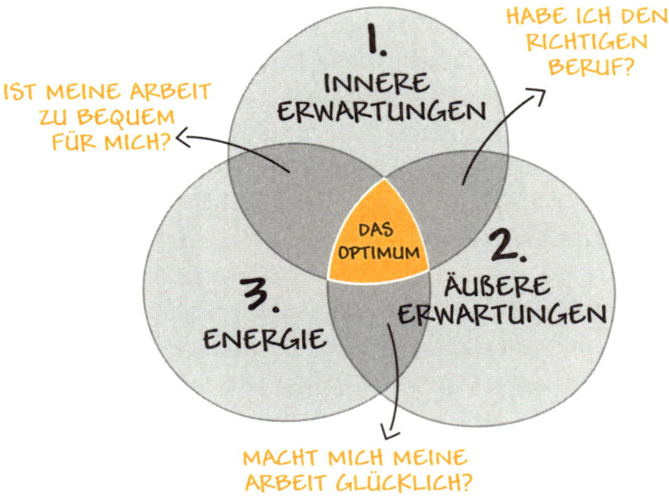

Kraft 1: Die inneren Erwartungen

Ihre eigenen Erwartungen sind innere Stimmen, die Sie ständig dazu anspornen, nach den Entwicklungsmöglichkeiten zu greifen, die sich Ihnen bieten. Sich nach diesem inneren Kompass zu richten, ist in Ordnung, solange 1) er mit den äußeren Erwartungen an Sie kompatibel ist (siehe Grafik) *und* (2) Ihre eigenen Entwicklungs- und Optimierungsbemühungen Sie nicht nur Energie kosten, sondern Ihnen auch Energie geben.

Finden Sie sich jedoch ausschließlich im »Kreis der inneren Erwartungen« wieder, ohne auch nur eine Überlappung, dann deutet das darauf hin, dass Ihre Erwartungen an sich zu hoch sind. Diese Erwartungen kommen nicht von außen (Kreis 2) und verleihen Ihnen keine Energie (Kreis 3). Das bringt Sie in die Gefahrenzone. Sie stellen unrealistisch hohe Anforderungen an sich selbst, was Ihnen Energie entzieht.

Es gibt etwas, was mir hilft, ein solches Verhalten zu erkennen. Man nennt es »außerkörperliche Erfahrung«. Dabei stellt man sich vor, dass man aus sich heraustritt und von außen auf das arbeitende oder sich entspannende Selbst blickt. Sehen Sie sich, wie Sie an Ihrem Schreibtisch sitzen, in einem Stuhl oder auf dem Sofa? Was denken Sie über diese Person? Sind Ihre Erwartungen bezüglich ihres persönlichen Wachstums gesund und realistisch? Was würden Sie zu ihr sagen? Vor ein paar Jahren gab es eine Zeit, in der ich täglich Videos produziert und auf YouTube hochgeladen habe. Die außerkörperliche Erfahrung ließ mich erkennen, dass niemand von mir verlangte, jeden einzelnen Tag Videos aufzunehmen und sie zu schneiden. Die einzige Person mit dieser absurden Erwartung war *ich*.

Eine außerkörperliche Erfahrung – selbst eine imaginierte – eröffnet fast immer neue Perspektiven. Und vielleicht führt Sie das dann zu der Erkenntnis, dass es Zeit ist, die Ziele bezüglich Ihres persönlichen Wachstums und Ihrer Selbstoptimierung noch einmal zu überdenken.

Kraft 2: Äußere Erwartungen

Es gibt keinen Grund, stupide dem zu entsprechen, was die Außenwelt von einem erwartet – oder von dem man glaubt, dass sie das von einem erwartet. Das Gleiche gilt für die Meinungen von Fremden, wer man ist oder was man tut. Am besten ignoriert man sie. Doch jenseits dieser Gruppe gibt es äußere Erwartungen, die man nicht ignorieren kann. Wie die Ihrer Chefin, Ihrer Kollegen, der Freunde und Familie.

Sind die Erwartungen der anderen an einen selbst höher als die eigenen, fühlt man sich leicht entmutigt. Dieses Missverhältnis ist ein Garant für Stress. Und das ist nicht die Art von Stress, die das Beste aus Ihnen herausholt, sondern die gefährliche Art, die Sie ausbrennen lässt.

Ziehen Sie äußere Erwartungen an Ihren Job herunter? Verlangt Ihnen Ihre Arbeit mehr ab, als sie Ihnen gibt? Jede Situation, in der der Druck von außen zu schwer auf Ihnen lastet, verdient Ihre volle Aufmerksamkeit. Zunächst sollten Sie dieses Gefühl, dass Erwartungen an Sie gerichtet werden, mit großer Vorsicht genießen. In neun von zehn Fällen stimmen die gefühlten Erwartungen nicht mit den *tatsächlichen* Erwartungen überein. Hier laufen die Dinge oft schief, besonders wenn diese Erwartungen niemals klar artikuliert wurden. In diesem Fall empfehle ich Ihnen, mit Ihrem Vorgesetzten zu sprechen. Doch stellen Sie vorher erst einmal für sich klar, was Sie glauben, was das für Erwartungen sind. Werden Sie konkret. Wann fühlen Sie am meisten Druck? Wird an einem Sonntag wirklich von Ihnen erwartet, innerhalb von fünf Minuten auf die E-Mail des Chefs zu antworten? Erwarten Ihre Kolleginnen wirklich, dass Sie auf jede komplexe Frage sofort eine Antwort wissen?

Sind die äußeren Erwartungen tatsächlich unrealistisch und ist einfach alles zu viel, dann ist es an der Zeit, sich zu fragen, ob man nicht einen Gang herunterschalten kann. Schließlich will niemand, dass Sie monatelang durch ein schweres Burnout außer Gefecht gesetzt sind. Eine realistische Anzahl an Pflichten, bei denen sich die Dinge, in denen Sie gut sind, mit der richtigen Lernkurve ausgleichen, schöpft Ihr Potenzial am besten aus. Wenn auch das nicht hilft, könnte das Problem bei Ihrem Arbeitgeber liegen.

Kraft 3: Ihre Energie

Wie energiegeladen fühlen Sie sich gerade? Das ist ein toller Maßstab, um herauszufinden, ob Sie das Richtige tun. Oder zu viel oder zu wenig. Die richtige Balance zwischen einfach und herausfordernd wird Sie zu großem persönlichem Wachstum führen und auf diesem Kurs halten.

Sie sind voller Energie? Oder absolut am Ende? Beide Extreme können das Resultat eines Missverhältnisses zwischen dem sein, was von Ihnen erwartet wird – von anderen oder Ihnen selbst –, und dem, was Sie leisten können.

Vor einiger Zeit habe ich angefangen, regelmäßig mein Energielevel zu überprüfen. Jede Woche vergebe ich dafür Punkte von 1 bis 10 und schreibe kurz auf, wie ich mich fühle. Das hat mir auch geholfen, die beste Zeit für eine Rekapitulation der Woche zu bestimmen – und so ist mein Freitagsrückblick entstanden. Ich merkte auch recht schnell, dass Tage, die mit Meetings vollgestopft sind, echte Energiefresser sind. Es ist besser für mich, Meetings gleichmäßig über die Woche zu verteilen. Das waren zwei klare Signale, die mir dabei halfen, meine Woche zu optimieren. Wenn Sie das nicht ständig protokollieren wollen, können Sie eine Zeitspanne auch rückblickend bewerten. Erstellen Sie eine Grafik für die letzten Wochen und versuchen Sie, Ihr Energielevel darin zu verzeichnen. Es kann auch helfen, das Gegenteil, also Ihr Stresslevel, grafisch darzustellen.

Das Optimum

Wenn Ihre eigenen Erwartungen mit dem, was andere von Ihnen erwarten (Ihre Chefin, Freunde, Familie, Partner), *und* Ihrem Energielevel übereinstimmen, können Sie Berge versetzen. In diesen Momenten könnten Sie es mit der ganzen Welt aufnehmen. Doch diese Form der Balance hält selten lange an. Denn die Dinge sind immer im Wandel. Hat man eine Situation im Griff, kann das zu Langeweile und zu viel überschüssiger Energie führen. Sie müssen sich also ständig anpassen. Bereit für mehr persönliche Entwicklung? Dann setzen Sie sich herausfordernde Ziele (innere Erwartungen). Oder übernehmen Sie ein neues Projekt, mit dem wiederum neue äußere Erwartungen einhergehen.

Wenn Sie sich immer genötigt fühlen, in dem, was Sie tun, besser zu werden, kann es sinnvoll sein, sich die Dynamik zwischen diesen drei Kräften näher anzusehen – Ihren eigenen Erwartungen, äußeren Erwartungen und Ihrem Energielevel. Wissen Sie erst einmal, ob der Druck von innen oder von außen kommt, können Sie innehalten und Ihre Erwartungen anpassen oder sich offen mit den externen Stressfaktoren auseinandersetzen.

Vielleicht kennen Sie dieses Sprichwort: »Willst du schnell gehen, geh allein. Willst du weit gehen, geh mit anderen.« Obwohl wir allein sicherlich Fortschritte erzielen, erreichen wir mehr, wenn wir mit anderen Menschen arbeiten. Daher werden wir uns im nächsten Kapitel von unserem Selbst abwenden und uns ansehen, wie wir besser dem lauschen können, was andere zu sagen haben.

9. WARUM ES SICH AUSZAHLT, WENIGER ZU REDEN

Wer schlau ist, hört gut zu und fragt um Rat

Hatten Sie schon einmal das Gefühl, nach einem Gespräch die Dinge plötzlich anders zu sehen? Auf einmal ergab alles einen Sinn und es vollzog sich bei Ihnen ein kompletter Perspektivenwechsel? Diese Aha-Momente können sich magisch anfühlen. Das möchten Sie gern öfter erleben? Dann hören Sie mehr und besser zu.

Wir sprechen nicht häufig über das Zuhören, und das ist seltsam. Denn egal, wie viel man weiß: Es gibt immer noch unendlich viel, was man nicht weiß. Und durch Zuhören können wir diese Lücke füllen.

BESSER ZUHÖREN

Wenn Sie lernen wollen, gut zuzuhören, besteht der erste Schritt darin, den Mund zu halten. Doch das ist zum Glück noch nicht alles. Zum effektiven Zuhören gehört Folgendes:

ZUHÖREN
=
BESTANDSAUFNAHME
+
NACH DETAILS FRAGEN
+
NACHHAKEN
+
NOTIZEN MACHEN
+
AUSPROBIEREN
+
DANKE SAGEN

Die Bestandsaufnahme

Wir neigen dazu zu glauben, unsere eigene Situation sei einzigartig. Wir denken also nicht einmal daran, nach Menschen zu suchen, denen es so geht wie uns, ganz zu schweigen von Experten für das jeweilige Problem. Doch was ist, wenn man diese Annahme umkehrt? Nur wenige Probleme auf der Welt sind neu. Es gibt fast immer jemanden, an den man sich wenden kann, der etwas Ähnliches durchgemacht hat – wenn nicht im direkten Umfeld, dann im erweiterten Freundes- und Bekanntenkreis.

Stets die Meinung eines Externen einzuholen – das machten die Gründer von Blendle, Marten Blankesteijn und Alexander Klöpping, zur Unternehmensdevise. Das ist ein wirkungsvoller Mechanismus, den ich mir schon bald zu eigen machte, denn so kann man günstig und einfach mehr und schnell lernen. Wann immer eine neue Idee oder ein Problem aufkam, fragten wir: »Hast du schon mit jemand anderem darüber gesprochen?« Nicht, um herauszufinden, ob wir mehr Input brauchten, sondern um es zur Gewohnheit werden zu lassen. Denn wir wussten, was für einen Unterschied das machen konnte.

Doch eins nach dem anderen. Bevor Sie irgendwen irgendetwas fragen, sollten Sie zuerst eine Bestandsaufnahme machen. Was wollen Sie genau wissen? Um was geht es bei Ihrem Problem? Auf welche Hindernisse werden Sie stoßen? Suchen Sie nach einer Lösung? Oder möchten Sie die Geschichte hören, die hinter dem Erfolg von jemand anderem steckt?

Bei Blendle war es uns sehr wichtig, dass jedem Mitarbeiter drei Tage pro Quartal zur Verfügung standen, um ungestört an eigenen Projekten und Ideen zu arbeiten. Bevor wir das einführten, beriet ich mich mit jemandem von einem ähnlichen Unternehmen, wo etwas Vergleichbares ausprobiert wurde. Da ich wusste, was ich wissen wollte, konnte ich ihn darüber ausfragen, wie und warum sie diese bestimmte Vorgehensweise gewählt hatten.

Allerdings kann man nicht immer so gezielte Fragen stellen. Nach mehreren großen Änderungen an Blendles Produkt bestand die nächste Herausforderung darin, das Onlinemarketing anzukurbeln. Doch ich hatte keine Ahnung, wo man da am besten anfing. Also formulierte ich meine Leitfrage so breit wie möglich: »Wie funktioniert Onlinemarketing?«

Fragen Sie nach Details

Sie wünschen sich ein informatives Gespräch? Dann beginnen Sie damit, gute Fragen zu stellen. Bessere Fragen führen zu besseren Antworten und zu mehr nützlichen Erkenntnissen. Und das gilt nicht nur für die Arbeit, sondern auch für das Privatleben.

Wenn ich Informationen sammle, um eine Entscheidung treffen oder ein Problem angehen zu können, hilft es mir, meine Fragen auf drei bestimmte Aspekte auszurichten: Bedeutung, Situation und Gefühl. Nach Details zu fragen, führt meist zu konkreteren Aussagen, die Sie dann mit nach Hause nehmen können.

Bedeutung. Welcher Grundgedanke stand hinter den getroffenen Entscheidungen? Versuchen Sie herauszufinden, welche Schritte zu diesen Entscheidungen führten und was sie erreichen sollten.

Situation. Nichts passiert einfach so. Der Kontext kann eine entscheidende Rolle spielen. Mit diesem Wissen sollten Sie versuchen, aus Ihrem Gesprächspartner die Umstände, die zu seiner Entscheidung führten, herauszukitzeln. Welche Faktoren beeinflussten diese Entscheidungen? Welche Faktoren beeinflussten die Ergebnisse? Können Sie mit bestimmten Faktoren nichts anfangen? Stellen Sie weitere Fragen, um mehr herauszufinden.

Gefühl. Sehen Sie sich nun an, welche Folgen die Entscheidungen dieser Person hatten. Wie empfand sie die neue Situation? Wie geht sie mit diesen Folgen um? Sind ihre Gefühle dazu neu? Oder haben sie sich mit der Zeit geändert?

Diese drei Aspekte können Ihnen dabei helfen, Ihre Gespräche zu strukturieren. Ich schreibe mir außerdem gern vorher auf, was ich wissen will – besonders wenn meine Leitfrage so breit formuliert ist wie bei meinem Onlinemarketing-Beispiel. Noch besser ist eine detaillierte Liste mit Ihren Fragen. So bleiben Sie thematisch bei der Sache und lauschen den Antworten Ihres Gesprächspartners, anstatt sich die nächste Frage zu überlegen.

Um das Gespräch in Gang zu bringen, könnten Sie zum Beispiel Folgendes fragen: »Wir planen, X zu tun, und soweit ich weiß, haben Sie damit bereits Erfahrungen gesammelt. Könnten Sie mir erzählen, was Ihre Strategie war, und warum?« Oder: »Ich überlege, das Softwarepaket Y zu kaufen, von dem ich weiß, dass Sie ein großer Fan sind. Können Sie mir sagen, was Sie daran schätzen?«

Als ich mehr über Onlinemarketing erfahren wollte, lautete meine Frage: »Ich interessiere mich für Ihre erfolgreichsten Onlinemarketing-Kanäle. Was hat für Sie am besten funktioniert und was gar nicht?«

Und vergessen nicht, sich Notizen zu machen. So bleiben Sie aufmerksamer und zeigen, dass Sie echtes Interesse haben.

Haken Sie nach

Hat man den »Frageteil« hinter sich gebracht, ist es ein üblicher Reflex, über die eigenen Pläne zu sprechen. Manchmal tun wir das für weiteren Input des Experten, doch oft wollen wir einfach nur zeigen, was wir bereits alles wissen. Mein Rat? Verschwenden Sie nicht Ihre Zeit. Stellen Sie stattdessen weiterführende Fragen, um das Gesagte in seiner Gänze aufzunehmen.

Wenn man sich von jemandem inspirieren oder beraten lassen will, sollte man genau verstehen wollen, was derjenige meint. Denken Sie immer daran: Die erste Antwort erzählt nicht die ganze Geschichte. Es steckt immer mehr dahinter. Ob Sie am Ende die ganze Geschichte zu hören bekommen, hängt von der Qualität Ihrer Nachfragen ab. Hier ein paar Vorschläge:

- »Könnten Sie darauf noch etwas näher eingehen?«
- »Bevor wir weitermachen, könnten wir noch einmal auf diesen letzten Punkt zurückkommen? Wie lief das genau ab?« Oder: »Wie kam es zu dieser Entscheidung?«
- »Wie bewerten Sie das rückblickend?«
- »Was würden Sie heute anders machen, wenn Sie könnten?«

Machen Sie sich Notizen

Sie werden bereits beim Gespräch selbst damit beginnen, das, was Sie hören, zu verarbeiten. Machen Sie sich also Notizen. Ich merke mir immer mehr, wenn ich mir Notizen mache, selbst wenn ich sie mir nie wieder ansehe. Das Gespräch stichpunktartig festzuhalten, bedeutet für mich auch, dass ich präsenter, aufmerksamer und weniger leicht abgelenkt bin, vor allem bei Video-Anrufen. (Wenn Sie sich während eines Meetings keine Notizen machen können oder wollen, sollten Sie das auf jeden Fall direkt danach tun.) Interessante Menschen erzählen immer von interessanten Dingen, denen es nachzugehen gilt: Tipps, mit wem man noch sprechen könnte, lesenswerte Bücher oder Blogeinträge. Durchforsten Sie also Ihre Notizen nach diesen Schätzen und verwandeln Sie sie in neue To-dos oder Kalendereinträge.

Gute Leute zu finden, die ihr Wissen mit einem teilen, ist der erste Schritt. Doch mit all diesen Informationen auch tatsächlich etwas zu *tun*, ist eine Herausforderung für sich. Ich habe für mich herausgefunden, dass es mir viel Tatkraft verleiht, wenn ich direkt nach einem Gespräch meine Notizen durcharbeite. Mehr Tipps und Notiztechniken finden Sie am Ende dieses Buches (im Bonuskapitel »Bessere Notizen machen«).

Probieren Sie es aus

Es ist ein entscheidender Teil des guten Zuhörens, die Tipps und Ratschläge, die Sie bekommen, auch anzuwenden. Ob das nun bedeutet, ein neues Tool auszuprobieren oder ein empfohlenes Buch zu lesen – jeder Tipp, den ein cleverer Mensch Ihnen gibt, ist es wert, ernst genommen zu werden. Ihre innere Standardeinstellung sollte lauten: »Super, das schau ich mir an.« Mein Mentor (mehr zu ihm später) gibt mir häufig Tipps, die anfangs nach langer, beschwerlicher Arbeit klingen, doch rückblickend stellt sich immer heraus, dass es das wert war.

Bedanken Sie sich

Der letzte Schritt des Zuhörens löst Ihr Problem nicht als solches, doch es wird Ihnen auf Dauer hilfreich sein. Es ist unglaublich, wie viele Menschen nach Rat fragen und sich dann nicht die Mühe machen, sich für den Gefallen zu bedanken (abgesehen von einer Kontaktanfrage auf LinkedIn). Damit meine ich eine einfache, anerkennende Rückmeldung wie: »Danke, dass Sie sich die Zeit genommen haben, mit mir zu sprechen! Sie haben mir großartige Tipps zu X gegeben, und ich habe gerade das Buch bestellt, das Sie erwähnt haben.« Gehen Sie niemals davon aus, dass die andere Person so etwas nicht hören will. Jemandem zu danken, der sich die Zeit nahm, Sie zu beraten, macht deutlich, dass Sie ihn wertschätzen und für seine Ideen und Vorschläge Verwendung finden. Gleichzeitig ist es ein Türöffner für weitere Gespräche. Wenn Sie zeigen, dass Sie das Beste aus dem Input Ihres Gesprächspartners machen, erhöht das auch die Chance, dass man Ihnen wieder aushelfen möchte.

WEM SOLLTEN SIE ZUHÖREN?

Wahrscheinlich gibt es in Ihrem Leben – wie auch in meinem – ein paar Menschen, an die Sie sich wenden können, wenn Sie nicht weiterkommen. Doch haben Sie schon einmal darüber nachgedacht, jemand Neuen anzuhören? Das kann äußerst nützlich sein, besonders wenn Sie es sich zur Aufgabe machen, gut zuzuhören. Doch wem sollten Sie zuhören? Bei der Frage, wer die geeignetste Person für ein bestimmtes Thema ist, kommt es auf zwei Faktoren an: wie viel jemand zum Thema weiß und wie viel über Sie und Ihre Situation.

Themenbezogenes Wissen

Wer kennt sich wirklich gut mit dem aus, womit Sie sich gerade herumschlagen? Nehmen wir einmal an, Sie wollen ein Haus kaufen. Sie lauschen zwar aufmerksam den Tipps von Eigenheimbesitzern, doch Sie lernen sehr viel mehr, wenn Sie diesen Freund befragen würden, der in der Immobilienbranche arbeitet, oder diesen Bekannten, der bereits mehrere Häuser gekauft hat. Wollen Sie sich soliden Rat einholen? Dann fangen Sie bei den Menschen an, die auf das Thema spezialisiert sind, zu dem Sie Fragen haben. Allerdings gibt es bei sachkundigen Personen womöglich folgenden Nachteil: Es kann sein, dass sie in ihrem Problemlösungsmodus feststecken.

Daher ist es auch eine gute Idee, sie zu fragen, *warum* sie eine bestimmte Lösung bevorzugen und welche anderen Optionen sie *nicht* empfehlen. Holen Sie sich, wenn möglich, eine zweite Meinung von einem anderen Experten ein. Vielleicht liefert Ihnen das überraschend neue Sichtweisen.

Know-how zu Ihnen und Ihrer Situation

Jemand, der weiß, was Sie wollen, und auch Ihre Stärken und Schwächen kennt, kann eine große Hilfe sein. Er versteht Sie und Ihre Situation. Das kann ein Freund, ein Familienmitglied, Ihr Partner oder ein Kollege sein. Aber auch hier gibt es einen Nachteil: Eventuell sind diese Menschen aus Angst, Sie zu verletzen oder Ihrer Beziehung zu schaden, nicht ganz ehrlich zu Ihnen. Das sollten Sie immer bedenken.

Die Beratermatrix

Speist man diese beiden Faktoren – Wissen zum Thema und Wissen zu Ihnen und Ihrer Situation – in eine Matrix ein, erhält man vier verschiedene Typen von Beratern. Sehen wir uns einmal an, wie sie uns helfen können.

QUADRANT 1: ENTFERNTE BEKANNTSCHAFTEN

Fangen wir mit der unattraktivsten Beraterkategorie an: den entfernten Bekannten. Das sind Menschen, die nicht viel über Sie oder Ihre Situation wissen und auch keine Experten sind, was es unwahrscheinlich macht, dass sie Ihre Frage fundiert beantworten können. Womöglich sind sie schlau und gebildet, doch ihnen fehlt es an Erfahrung in dem Bereich, zu dem Sie beraten werden wollen. Jede In-

formation, die Sie von einem entfernten Bekannten erhalten, muss zunächst verifiziert werden. Nichtsdestotrotz kann dieser Beratertyp nützlich sein. Denn genau die Tatsache, dass sie keine Experten sind, lässt sie oft ganz anders auf ein Thema blicken, was zu kreativen neuen Erkenntnissen führen kann. Sehen Sie sich auch an, wie und warum Ihr Berater zu seinem Rat kam. Vielleicht lernen Sie etwas von seiner Denkweise. Außerdem besteht immer die Möglichkeit, dass er Sie mit jemandem in Verbindung setzen kann, der ein Experte *ist*.

QUADRANT 2: FAMILIE UND FREUNDE

Enge Freunde und nahe Verwandte kennen Sie gut. Sie können sich in Ihre Lage versetzen. Die Tatsache, dass sie Sie und Ihre Situation kennen, macht sie zu den perfekten Sparringspartnern: Sie erläutern Ihr Problem und bekommen von ihnen eine Antwort. Doch es gibt auch einen guten Grund, vorsichtig zu sein. Freunde sind womöglich nicht bereit, wirklich kritisch zu sein. Freunde, die keine Experten sind, werden Ihnen auch keine praxiserprobten Lösungen vorschlagen können – was sie womöglich trotzdem nicht davon abhält, Ihnen ihre eigene Sicht aufzudrängen. Trotz dieser Nachteile können Freunde Ihnen immer noch bei der Suche nach Antworten helfen.

- Freunde können ihr Wissen über *Sie* mit einbeziehen. Welche Lösung passt deren Meinung nach am besten zu Ihnen? Vor ein paar Jahren habe ich überlegt, irgendwo im Ausland einen langen Wandertrip zu unternehmen. Um mir die Entscheidung leichter zu machen, habe ich ein paar Freunde gefragt, ob sie glaubten, dass ich Spaß daran hätte. Ihre Ermutigungen haben meine Zweifel zerstreut, und ich hatte eine fantastische Zeit, als ich schließlich durch Österreich gewandert bin. Ich musste mich zwar noch von erfahrenen Wanderern zur richtigen Ausrüstung beraten lassen, doch es waren meine Freunde, die mich davon überzeugten, dass ich es lieben würde, in den Bergen zu wandern.
- Da sie Sie gut kennen, können Freunde Ihnen dabei helfen, ein Problem zu analysieren. Anstatt sich also für Lösungen an Freunde zu wenden, schauen Sie doch mal, ob sie Ihnen nicht dabei helfen können, das Problem ausfindig zu machen.
- Freunde helfen Ihnen gern bei der Suche nach einem Experten.

QUADRANT 3: EXPERTEN

Die Frage lautet nicht, ob es zu einem bestimmten Thema einen Experten gibt. Die Frage lautet, wer der beste Experte für die vorliegende Situation ist. Denn das ist die Person, die Sie wollen. So viel ich auch von Büchern und Videos über Management gelernt habe – ein einziges gutes Gespräch mit einem Experten ist womöglich genau das, was ich brauche, um innerhalb von kürzester Zeit etwas zu einem Thema zu erfahren. Hier ein paar Tipps, wie Sie das Beste aus einem Expertengespräch herausholen können:

- **Finden Sie den richtigen Experten.** Nehmen Sie sich die Zeit, um herauszufinden, wer die besten Voraussetzungen hat, um Ihnen zu helfen. Hat diese Person praktische Erfahrungen mit Ihrem Problem? Hat er oder sie nennenswerte Erfolge in diesem Bereich erzielt (oder Misserfolge, zu denen Sie etwas fragen wollen)?
- **Vereinbaren Sie ein Treffen.** Der bei Weitem beste Weg, um mit jemandem Kontakt aufzunehmen, den man nicht kennt, ist

durch gemeinsame Bekannte. Das haben Sie nicht? Der zweitbeste Weg besteht darin, dem Experten eine E-Mail mit Ihrer Frage zu schicken. Und unabhängig davon, ob es einen Mittler gibt oder nicht: Je direkter Ihre Anfrage, desto eher werden die Menschen bereit dazu sein, sich Zeit für Sie zu nehmen. Sie könnten zum Beispiel ein schnelles, 30-minütiges Treffen in deren Lieblingscafé vorschlagen. Der Kaffee geht auf Sie, das ist klar, und achten Sie darauf, die Zeit nicht zu überschreiten.

- **Erscheinen Sie vorbereitet.** Zeit ist für uns alle wertvoll, und Sie bitten gerade um einen Gefallen. Erscheinen Sie also vorbereitet. Viele Experten teilen Ihr Know-how auf LinkedIn, Twitter oder ihren eigenen Websites. Werfen Sie also vorher einen Blick auf diese Quellen. Wenn Sie das meiste aus Ihrem Gespräch mit einem Experten herausholen wollen, sollten Sie eine Reihe konkreter Fragen bereithaben. Ist das Thema komplexer, schicke ich demjenigen auch gern vorher eine E-Mail mit Hintergrundinformationen. Halten Sie sich bei Ihrer Vorbereitung auch die Gründe für dieses Treffen vor Augen.
- **Gehen Sie nicht in die Defensive.** Einen Experten zu konsultieren, bedeutet manchmal auch, dass einem ein Spiegel vorgehalten wird. Und wenn das passiert, ist es nur natürlich, dass man sich verteidigen will. Denn schließlich kennt die Person, die Ihnen gegenübersitzt, Ihre persönliche Situation nicht, und Sie schlagen sich ja auch gar nicht so schlecht, oder? Doch diese Art von Reaktion bringt Sie nicht weiter. Und so hören Sie auch ganz sicher nicht das, was Sie wissen wollen. Außerdem ist es frustrierend für andere, wenn Sie vorgeben, um Rat zu fragen, aber eigentlich nur nach Bestätigung suchen. Vergessen Sie eines nie, wenn Sie einen Experten konsultieren: Ihr Job besteht darin, zuzuhören und zu lernen.
- **Kommunizieren Sie mögliche Einschränkungen.** Wenn Sie von Anfang an wissen, dass Sie einen Rat aus technischen, finanziellen oder sogar rechtlichen Gründen nicht umsetzen können, dann informieren Sie die Person besser über diese Einschränkungen und bitten Sie sie erneut um ihren Input. Zum

Beispiel hatten wir bei Blendle mit den Herausgebern von Zeitungen und Magazinen genauestens vereinbart, wie wir deren Artikel unseren Nutzern zur Verfügung stellen konnten. Diese Verträge legten auch fest, ob wir auch eigene Pläne realisieren konnten. Wenn ein Experte eine Lösung vorschlug, von der ich sofort wusste, dass sie nicht machbar war, gab ich ihm diese zusätzliche Info. Meistens bekam ich daraufhin einen neuen Rat, der besser passte.

- **Und – *last but not least*:** Genießen Sie das Gespräch! Denn schließlich geht nichts über einen Austausch mit einem hellen Kopf, der bereit ist, seine Erfahrungen mit Ihnen zu teilen. Das ist Ihre Chance, von einem echten Profi zu lernen.

QUADRANT 4: MENTOREN

Ein Mentor ist ein ganz anderer Typ Ratgeber als ein Experte, da er jemand ist, mit dem man regelmäßig spricht. Und abgesehen davon, dass er sachkundig und erfahren ist, ist ein guter Mentor auch mit Ihrer persönlichen Situation vertraut. Seitdem Sie in häufigen Kontakt miteinander stehen, haben Sie eine Beziehung zueinander aufgebaut. Dadurch kann der Mentor einen deutlich präziseren Rat geben, der – je nachdem, wie nah Sie sich stehen – womöglich auch besser auf das abgestimmt ist, was Sie brauchen.

Ein Mentor ist jemand, zu dem Sie aufblicken. Vorzugsweise ist es keiner Ihrer Kollegen, da diese direkt in Ihre Arbeit involviert sind. Weil das für externe Mentoren nicht gilt, können sie Sie objektiver beraten. Folgendes bekomme ich oft zu hören: »Ein Mentor … Das klingt super, aber wie finde ich einen?« Hier zwei Tipps:

1. Sprechen Sie häufiger mit Experten. Ich lernte meinen Mentor durch einen Experten kennen – den ich wiederum durch einen anderen Experten kennenlernte. Ich hätte meinen Mentor nie gefunden, wenn ich mich nicht selbst dazu gezwungen hätte, neue Leute zu treffen. Das Expertengespräch ist ein typisches Beispiel für eine *wichtige* und *nicht dringende* Aktivität, wie wir sie in Kapitel 1 kennenlernten. Gute Mentoren stehen nicht ein-

fach plötzlich vor der Tür. Bleiben Sie also am Ball. Sie suchen jemanden mit viel Fachwissen, der auch versteht, was Sie brauchen. Jemanden mit der richtigen Kombination aus Eigenschaften zu finden, kann etwas dauern, aber das ist es absolut wert.

2. Suchen Sie nicht nach einem Mentor für alles, sondern nur für einen bestimmten Bereich. Es ist so gut wie unmöglich, jemanden zu finden, der Ihnen sowohl im Beruflichen als auch im Privaten ein Vorbild sein kann. Sie werden mehr Erfolg haben, wenn Sie jemanden suchen, der Sie zu einem bestimmten Aspekt Ihrer Arbeit oder einem spezifischen persönlichen Problem beraten kann.

Nach meiner Erfahrung mit Mentoren eignet sich jemand gut, dessen Input Sie sich öfter wünschen würden. Ein guter Mentor ist jemand, der Sie stärker herausfordert als andere, dem Sie bereitwilliger Details und Unsicherheiten erzählen, der gezielte Fragen stellt und gute Vorschläge macht. Sie haben jemanden gefunden, der dieser Beschreibung entspricht? Super! Lassen Sie etwas Zeit verstreichen und bitten Sie die Person dann um ein weiteres Gespräch.

Hier gelten die gleichen Regeln wie bei einer guten informativen Besprechung: Kommen Sie vorbereitet, seien Sie sich darüber im Klaren, was Sie wissen wollen und wenden Sie die in diesem Kapitel besprochenen »Techniken des besseren Zuhörens« an. Hat Ihnen dieses zweite Gespräch weitergeholfen? Dann gehen Sie den nächsten Schritt und fragen Sie diesen Experten, ob er gewillt ist, Ihr Mentor zu werden.

Damit erklärt er sich im Grunde nur einverstanden, dass Sie sich regelmäßig sprechen. In meinem Fall heißt das: eine Stunde pro Monat. Da Sie die Person sind, die um einen Gefallen bittet, sind Sie auch für die Planung, Vorbereitung und die Updates verantwortlich. Und das funktioniert so:

Planung. Planen Sie Ihre Gespräche weit im Voraus, und zwar zu einer Zeit und an einem Ort, die für Ihren Mentor günstig sind. Mein Mentor lebt in Kalifornien, daher ist die vereinbarte Uhrzeit für mich in Amsterdam hin und wieder nicht so optimal. Doch das ist Teil des Deals, und unsere Gespräche sind mir das wert.

Vorbereitung. Ihr Mentor stellt Ihnen seine wertvolle Zeit zur Verfügung, daher wäre es respektlos, unvorbereitet zum Termin zu kommen. Ich sammle meist alles, was ich besprechen möchte, in einer Google-Docs-Datei, auf die wir beide Zugriff haben. Diese Liste bringe ich dann vor unserem Termin auf den neuesten Stand und schicke meinem Mentor per E-Mail eine Erinnerung und den Link zum Dokument. Zu guten Gesprächspunkten gehören zum Beispiel Probleme, mit denen Sie sich herumschlagen müssen, und Dinge, die in letzter Zeit nicht so gut oder so glatt gelaufen sind, wie Sie es sich gewünscht hatten. Es ist gut möglich, dass Ihr Mentor Sie dazu beraten kann, wie Sie diese Probleme in Zukunft vermeiden können.

Updates. Ein Gespräch mit Ihrem Mentor (wie mit anderen Experten) sollte bei Ihnen zu einer Liste von Ideen führen, die Sie als Nächstes ausprobieren wollen. Vergewissern Sie sich, dass Sie Ihren Mentor über Ihren Fortschritt auf dem Laufenden halten. Das ist ein toller Input für Ihr nächstes Meeting, und Ihr Feedback wird Ihr Verhältnis vertiefen. Indem Sie die Tipps Ihres Mentors ausprobieren und ihm erzählen, wie es gelaufen ist, zeigen Sie ihm, dass Sie seinen Rat wertschätzen und ihn in Ihrem Alltag umsetzen wollen. Diese Updates müssen nicht kompliziert sein – es reicht eine kurze zusammenfassende E-Mail.

Ein guter Mentor ist mit Gold nicht aufzuwiegen. Er lernt Sie mit der Zeit gut kennen und kann Ihnen dabei helfen, schneller voranzukommen, als es Ihnen allein jemals möglich wäre. Mein Mentor hat mich bessere Entscheidungen treffen lassen: wen ich anstelle, wie ich meine Tage plane und welche Bücher ich lese. Und er hat mir beigebracht, sorgfältiger darüber nachzudenken, was für mich auf lange Sicht wichtig ist. Als ich mit jemandem aus meinem Team eine Meinungsverschiedenheit hatte, war sein Input unbezahlbar.

Er riet mir ganz einfach und genau richtig: »Nimm dir die Zeit und setze dich mit diesem Typen zusammen. Versuche, das Bild in *seinem* Kopf zu verstehen. Gib ihm ein Whiteboard und hör dir *seine* Sichtweise an.« Ich beherzigte seinen Rat und vereinbarte ein Treffen mit meinem Kollegen. Das markierte einen Wendepunkt in unserer Beziehung, da wir beide nun verstehen, wie der andere tickt. Diese Erfahrung hat mir wahrlich die Augen geöffnet. Ich begriff, dass mein Frust mich für diese praktische Lösung blind gemacht hatte und mir mein Mentor genau das gegeben hat, was ich gebraucht habe.

Hören Sie also nicht damit auf, andere um Rat zu fragen – Mentoren, Freunde, Expertinnen, Bekannte und Kolleginnen – und hören Sie auf das, was andere Menschen zu sagen haben. Das ist eine bombensichere Methode, um mehr aus Ihrer Arbeit und Ihrem Leben zu machen.

10. SO LÖSEN SIE JEDES PROBLEM

Strategisch denken lernen

Seien Sie ehrlich: Wann haben Sie zum letzten Mal lange und ausführlich über etwas nachgedacht? Ich meine, sich so *richtig* das Gehirn zermartert? Oder wann war das letzte Mal, dass Sie zurückgeblickt und bereut haben, über eine bestimmte Entscheidung *nicht* länger nachgedacht zu haben? Wie viele Male wurden Sie davon überrascht, wie lange etwas gedauert hat? Oder dass es sich als komplizierter herausgestellt hat?

In diesem Kapitel werde ich Ihnen dabei helfen, Ihr Denken auf ein höheres Niveau zu heben. Und meinen besten Tipp gibt es gleich: Nehmen Sie sich *Zeit zum Nachdenken.* Wenn Sie das schaffen, sind Sie allen anderen bereits einen Schritt voraus. Machen Sie Platz für Ihre Gedanken. Reservieren Sie sich dafür Zeit in Ihrem Terminkalender (denn wenn es da steht, werden Sie es tun). Und über was auch immer Sie sinnieren: Halten Sie es als Notiz oder Skizze unter allen Umständen schriftlich fest und schlafen Sie eine Nacht darüber.

MACHEN SIE DENKEN ZUR PRIORITÄT

Vielleicht kennen Sie das ja auch so gut wie ich: Sie stehen gerade unter der Dusche, als Sie plötzlich einen Geistesblitz haben. Wie aus dem Nichts kommt Ihnen scheinbar ganz von allein die Lösung für dieses Problem zugeflogen, das Sie seit Tagen beschäftigt. Diese Hurra-Momente fühlen sich fantastisch an. Manche nennen sie Erleuchtungen, doch das ist irreführend. Meist haben Sie sich mit diesem Thema schon eine Weile mental beschäftigt, bewusst oder unbewusst. Das Problem und mögliche Lösungen gären also schon länger in Ihrem Kopf.

Das ist, wie wenn man sich einen VW kaufen will und plötzlich überall Autos dieser Marke sieht. Für Ihr Gehirn sind VWs ein Trendthema, deswegen sendet es Ihnen ein Signal, wann immer eines dieser Autos in Sicht kommt. Das liegt daran, dass Ihr Gehirn all die Informationshäppchen aufschnappt, die Sie ihm geben, sowohl auf bewusster als auch unbewusster Ebene. Und das ist ziemlich sinnvoll. Sie können diese Gehirnleistung dafür nutzen, selbst eine *Vorauswahl* zu treffen. Damit meine ich, dass Sie Ihr Gehirn aktiv mit Informationen zu einem bestimmten Thema füttern und ihm dann die Zeit lassen können, den Input zu verarbeiten. Das wird automatisch zu Lösungen führen, die etwas durchdachter sind.

Außer, dass ich mein Gehirn auf diese Weise füttere, nutze ich noch eine andere, etwas aktivere Methode, um mein Denken auf ein höheres Niveau zu heben: Ich denke *strategisch.*

STRATEGISCHES DENKEN

Mit schwierigen Entscheidungen haben wir alle zu kämpfen. Das sind etwa die Fragen, auf die wir während unseres Freitagsrückblicks stoßen (»Muss ich in dieser Woche mit dem PR-Plan für Produkt X beginnen, also, bevor es fertiggestellt ist? Oder sollten vorher noch ein paar Testläufe durchgeführt werden?«). Oder jene, die durch Ihre To-do-Liste auftauchen (»Ist jetzt der richtige Zeitpunkt, um neue Leute einzustellen? Und wie lautet die Jobbeschreibung genau?«). Sie ergeben sich auch, wenn wir auf das vergangene Jahr zurückblicken und für das kommende Jahr Pläne machen (»Ist das eine gute Zeit, um sich für eine Fortbildung anzumelden? Und welche ist die beste für mich?«).

Bei schwierigen Entscheidungen gibt es drei Optionen: die Entscheidung aufschieben (was eine Entscheidung an sich ist), den Ochsen bei den Hörnern packen (und ohne weiteres Zögern entscheiden) oder das Ganze strategisch zu überdenken. Und genau über diese letzte Option möchte ich mit Ihnen sprechen.

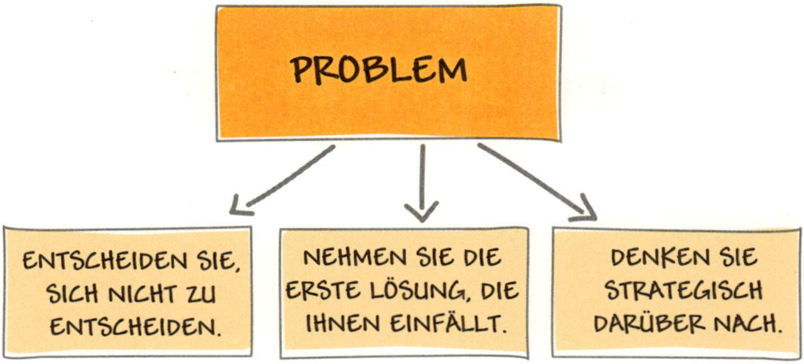

Mein strategischer Denkansatz besteht aus vier Taktiken, die für alles angewendet werden können – von einfachen Entscheidungen bis hin zu komplexen Problemen.

Je strategischer sie über ein bestimmtes Problem nachdenken, desto besser wird das Ergebnis ausfallen. Sie organisieren, evaluieren und arbeiten besser – und wem nützt das nicht? Doch das funktioniert nur, wenn Sie sich die Zeit zum Denken nehmen, also tun Sie das auch.

Mit diesen vier Taktiken lösen Sie selbst die vertracktesten Situationen:

1. Erkennen Sie den Kern des Problems.
2. Sehen Sie sich an, wie andere sich verhalten haben.
3. Überlegen Sie sich Alternativen.
4. Erkennen Sie Ihre Voreingenommenheit (und steuern Sie dagegen).

Ich wende diese Taktiken gern der Reihe nach an, doch das bleibt ganz Ihnen überlassen. Sehen wir uns also an, wie sie funktionieren.

1. DEN KERN DES PROBLEMS ERKENNEN

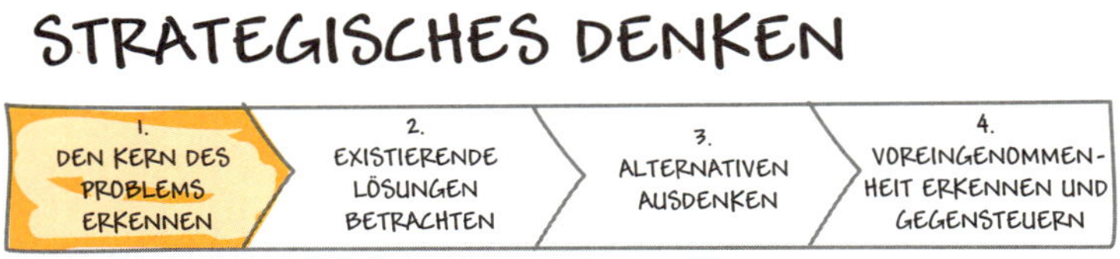

In der Hitze des Gefechts kommt man leicht in Versuchung, die erstbeste Lösung für ein Problem zu wählen. Sie sehen das Endergebnis bereits vor sich und können es kaum abwarten, endlich zu handeln. Enthusiasmus ist zwar super, es kann jedoch eine große Falle sein. Ich war schon auf einer ganzen Reihe von Meetings, bei denen jeder mit dem potenziellen Ergebnis zufrieden war – bis jemand fragte: »Also haben wir es jetzt gelöst?« Woraufhin wir uns alle an den Köpfen kratzten. Dann stellte sich heraus, dass das Ergebnis nicht hielt, was es versprach. Sie wollen auf bessere Lösungen kommen? Dann geben Sie sich mehr Zeit, um sich am Problem den Kopf zu zerbrechen. Je besser Sie verstehen, was falsch läuft, desto besser wird Ihre Lösung sein.

Nehmen wir einmal an, Sie führen ein Restaurant und der Umsatz bricht ein. Ohne viel darüber nachzudenken, fallen Ihnen gleich ein paar schnelle Lösungen ein: Sie könnten einen Lieferdienst einrichten, den Außenbereich erweitern oder einen neuen Koch anheuern. Und, wer weiß, mit guten Instinkten und etwas Glück könnte das schon reichen. Doch je größer das Minus ist und je mehr Geld Sie brauchen, um es auszugleichen, desto weniger Sinn macht ein intuitiver Ansatz.

Sie müssen also die Wurzel des Problems finden. Und dabei können Ihnen diese drei Fragen helfen:

Frage 1: Verstehen Sie, warum Ihr Problem ein Problem ist?

Bevor Sie sich mögliche Ursachen überlegen, ganz zu schweigen von Lösungen, müssen Sie erst einmal verstehen, was wirklich schiefläuft. Ist der Umsatz das Problem, oder sind Ihre Kosten zu hoch? Was sagt Ihnen Ihr Finanzplan? Und Ihr Konto auf der

Bank? Wie groß ist das Problem genau? Wie viel Geld benötigen Sie? Wenn Sie sich zunächst nur auf das Problem konzentrieren – ohne sofort zu seiner Lösung abzudriften –, hält Sie das davon ab, Zeit und Geld auf etwas zu verschwenden, was das grundsätzliche Problem nicht löst.

Frage 2: Was halten Sie für die Ursache des Problems?

Wenn das Problem bei Ihnen liegt, sind Sie wahrscheinlich in der besten Position, den Auslöser zu erkennen. Versuchen Sie, stichpunktartig aufzuschreiben – oder zu skizzieren –, was Sie sehen. Das macht das Problem konkreter, und es wird auch einfacher, anderen davon zu erzählen.

Was ich ebenfalls sehr nützlich finde, ist die altbekannte »Technik der fünf Warums«. Wenn wir auf unser Restaurantbeispiel zurückkommen, könnten wir das Problem folgendermaßen angehen:

- Warum ist der Umsatz zurückgegangen? → weil die Zahl der Gäste in den letzten Monaten zurückgegangen ist.
- Warum ist die Zahl der Gäste zurückgegangen? → weil viele von ihnen über eine bestimmte Website reservieren und diese Zahlen rückläufig sind.
- Warum ist die Zahl der Reservierungen über diese Website zurückgegangen? → weil dort eine schlechte Bewertung gepostet wurde.
- Warum wurde Ihr Restaurant schlecht bewertet? → weil das Servicepersonal auf spezielle Ernährungsbedürfnisse eines Gastes nicht eingegangen ist und die Speisekarte nicht klar formuliert war.
- Warum war die Speisekarte nicht klar formuliert? → Der Gast konnte nicht erkennen, ob ein Gericht eine bestimmte Zutat enthielt.

Seien Sie nicht überrascht, wenn es etwas Detektivarbeit braucht, um den fünf Warums auf den Grund zu gehen. In unserem Beispiel mussten Sie zunächst recherchieren, dass viele Gäste das Restaurant über diese eine Website buchen, alle Bewertungen dort lesen, herausfinden, wer an diesem Tag Schicht hatte, usw. Doch ist diese Arbeit erst einmal getan, bekommen Sie ein recht klares Bild von der eigentlichen Ursache des Problems.

Als Eigentümer des Restaurants können Sie diese Antworten dann dazu verwenden, gezielt zu handeln. Zum Beispiel, indem Sie die Speisekarte überarbeiten oder dem unzufriedenen Gast ein Gratisessen anbieten, in der Hoffnung, eine begeisterte Bewertung zu erhalten. Diese relativ kleinen Änderungen – die auf solider Recherche basieren – können einen großen Unterschied machen.

Manchmal ist es auch eine gute Idee, sich den Kontext und den Hintergrund des Problems anzusehen. Sagen wir, Sie wollen eine neue Einzelhandelskette gründen. Sie wissen, dass viele große Ketten in den letzten Jahren schließen mussten. Wie groß sind also Ihre Erfolgschancen? Um das zu beantworten, müssen Sie sich die Zeit nehmen, etwas mehr über diese anderen Ketten herauszufinden. Was verursachte die Insolvenzen? Welche Nebenfaktoren sind zu beachten? Gab es regionale Unterschiede bei der Performance der Ketten? Gab es auch welche, bei denen sich das Geschäft wieder belebte? Wie konnten sie überleben? Es kann helfen, ein klares Bild vom Kontext und der Geschichte des Sektors zu bekommen, um das Problem besser zu verstehen.

Frage 3: Warum verlieren Sie Kunden oder Nutzer?

Sind in das Problem, dass Sie zu lösen versuchen, noch andere involviert? Falls es etwas mit dem Kunden- oder Nutzerverhalten zu tun hat, gibt es nur einen Weg, um der Sache auf den Grund zu gehen. Sprechen Sie mit Ihren Kunden! Auf welche Probleme oder Schwierigkeiten sind sie gestoßen? Konzentrieren Sie sich auf deren Erfahrungen und Meinungen dazu. Das ist es, was zählt.

Als ich noch bei Blendle arbeitete, war die Firma in einem Bürokomplex im Herzen der Innenstadt ansässig. In den unteren Geschossen befand sich ein riesiges Einkaufszentrum, das in den größten Bahnhof des Landes mündete. Es herrschte ein ständiges Kommen und Gehen, den ganzen Tag über. Häufig gingen wir einfach nur nach unten, um die Leute zu fragen, was sie von unserer

Arbeit hielten. Diese spontanen Umfragen halfen uns dabei zu verstehen, warum bestimmte neue Funktionen nicht genutzt wurden. Wir zogen fast immer wichtige Erkenntnisse aus den Antworten der Leute. Natürlich ist es nicht bei jedem Büro so, dass Tausende von Menschen unter ihm hindurchlaufen. Wenn Sie Ihre Kunden per E-Mail erreichen können, bitten Sie sie doch um ein kurzes Feedback.

In unserem Restaurant-Beispiel könnte eine Umfrage bei den Gästen möglicherweise ergeben, dass das Problem nicht in der Qualität oder im Preis des Essens liegt, sondern die Öffnungszeiten unpraktisch sind. Und das lässt sich leicht lösen.

CHECKLISTE: DAS KERNPROBLEM ERKENNEN

- Versuchen Sie, Ihr Problem präzise zu beschreiben.
- Packen Sie das Problem mithilfe der fünf Warums bei seiner Wurzel.
- Sprechen Sie mit den Betroffenen und finden Sie heraus, was das Problem verursacht.
- Definieren Sie das Problem neu, um die Hauptursache zu integrieren.

Sie glauben, des Problems habhaft geworden zu sein? Dann ist es an der Zeit, zu unserer zweiten Taktik überzugehen: Betrachten wir existierende Lösungsansätze.

2. DIE LÖSUNGSANSÄTZE ANDERER

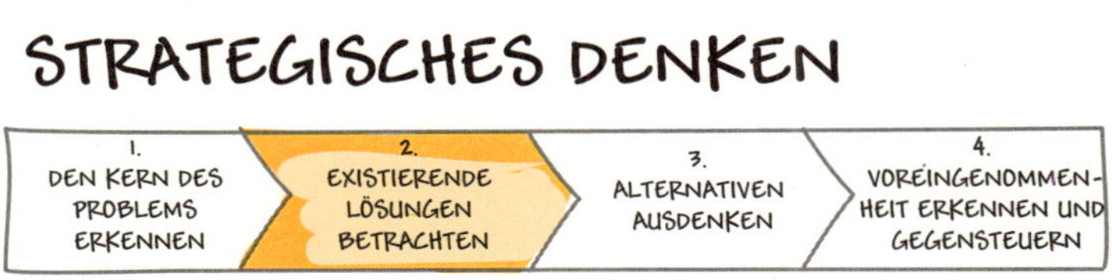

2014 beschloss man bei Blendle, die »User Onboarding«-Erfahrung neu zu gestalten. So nennt man die Weise, wie sich neue Nutzer mit einem digitalen Produkt vertraut machen, bis zu dem Moment, in dem sie sich wirklich dafür anmelden oder es kaufen. Da dies die erste – und vielleicht einzige – Hinführung des Kunden zum Produkt darstellt, ist das ein wichtiges Vertriebsthema für jedes webbasierte Unternehmen.

Wir dachten uns also neue, überzeugende User-Onboarding-Funktionen aus – doch in diesem Fall wollte ich wirklich systematisch an die Sache herangehen. Schließlich war die Entwicklung der Software eine große Sache. Das war uns zusätzliche Mühen wert, denn wir wollten herausfinden, ob wir auf dem richtigen Weg waren oder noch etwas an unserer Lösung arbeiten mussten.

Dreißig Tage lang haben wir jeden Tag den User-Onboarding-Prozess eines anderen digitalen Produkts unter die Lupe genommen, um uns ein gutes Bild von der Lage zu verschaffen. Das schien mir eine einfache Methode, die nicht viel Zeit kosten würde – und sie funktionierte sehr gut. Die Feldforschung nahm nicht mehr als eine halbe Stunde pro Tag in Anspruch. Ich notierte die Vor- und Nachteile bei der Anmeldung für ein neues Produkt und veröffentlichte alles in meinem Blog.[1] Obwohl ich insgesamt nur wenig Zeit investiert hatte, war ich innerhalb eines Monats zu unserem User-Onboarding-Experten geworden.

Dank dieser neuen Erkenntnisse überlegte ich mir, wie wir unseren eigenen Ansatz optimieren konnten. Das führte direkt zu mehreren Verbesserungen im Design, die sich definitiv bezahlt machten. Waren das revolutionäre Änderungen? Überhaupt nicht. Doch die Betrachtung bewährter Methoden legte eine solide Grundlage für unsere eigenen Onboarding-Funktionen.

In Kapitel 9 haben wir bereits gesehen, wie Gespräche mit Experten unsere Lernkurve beschleunigen können. Wenn man vorhandene Lösungen recherchiert, macht man im Grunde das Gleiche: Man nimmt sich die Zeit zu analysieren, wie andere ein Problem angegangen sind. Und warum sollten Sie das vorhandene Know-how auch *nicht* nutzen? Der Betreiber eines Restaurants kann ja schließlich auch eine Menge von Besuchen in anderen Restaurants lernen.

Ein weiteres Beispiel: Nehmen wir einmal an, eine bestimmte Schuhmarke, die Sie gut finden, ist nur schwer zu finden. Sie erkennen eine Marktlücke und beschließen, einen Webshop aufzumachen, um sie selbst zu verkaufen. Es ist sinnvoll, zunächst auszuloten, was andere Verkäufer als Erstes machen. Doch wie?

- Beginnen Sie an der offensichtlichsten Stelle und sehen Sie sich andere Webshops an, in denen Schuhe verkauft werden. Sie könnten sich meine User-Onboarding-Methode zu eigen machen: Gehen Sie jeden Tag in einen anderen Webshop und schreiben Sie auf, was Ihnen auffällt. Was gefällt Ihnen an dieser Shoppingerfahrung? Was macht diese Website einladend und gut zugänglich (oder nicht)? Welche Features gefallen oder missfallen Ihnen? Sie könnten mit Webshops beginnen, die alle ungefähr gleich groß sind und ein ähnliches Sortiment haben, oder Sie konzentrieren sich auf deutlich größere oder spezialisiertere Läden. Wenn Sie supergründlich sein wollen, könnten Sie sogar ein Produkt von jeder Seite bestellen. Ihnen werden sicherlich Details auffallen, die die Konkurrenz übersehen hat.
- Der nächste Schritt ist etwas weniger offensichtlich. Studieren Sie Unternehmen, die etwas Ähnliches machen wie Sie, sich allerdings in einer Sache grundlegend von Ihrem Projekt unterscheiden. Sie könnten sich Schuh-Webshops im Ausland (anderer Ort), Webshops für technische Geräte (anderer Sektor) oder stationäre Schuhläden (anderer Vertriebsweg) ansehen.
- Sie wollen es noch breiter? Dann erweitern Sie Ihre Auswahlkriterien und sehen Sie sich auch Unternehmen an, die statt Produkten Dienstleistungen verkaufen. Oder Verkäufer, die sich auf ein Glied in Ihrer Produktkette spezialisiert haben, wie Paketdienstleistungen. Oder Unternehmen, die Schuhe machen und nicht einfach nur verkaufen.

Abgesehen von der Analyse der Ideen anderer kann es auch sehr nützlich sein, mit den Experten zu sprechen, die hinter diesen Ideen stecken. Natürlich könnte es sein, dass Interne der direkten Konkurrenz nicht gern ihre Geheimnisse verraten. Allerdings kann man sein Glück bei Unternehmen versuchen, die auf einem anderen Markt operieren oder eine andere Zielgruppe bedienen.

CHECKLISTE ZUR ANALYSE DER LÖSUNG ANDERER

- Verbringen Sie mindestens eine Stunde damit, sich die Lösungen anderer anzusehen.
- Sprechen Sie mit einem oder mehreren Experten über mögliche Lösungen.
- Gehen Sie in die Tiefe: Untersuchen Sie bereits existierende Lösungen und listen Sie deren Vor- und Nachteile auf.
- Analysieren Sie die Lösungen in Ihrem eigenen Sektor, aber auch in einem breiteren Querschnitt.

Die Analyse des Problems bringt Sie einen großen Schritt in Richtung Ziel. An diesem Punkt ist es gut möglich, dass Sie sogar eine Lösung gefunden haben, die Ihnen gefällt. Warten Sie jedoch noch mit Ihrer Entscheidung – denn die dritte Taktik kann weitere vielversprechende Alternativen zum Vorschein bringen.

Erfindungen sind nichts Neues

Wer etwas erfindet, baut meist nur eine bereits vorhandene Idee aus. Die Erfindung der Dampfmaschine führte zur industriellen Revolution. Sitzt die Dampfmaschine auf einem Rollwagen, haben Sie den rudimentären Vorläufer des modernen Automobils. Steht dieser Rollwagen nun auf Metallschienen, ist er ein Zug. Und selbst die Dampfmaschine war nichts gänzlich Neues. Ihr Vorgänger, der Heronsball, wurde bereits in der Antike erfunden. Der Heronsball war eine mit Wasser gefüllte Kugel, an der zwei Austrittsdrüsen angebracht waren. Über einen Kessel mit kochendem Wasser gehängt, drehte sie sich durch die Kraft des ausstoßenden Dampfes. Nehmen Sie sich also die Zeit, vorhandene Ideen zu studieren. Es könnte zu Ihrem größten Durchbruch führen!

3. ALTERNATIVEN

Über die Jahre habe ich gelernt, dass die erste Lösung, die mir einfällt, selten die beste ist. Und es dürfte keine Überraschung sein, dass mittelmäßige Lösungen oft mittelmäßige Resultate erzielen. Doch meistens machen wir das Erste, was uns in den Kopf kommt. Das haben wir unserem Gehirn zu verdanken. Denken verbraucht Energie (erinnern Sie sich an Kahnemans System 2), und unsere Gehirne sind auf maximale Effizienz gepolt.

Angesichts dessen empfehle ich Ihnen dringend, sich stets mehrere mögliche Lösungen für Ihre Probleme auszudenken. Wie Sie das tun, bleibt Ihnen überlassen. Die Herausforderung besteht darin herauszufinden, wie Sie Ihre beste Denkarbeit leisten. Vielleicht tragen Sie ein Notizbuch mit sich herum, um Ideen sofort festhalten zu können, oder – das ist das andere Extrem – Sie setzen sich für eine längere Zeit hin und denken nur über diese eine Sache nach. Meine Kollegin Noor hat die besten Ideen, wenn sie mit Klebezetteln und einem Whiteboard brainstormt, auch allein. Für mich ist es am besten, wenn ich mir für meine Kopfarbeit etwas Zeit im Terminkalender reserviere. Idealerweise nicht an dem Tag, an dem das Problem gelöst sein muss, sondern so weit im Voraus wie möglich. Noch besser ist es, wenn ich meine Denkarbeit in einer Woche auf mehrere Zeitblöcke verteilen kann. So beschäftige ich mich die ganze Woche lang mit einem Problem, was mit Sicherheit dazu führt, dass mir die Lösungen außerhalb der dafür vorgesehenen Zeiten einfallen, zum Beispiel beim Einräumen der Spülmaschine oder beim Zähneputzen.

Doch was ist, wenn Sie gegen eine Wand laufen und Ihnen nichts mehr einfällt? Dann liegt das womöglich daran, dass Sie jede Alternative verwerfen. Versuchen Sie, in diesem Stadium nicht voreingenommen zu sein. Notieren Sie sich jede Gehirnregung, egal, wie dämlich sie Ihnen erscheint. Denn die Chancen stehen gut, dass ein zweiter Blick auf diese »Abgelehnten« Ihnen die Augen für neue Möglichkeiten öffnet.

Hier ein paar Fragen, die Sie zu mehr Lösungen anregen könnten:

- Was würden Sie tun, wenn Ihnen unbegrenzt viel Zeit, Geld und Ressourcen zur Verfügung stünden?
- Was würden Sie tun, wenn Sie dieses Problem innerhalb der nächsten Stunde lösen müssten?
- Wie würde eine Lösung aussehen, die »einfach« und »intuitiv ist?
- Was wäre Ihre Lösung, wenn Sie noch einmal von null anfangen könnten?
- Gibt es eine Lösung, die noch einfacher ist?

CHECKLISTE FÜR NEUE ALTERNATIVEN

- Zermartern Sie sich so lange das Gehirn, bis Ihnen eine Reihe verschiedener Lösungen eingefallen ist.
- Schreiben oder skizzieren Sie Ihre Möglichkeiten auf Papier, Klebezettel oder ein Whiteboard.
- Präzisieren Sie Ihr Denken und überlegen Sie sich, welche Vor- und Nachteile Ihre Lösungen haben könnten.
- Gehen Sie es langsam an. Schlafen Sie eine Nacht darüber oder machen Sie einen langen Spaziergang.
- Sprechen Sie mit Ihrem Erfolgskomplizen (Kapitel 7), Ihrem Mentor oder einem Experten (Kapitel 9) über das Problem und die möglichen Lösungen.

Es ist wunderbar, eine ganze Liste mit zur Auswahl stehenden Lösungen zu haben, doch wie streicht man sie auf nur eine einzige zusammen? Hier kommt die vierte Taktik ins Spiel, die uns verrät, an welcher Stelle unser Gehirn uns hinters Licht führt.

4. DIE EIGENE VOREINGENOMMENHEIT ERKENNEN

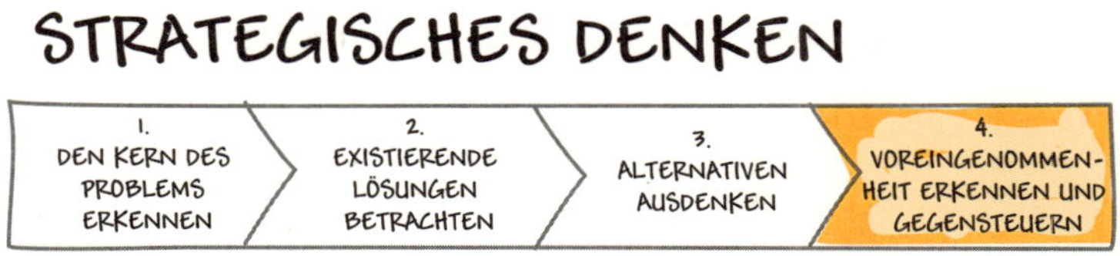

Ihr Gehirn ist pausenlos damit beschäftigt, sich auf die Welt den bestmöglichen Reim zu machen. Dafür setzt es die verschiedensten Mechanismen ein, von denen Datenanalysten nur zu träumen wagen. Zum Beispiel ist Ihr Gehirn ein Meister der Kategorisierung. Sagen wir, ich würde Ihnen ein Bild von einem beliebigen Schreibtisch zeigen. Sie wüssten sofort, dass dies ein Arbeitsplatz ist, ohne diesen bestimmten Bildschirm, dieses Notizbuch oder diesen Tacker jemals zuvor gesehen zu haben. Und das ist nur eines von vielen Beispielen dafür, wie Ihr Gehirn auf Grundlage von minimalen Informationen seine Schlussfolgerungen zieht. In vielen Fällen funktionieren diese vorschnellen Urteile recht gut. Doch in Situationen, die ernste Denkarbeit erfordern, kann Sie der gleiche Mechanismus ohne Ihr Wissen in die Irre führen.

Wenn wir eine Chance haben wollen, komplexe Probleme strategisch zu lösen, müssen wir diese Mechanismen erkennen. Der US-amerikanische Autor und Unternehmer Buster Benson beschäftigte sich sehr intensiv mit »kognitiver Voreingenommenheit«.[2] Er teilt dieses Phänomen in vier Gruppen ein:

1. Unser Gehirn siebt aus

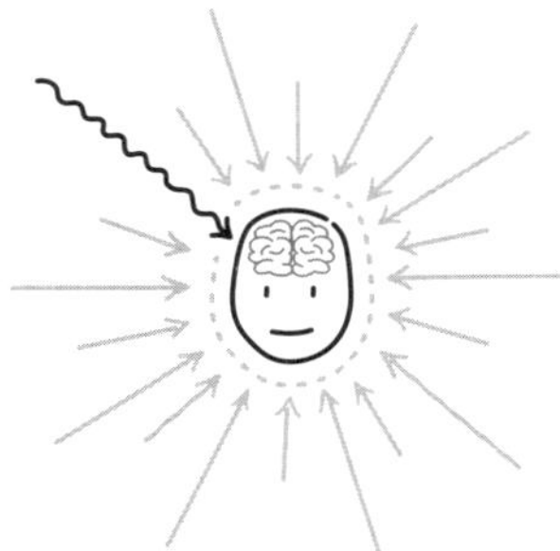

Ihr Gehirn wird ständig mit Informationen vollgestopft, deswegen ist es immer am Aussieben. Und zwar: a) Dinge, die normal für Sie sind, b) Dinge, die anderen Dingen ähneln, und c) Dinge, die nicht in Ihr Weltbild passen. Wenn Sie also ein Problem lösen wollen, sollten Sie besonders wachsam sein. Sonst bemerkt Ihr Gehirn die Dinge nicht, die Sie für gewöhnlich erachten oder an die Sie nicht glauben.

2. Unser Gehirn füllt Lücken

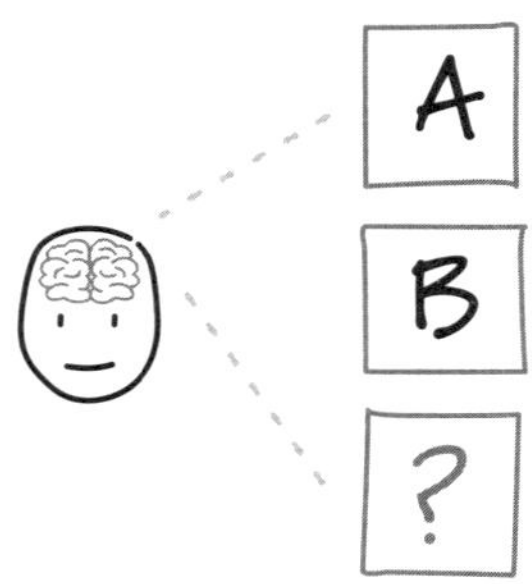

Wenn uns Informationen fehlen, vervollständigt unser Gehirn das Bild, indem es auf vertraute Muster, Verallgemeinerungen und Stereotype zurückgreift. Außerdem verfälscht unsere Erfahrung der Gegenwart automatisch unseren Blick auf die Vergangenheit oder Zukunft. Als Folge tendieren wir dazu anzunehmen, dass hinter unseren vergangenen Handlungen dieselben Werte standen wie heute.

3. Unser Gehirn mag es schnell

Es ist für unser Überleben entscheidend, schnelle Entscheidungen treffen zu können. Deswegen hat unser Gehirn ein paar nützliche Abkürzungen geschaffen. Es priorisiert die Dinge, die im Hier und Jetzt relevant sind, gegenüber jenen, die in der Zukunft liegen.

4. Unser Gehirn hat ein kreatives Gedächtnis

Das menschliche Gehirn komprimiert Erinnerungen und füllt die Lücken. Es verdreht die Fakten und denkt sich manchmal Details zu etwas aus, an was wir uns erinnern.

Es ist unmöglich, diese vier Typen der kognitiven Voreingenommenheit vollkommen auszuradieren. Weiß man jedoch, wonach man Ausschau halten muss, erkennt man diese Voreingenommenheit leichter. Zu Beginn dieses Kapitels habe ich Ihnen folgenden Tipp gegeben:

Nehmen Sie sich Zeit zum Nachdenken. Nun möchte ich Ihnen noch etwas raten: *Nehmen Sie sich Zeit, um mit den vier Arten umzugehen, in denen Ihr Gehirn Sie in die Irre führt.* Nimmt man seine eigenen Annahmen näher unter die Lupe, stößt man vielleicht auf Voreingenommenheit. Das ist auch etwas, wozu wir uns gegenseitig ermutigen können. Die folgenden Fragen sind diesbezüglich hilfreich, da sie potenzielle Lösungen und Entscheidungen kritisch hinterfragen.

Die große Checkliste zu kognitiver Voreingenommenheit

Finde ich diese Idee gut, weil …

- … sie mir erst vor Kurzem eingefallen ist?
- … sie sich vertraut anfühlt?
- … sie besonders bemerkenswert oder verblüffend ist?
- … sie im Gegensatz zu den anderen Lösungen neu ist?
- … sie meinem Weltbild zu 100 Prozent entspricht?
- … es meine Idee ist (und die Ideen anderer niemals so gut sind)?
- … ich ein Muster erkenne, das vielleicht gar nicht da ist?
- … sie zu einem Stereotyp oder einer Verallgemeinerung passt, die sich richtig anfühlt?
- … sie von jemandem stammt, den ich mag?
- … die anderen Ideen von jemandem stammen, den ich nicht mag?
- … sie so schön einfach ist?
- … die andere Lösung so schwer greifbar ist?
- … ich glaube zu wissen, wie andere denken?
- … ich glaube zu wissen, wie es ausgehen wird?
- … ich es mit einem Bild aus der Vergangenheit verbinde, das ich ganz sicher für richtig halte?
- … ich einfach weiß, dass das eine sichere Sache ist?
- … ich im Gegensatz zu den anderen Ideen von dieser viel halte?
- … ich bereits angefangen habe, diese Idee umzusetzen?
- … ich mit jemandem gesprochen habe, der sie für brillant hielt (obwohl es noch keine verlässlichen Daten dazu gibt)?

CHECKLISTE: DIE EIGENE VOREINGENOMMENHEIT ERKENNEN

- Bedenken Sie, dass Sie Ihre Annahmen ständig unter dem Einfluss kognitiver Voreingenommenheit treffen.
- Studieren Sie alle möglichen Lösungen und Informationen sorgfältig und lassen Sie sich für Ihre Entscheidung Zeit. Das hebelt den Großteil Ihrer kognitiven Voreingenommenheit aus. (Unser Gehirn siebt aus.)
- Werfen Sie einen kritischen Blick auf die vorhandenen Informationen. Sind sie vollständig? Was sagen Ihnen die Quellen? Eine rationale Herangehensweise lässt Sie weniger Entscheidungen auf Basis von falschen Informationen treffen. (Unser Gehirn füllt Lücken.)
- Tendieren Sie zu einer bestimmten Lösung, da sie kurzfristig Früchte trägt? Prüfen Sie, ob Sie auch die langfristigen Wirkungen einer Lösung bedacht haben. (Unser Gehirn mag es schnell.)
- Wenn Sie glauben, dass eine bestimmte Lösung bereits früher für Sie funktionierte, prüfen Sie diese Erinnerung doppelt und dreifach. Haben Sie Fakten, die das stützen? Hüten Sie sich davor, in die Falle der kreativen Erinnerung zu tappen. (Unser Gehirn hat ein kreatives Gedächtnis.)

Es ist nicht leicht, gleich eine ganze Auswahl an guten Lösungen zu großen und komplexen Herausforderungen zu finden. Nachdem Sie das Problem analysiert, eine Vielzahl an Lösungen zusammengestellt und miteinander verglichen sowie die Schritte unternommen haben, um sich vor kognitiver Voreingenommenheit zu wappnen, müssen Sie nun noch eines tun: Ihre Wahl treffen. Doch bevor Sie diese endgültige Entscheidung treffen, gibt es noch zwei weitere Dinge, die Sie tun können, um Ihr Denken auf ein höheres Niveau zu heben.

1. SEIEN SIE KRITISCHER MIT IHREN IDEEN

Egal, wie enthusiastisch alle anderen Ihre Idee aufnehmen: Es ist wichtig, dass Sie kritisch bleiben. Das klingt vielleicht wie ein Widerspruch zu dem, was ich vorher schrieb – bessere Lösungen zu sammeln, indem man sich mehr davon ausdenkt –, doch letztlich können Sie nur eine *umsetzen*. Daher ist von großer Bedeutung, dass man seine eigenen Ideen kritisieren kann – besonders dann, wenn viel auf dem Spiel steht, wie die Zukunft des Unternehmens, die Wahl eines Studienfachs oder die Entscheidung für oder gegen einen Job. Nun ist es also an der Zeit, Ihre rosarote Brille durch eine Lupe auszutauschen und Ihre eigenen sowie die Annahmen anderer erneut zu überprüfen. Hinterfragen Sie *alles*.

Hier ein paar Tipps, wie Sie einen kritischen Blick auf Ihre Ideen werfen können:

- Denken Sie daran, dass es immer eine andere Sichtweise auf das gibt, was Sie zu lösen versuchen. Nehmen wir als Beispiel eine Impfung: Man injiziert eine winzige Dosis einer Krankheit, um genau dieser Krankheit *vorzubeugen*. Das klingt nicht nach der naheliegendsten Lösung. Doch manche Impfstoffe funktionieren genau so, und das machte die Welt zu einem sehr viel gesünderen Ort.
- Fragen Sie sich: »Was würde eine zu 100 Prozent rationale Version von mir tun?«. Diese Frage kann Ihnen dabei helfen, Unterschiede zwischen Ihrem emotionalen und rationalen Selbst zu erkennen.
- Respektieren Sie Ihre Intuition. Wenn Ihr Bauch Ihnen rät, eine Idee zu verwerfen, lohnt es sich vielleicht, genauer hinzusehen. Sollten Sie sich noch mehr Zahlen ansehen?
- Fragen Sie sich: »Was würde [hier Ihren Helden einsetzen] tun?«.
- Prüfen Sie die Fakten. Zum Beispiel: »Wir müssen Plan A umsetzen, da das im Vergleich zu Plan B die Umsätze um mindestens 40 Prozent steigert.« An dieser Stelle ist es sinnvoll, diese Prozentzahlen zu verifizieren.

- Sprechen Sie Ihre Vermutungen aus. Wir alle haben sie, und es ist gut, sie laut auszusprechen. Beim kritischen Denken ist es entscheidend, dass man erkennt, wann sich etwas um eine Vermutung handelt – und sie dann prüft.
- Sehen Sie sich auch an, was *nicht* gesagt wird. Manchmal gibt es gute Gründe dafür, manchmal nicht, doch in jedem Fall können Sie eine Menge von Auslassungen lernen. Sagen wir, Sie sehen sich gerade Bewerbungen an. Eine gute Frage könnte sein: Welche Fähigkeit wird *nicht* im Anschreiben oder im Lebenslauf erwähnt? Die Frage, was hier fehlt, kann Ihnen dabei helfen, die Situation aus einer neuen Perspektive zu betrachten.

2. DOKUMENTIEREN SIE IHRE ENTSCHEIDUNGEN

Der einzige Weg, auf dem wir jemals erfahren werden, ob eine Lösung etwas taugt, ist der, sie auszuführen und zu sehen, was passiert. Probieren geht über Studieren. Das heißt, dass wir unsere Lösungen dokumentieren und später, mit etwas Abstand und nachdem das Projekt abgeschlossen ist, auf sie zurückblicken müssen. Diese Dokumentation muss nicht kompliziert sein. Ich führe ein digitales »Entscheidungsnotizbuch«, in dem ich alle meine wichtigen Entscheidungen festhalte. Ich schreibe auf, was ich entschieden habe und wann, und zwar so einfach wie möglich. Normalerweise mit einem einzigen Satz: »Am [Datum] entschieden, Bewerber A einzustellen« oder »Am [Datum] entschieden, Projekt X zu beenden«. Wenn Sie möchten, können Sie dem auch die Beweggründe für Ihre Entscheidung und die verworfenen Alternativen hinzufügen.

In diesem Kapitel haben wir gesehen, dass strategisches Denken zu sehr viel besseren Entscheidungen führt – egal, bei welchem Problem oder Dilemma. Wenn man darüber nachdenkt, ist es schon komisch, dass wir diese Techniken nicht schon früher gelernt und dann bei jeder Gelegenheit angewendet haben.

11. DENKEN SIE GROSS

Aber fangen Sie klein an

Groß zu denken, bringt Sie weiter, als Sie jetzt vielleicht glauben. In Kapitel 10 habe ich eines meiner Projekte bei Blendle erwähnt, bei dem ich mir 30 Tage lang täglich eine neue Onboarding-Erfahrung angesehen habe. Doch das war noch nicht das Ende der Geschichte.

Als jener Monat zu Ende ging, wusste ich, dass ich sehr nützliche Informationen gesammelt hatte. Und eines Tages, ich fuhr gerade mit dem Fahrrad nach Hause, kam mir ein Geistesblitz: Warum das Gelernte nicht in einem Artikel zusammenfassen und versuchen, ihn bei einer meiner Lieblingswebsites einzureichen? Ich schrieb den Herausgebern von »A List Apart«, einem in der Welt der Webentwicklung angesehenen Onlinemagazin. Denn schließlich gilt: Wer nicht wagt, der nicht gewinnt. Doch allein für die *Frage*, ob sie meinen Artikel veröffentlichen würden, musste ich mich sehr überwinden. Erstaunlicherweise gefiel ihnen die Idee. Konnte mein Artikel also jetzt publiziert werden? Nun ja … nein. Als der Artikel schließlich online gestellt wurde, waren vom ursprünglichen Text nur ein paar Schnipsel übrig geblieben. Denn erst nachdem ich den Artikel unter der strengen Aufsicht eines brillanten Lektors von »A List Apart« wochenlang überarbeitet und an ihm gefeilt hatte, konnte er gepostet werden.[1]

Nach der Veröffentlichung bekam ich von Entwicklern aus der ganzen Welt Dutzende von enthusiastischen Reaktionen. Und das war noch nicht alles. Was als einfaches, 30-tägiges Blog-Projekt begonnen hatte, führte schließlich zu einer ganzen Reihe von Überraschungen. Schon wenige Monate später stand ich auf einer Bühne in Oslo und erzählte meinem norwegischen Publikum etwas über das Thema User-Onboarding.[2]

Sogar dieses Buch findet seinen Ursprung in diesem Abenteuer. Denn diese 30 Tage des Bloggens hatten mich Gefallen am Schreiben finden lassen, und ich beschloss, mit einem täglichen Newsletter zu starten. Von da an ließ ich meine wachsende Leserschaft ein Jahr lang jeden Tag an meinen Ideen zur Entwicklung besserer Onlineprodukte und intelligenterer Arbeitsmethoden teilhaben. Schon bald ermutigten mich die Leute, noch mehr aus all diesem Material zu machen. Zum Beispiel, ein Buch zu schreiben. Und das tat ich dann, Kapitel für Kapitel. Obwohl es nicht viele Blogeinträge ins Buch geschafft haben, wurde es immer umfangreicher. Das Ergebnis halten Sie gerade in Händen.

Persönliche Triumphe sind die Summe einer langen Kette winziger Handlungen. Und ich schreibe ja auch keine Abhandlung über Astrophysik. Ich spreche von Dingen wie Terminen in Ihrem Kalender, einer E-Mail hier, einem To-do da, über regelmäßige Gespräche mit Ihrem Erfolgskomplizen und Ihren Freitagsrückblick. Setzen Sie sich machbare Ziele und arbeiten Sie Schritt für Schritt auf sie hin – Sie werden staunen, was Sie damit alles erreichen können.

Legen wir also den nächsten Gang ein. Zeit, groß zu denken. Groß zu denken (1), hilft Ihnen dabei, sich Ihren nächsten Schritt zu überlegen (2). Diesen Schritt zu tun, gibt Ihnen eine neue Perspektive auf das, was möglich ist (3). Was Ihnen wiederum dabei hilft, noch größer zu denken und Ihnen verrät, in welche Richtung der übernächste Schritt geht.

EIN KLEINER SCHRITT ...

Boyan Slat ist ein junger dänischer Erfinder. Sein Start-up »The Ocean Cleanup« hat es sich zum Ziel gesetzt, die Meere von Plastikmüll zu befreien, die unseren Planeten verschmutzen. Slat beschäftigte dieses Problem, seitdem er in der Oberstufe einen Aufsatz darüber geschrieben hatte. Obwohl er sich auf so viele andere Dinge hätte konzentrieren können, entschied er sich dafür, sich tagein, tagaus dieser enormen Herausforderung zu widmen.

Besonders großartig finde ich die Art, wie er das macht: Slat und sein Team probieren nämlich ganz unterschiedliche Lösungen aus. Wenn eine Idee nicht funktioniert, ist er bereit, seine Herangehensweise komplett umzuwerfen. Man kann seine Ideen natürlich einfach abtun oder das kritisieren, was nicht so gut läuft – doch er verfolgt aktiv ein klares Ziel und erhält konkrete Ergebnisse. Und das bedeutet, dass er zunehmend das Bewusstsein für dieses wichtige Thema weckt und immer mehr Erkenntnisse gewinnt.

Oder nehmen wir Malala Yousafzai, die weltweit Bekanntheit erlangte, als sie im Alter von elf Jahren (und unter einem Pseudonym) für die BBC einen Blog über die Gewaltherrschaft der Taliban schrieb. Nicht einmal ein Anschlag auf ihr Leben konnte sie abschrecken. So setzt sie sich noch heute für Menschenrechte und eine Schulbildung für Mädchen ein.

Und dann gibt es da noch Mette Lykke, die mit der Mission, gegen Lebensmittelverschwendung zu kämpfen, das Start-up »Too Good To Go« ins Leben rief. Sie entwickelte eine App, die Supermärkte, Bäckereien und Restaurants benutzen können, um anderen übrig gebliebene Lebensmittel zur Verfügung zu stellen, anstatt sie einfach wegzuwerfen.

Nicht weniger inspirierend ist eine Kampagne, die von Johnas van Lammeren, einem Mitglied des Amsterdamer Stadtrats, mit dem Ziel initiiert wurde, Papierverschwendung zu reduzieren. In den Niederlanden gibt es bereits ein Gesetz, dass es Haushalten ermöglicht, sich gegen Werbung in ihren Briefkästen zu entscheiden. Dafür muss man lediglich einen Sticker auf den Briefkasten kleben, auf dem steht, dass man Werbung ablehnt. Doch van Lammeren ist es gelungen, diese Regelung für Amsterdam umzukehren. Nun müssen diejenigen, die Werbung per Post erhalten wollen, dem *aktiv zustimmen.* Durch seine Bemühungen sparen wir nun jährlich mehr als 11 000 Tonnen Papier ein.

Das alles sind Beispiele für Individuen, die daran arbeiten, die Welt zu einem besseren Ort zu machen. Und obwohl manche Menschen sie vielleicht als verrückt bezeichnen, tut das ihrem Ehrgeiz keinen Abbruch.

Ich möchte Sie nun dazu auffordern, dies auch auszuprobieren. Setzen Sie sich ambitioniertere Ziele, was auch immer es ist. Planen Sie diese Weltreise. Gründen Sie dieses Unternehmen, von dem Sie schon immer träumten. Stürzen Sie sich in die Suche nach einer Lösung für dieses riesige globale Problem. Oder organisieren Sie sich, um Ihrer Gemeinde zu helfen. Wechseln Sie zu einem neuen Job oder einem neuen Berufsfeld. Ziehen Sie in eine neue Stadt oder ein neues Land. Ja, es braucht sehr viel Zeit und Energie, ein großes Ziel in Angriff zu nehmen. Und es wird nicht leicht – wenn es das wäre, würden es alle tun. Doch genau hier können Sie einen Unterschied machen. Denken Sie also groß und legen Sie los.

LANGZEITPERSPEKTIVEN SCHAFFEN INNEREN FRIEDEN

Das Schmieden großer Pläne braucht Zeit. Und das ist genau der Grund, warum wir sie gern meiden: Wir ziehen schnelle Resultate vor. Doch das ist schade, denn im Allgemeinen haben wir mehr Zeit, als wir glauben. Ich wette mit Ihnen, dass Sie die Zeit dafür hätten, ein Ziel 10, 20 oder sogar 50 Jahre lang zu verfolgen. Stellen Sie sich nur einmal vor, was Sie in dieser Zeit erreichen könnten. Bill Gates drückte es einmal so aus: »Die meisten Menschen überschätzen, was Sie in einem Jahr schaffen können, und unterschätzen, was sie in zehn Jahren schaffen können.«

Eine Langzeitperspektive lässt Ihnen auch mehr Luft zum Atmen. *Besonders* in den Phasen des Lebens, in denen Sie unter großem Leistungsdruck stehen. Sie wollen, dass die Dinge jetzt geschehen – in diesem Jahr, in diesem Monat oder, noch besser, *heute*. Wenn Sie Ihre Perspektive erweitern, kann das diesen Druck ausgleichen. Nicht alles muss sofort erledigt werden. Sie können auch Schritt für Schritt an einem etwas längerfristigen Ergebnis arbeiten. Es lohnt sich sogar die Frage, was befriedigender ist: Ihre beste Arbeit erledigt zu haben, bevor Sie 30 werden? Oder, wenn Sie auf die 75 zugehen?

In seinem Buch *Das Ticken des langen Jetzt* rät der Autor Stewart Brand sogar dazu, noch weiter in die Zukunft zu blicken. Brand und sein Team haben eine Uhr gebaut, deren Zeiger nur einmal im Jahr nach vorn rückt. Sie wird 10 000 Jahre lang nicht klingeln.[3] Das nenne ich mal Weitsicht! Laut Brand sind manche Probleme unlösbar, wenn man sie in einem Zeitfenster von zwei Jahren betrachtet – was jeder tut. Die gleichen Probleme seien jedoch einfach, wenn man sie in einem Zeitfenster von 50 Jahren betrachte.

Wenn wir wirklich etwas bewegen oder etwas Bedeutsames beitragen wollen, müssen wir damit aufhören, uns nur mit heute, dieser Woche, diesem Jahr oder vielleicht sogar unserer Lebenszeit zu beschäftigen, und damit anfangen, über das große Ganze nachzudenken. Dann lautet die Frage nicht, *ob* Sie etwas tun können, sondern *was* Sie tun werden.

ZURÜCK ZU IHREM TERMINKALENDER

Was auch immer Ihre Ambitionen sind: Mit Ihrem Terminkalender und den Prios der Woche zu beginnen, hilft Ihnen dabei, das zu tun, was Sie tun möchten. Ich bin überzeugt davon, dass wir Großes erreichen können, wenn die Grundlagen vorhanden sind. Denn nur dann haben wir die Kapazitäten, um über die großen Dinge nachzudenken. Und letzten Endes sind selbst die größten, ehrgeizigsten Aufgaben nur eine Reihe von kleinen, wenn man sie auseinandernimmt. Sie sind Arbeit, genauso wie die anderen.

Sie haben nun alle Tools, die Sie brauchen, um Ihre Arbeitswoche und Ihr Leben neu zu gestalten. Sie können die Dinge nun erledigen und zu dem kommen, was am wichtigsten ist. Und ist der

Kleinkram versorgt, können Sie anfangen, groß zu denken. Größer als jemals zuvor.

Eine bessere Zeit, um damit zu beginnen, gibt es nicht.

SAVE THE DATE
Sie möchten möglichst viel aus diesem Buch herausholen? Dann notieren Sie in Ihrem Terminkalender, es in sechs Monaten noch einmal durchzugehen. Sie werden mit Sicherheit Neues entdecken.

BENÖTIGEN SIE HILFE?
Wenn Sie sich unter gripbook.com/app für meine Handy-Erinnerung anmelden, werde ich Ihnen dabei helfen, die Methoden in diesem Buch auf Ihre Arbeitswoche anzuwenden. Wenn die Zeit für Ihren Wochen- und Jahresrückblick gekommen ist, erhalten Sie eine Nachricht von mir.

MEHR TIPPS GEFÄLLIG?
Wenn Sie sich auf gripbook.com für meinen Newsletter »Work in Progress« anmelden, erhalten Sie jede Woche einen neuen Tipp. Das hilft Ihnen dabei, Ihre Arbeit im Griff zu haben und Zeit für das zu finden, was am wichtigsten ist – Woche für Woche.

SPICKZETTEL FÜR TEIL 3

GUT ZUHÖREN

- Machen Sie sich ein klares Bild von Ihrem Problem und konsultieren Sie einen Experten.
- Schreiben Sie sich vorher Ihre Fragen auf.
- Geben Sie sich nicht zu schnell mit den Antworten zufrieden: Haken Sie sinnvoll nach.
- Machen Sie sich während des Gesprächs Notizen und gehen Sie sie nachher noch einmal durch.
- Wenden Sie an, was Sie erfahren haben. Wenn Sie mit intelligenten Menschen sprechen, nehmen Sie deren Ratschläge ernst.
- Berichten Sie später der Person, die Sie beraten hat, von Ihren Erfahrungen.

PROBLEME LÖSEN

- Haben Sie wirklich begriffen, wo genau das Problem liegt?
- Haben Sie sich vorhandene Lösungen angesehen?
- Haben Sie sich Alternativen überlegt?
- Haben Sie geprüft, wo Sie eventuell voreingenommen sind und haben Sie dem gegengesteuert?

BONUSKAPITEL: BESSERE NOTIZEN MACHEN

Mit einer App Gedanken festhalten (und wiederfinden)

Es ist schlau, sich Notizen zu machen. Zum Beispiel nehmen Sie so mehr von dem auf, was Sie hören. Ohne Notizen können Sie sich niemals an alles erinnern, was in Meetings besprochen und entschieden wurde. Gute Ideen verfliegen nur allzu leicht, wenn man sie nicht irgendwo festhält.

Wenn es um Notizen geht, arbeite ich gern mit einer größeren Freifläche, als mir bei meinen digitalen To-do-Listen zur Verfügung steht. In Kapitel 2 habe ich Ihnen dringend empfohlen, nichts mehr in Ihrem Kopf abzuspeichern. Und das gilt sowohl für Gesprächsergebnisse als auch Ihre eigenen Ideen. Sie gehören in eine digitale Notizen-App. Welche Sie wählen, bleibt Ihnen überlassen. Das meiste, was ich Ihnen hier vorschlage, funktioniert mit jeder beliebigen App.

Es ist eine bewusste Entscheidung, sich Notizen digital zu machen. Denn natürlich ist es superleicht, etwas auf einen Notizblock zu kritzeln. Doch den richtigen Zettel irgendwo herauszufischen, wenn man ihn gerade braucht? Alles andere als einfach. Warum ich eine Notizen-App benutze:

- Im Vergleich zu einem Notizbuch aus Papier findet man eine App schneller.
- Ich habe meine Notizen-App auf Handy, Tablet und Laptop installiert, wodurch ich jederzeit und überall auf meine Notizen zugreifen kann.
- Eine Notizen-App ist niemals voll, man verliert sie nicht, sie verfügt über endlos viel Platz sowie alle möglichen schlauen Tools, mit denen kein Notizbuch mithalten kann. Eine gute App macht

es einem einfach, Bilder, Links, Tabellen und sogar handgeschriebene Memos zu digitalisieren.

- Es ist ein Ort, an dem man seine Gedanken für ein Weile parken kann, damit sie zwar notiert, aber nicht im Weg sind.
- Manche Notizen-Apps, wie Evernote, können mit anderen Apps verknüpft werden. Das macht die Notizen-App zur besten Sammelstelle für alle Ihre Gedanken und Ideen. Wenn Sie sie zum Beispiel mit Instapaper verknüpfen (eine App, auf der man Artikel speichern und später lesen kann), taucht jede Zeile, die Sie dort markieren, automatisch in Evernote auf.
- Die meisten Notizen-Apps ermöglichen es, Notizen mit anderen zu teilen, selbst wenn sie nicht die gleiche App benutzen. Mit anderen Apps, wie Notes, kann man sogar gemeinsam an Notizen arbeiten.

Welche App ist die richtige für Sie?

Da draußen gibt es Hunderte von Notizen-Apps, und alle haben ihre Vor- und Nachteile. Empfehlen kann ich Ihnen noch die wunderschön gestaltete App Notion (notion.so) und Microsoft OneNote. Apple verfügt über eine integrierte Notizen-App, die hervorragend bewertet wird. Die Welt der Apps ist ständig im Wandel. Auf gripbook.com/apps finden Sie daher einen stets aktuellen Überblick über meine Favoriten.

Es gibt vorrangig zwei Wege, eine Notizen-App zu benutzen:

1. als Sammelstelle für Ihre Notizen,
2. als ein organisiertes Verzeichnis Ihrer Notizen.

Meist tendieren wir zum zweiten System, doch das bedarf etwas mehr Selbstdisziplin. Fangen wir also mit ersterem an, da es von größtem Vorteil ist, sich eine Sammelstelle für all Ihre Notizen einzurichten. Außerdem lässt sich eine simple Sammelstelle auch einfacher benutzen.

1. DIE SAMMELSTELLE

Wenn sich Ihre Notizen an einem sicheren Ort befinden, können Sie besser arbeiten. Denn wissen Sie erst einmal, dass Sie sie nicht verlieren werden, *und* werfen Sie hin und wieder einen Blick darauf (mehr dazu später), dann fühlen Sie sich gut dabei, sich in Meetings, Brainstorming-Runden, Terminen und bei anderen Gelegenheiten Notizen zu machen.

Der Ansatz, eine Notizen-App als einfache Sammelstelle für Notizen zu verwenden, ähnelt meiner Herangehensweise an E-Mails (siehe Kapitel 3). Bei manchen Apps ist bereits ein Notizbuch namens »Inbox« bzw. »Eingang« vorhanden. Falls Ihre App nicht darüber verfügt, richten Sie sich eines ein. Hier schreiben Sie Ihre neuen Notizen hinein. Um Ihrem Gedächtnis später auf die Sprünge zu helfen, sollten Sie diesen neuen Notizen aussagekräftige Titel geben. Sollten Sie es vorziehen, sich Dinge auf Papier zu notieren, probieren Sie doch eine App aus, in die Sie etwas per Hand eintragen können. Bei Evernote können Sie zum Beispiel Ihre Notizen mit einem Apple Pencil direkt in die App schreiben.

Hat die Notiz ihren Zweck erfüllt, können Sie sie ablegen, indem Sie sie von der Inbox in Ihr Archiv ziehen. Oder noch besser: Löschen Sie sie. Denn warum sollten Sie Notizen behalten, die Sie sich nie wieder ansehen werden?

Sie wollen sichergehen, dass Sie Ihre nächsten Notizen wirklich noch einmal durchlesen? Kein Problem. Bauen Sie es einfach in Ihre Woche ein. Machen Sie die Aufgabe »Notizen in meiner Inbox durchsehen« zu einem Teil Ihrer wöchentlichen Routine (Kapitel 4). Obwohl ich bereits ständig in meiner Notizen-Inbox bin, um zum Beispiel die Ergebnisse von Meetings zu erarbeiten, mag ich den Seelenfrieden sehr, der sich bei mir mit dem Wissen einstellt, dass ich mir diese Notizen noch einmal während meines

Freitagsrückblicks ansehen werde. Das heißt, dass ich jeden Freitag meine Notizen durchsehe und jeweils einzeln entscheide, ob bei einer Notiz Handlungsbedarf besteht oder sie gelöscht werden kann.

Ich benutze meine Notizen-App auch oft dafür, Ideenschnipsel zu speichern, die noch keine echten Aufgaben sind. Ich könnte sie zwar auch meiner To-do-Liste hinzufügen, doch durch diesen Extraplatz fühle ich mich frei, jeden Geistesblitz festzuhalten. Damit Sie eine Vorstellung davon bekommen, wie das aussehen kann, hier ein paar meiner Notizen aus meiner Zeit bei Blendle:

- »Meeting mit Datenschutzbeauftragten vorbereiten« – Das ist eine Liste mit Themen, die ich mit der Person besprechen will, die Blendle dabei hilft, die neuen Datenschutzbestimmungen einzuhalten.
- »Audio-Ideen Blendle« – Hier habe ich ein paar Ideen für die nächsten Schritte für Text-to-speech-Funktionen notiert.
- »Private Ziele Q3« – Ich arbeite daran, mir Ziele für das nächste Quartal zu überlegen, und habe diese Notiz eingerichtet, um alles aufzuschreiben, was mir so einfällt.
- »Gedanken zum Team« – Diese Notiz beinhaltet ein paar Gedanken zur Performance meines Teams und wie wir sie noch besser machen können.
- »Outsourcen« – Dies ist eine Liste von beruflichen und privaten Dingen, die ich gern an Externe vergeben oder delegieren möchte, um mehr Zeit für Wichtigeres zu haben.

Wie Sie sehen können, bestehen meine Notizen aus einem Mix an Dingen, um die ich mich irgendwann kümmern muss. Als Teil meines Freitagsrückblicks gehe ich diese Inbox durch und beschließe konkrete nächste Schritte:

- Nächster Schritt für »Private Ziele Q3«: Eine Stunde in meinem Terminkalender blockieren, um meine persönlichen Ziele auszuarbeiten.

- Nächster Schritt für »Audio-Ideen«: Die Handlung »Gehe deine Audio-Ideen durch und stelle sie vor« auf meine To-do-Liste schreiben.
- Nächster Schritt für »Gedanken zum Team«: Ein Meeting mit einem Teammitglied ansetzen, um Ideen für eine schlauere Strukturierung unserer Woche zu besprechen.

Ich archiviere nicht alle meine Notizen während meines Freitagsrückblicks. Es gibt immer etwas, über das ich noch länger nachdenken möchte, ohne mir bereits den Kopf über nächste Schritte zerbrechen zu müssen. Diese Notizen überspringe ich dann. Doch indem ich eine nach der anderen durchgehe, weiß ich, dass ich nichts Dringendes übersehen habe und sie alle nächste Woche noch einmal lesen werde.

In seiner kompaktesten Form ist eine Notizen-App nichts anderes als eine Inbox und ein Archiv. Sie bietet Ihnen viele Schmierzettel für Ihre Ideen und macht es Ihnen einfach, das zu finden, was Sie suchen. Falls Sie jedoch das volle Potenzial von Notizen ausschöpfen wollen, können wir noch einen Schritt weitergehen.

2. EIN ORGANISIERTES VERZEICHNIS

Ihre Notizen lassen Sie nicht nur heute bessere Entscheidungen treffen, sie sind auch auf längere Sicht von Vorteil. Fassen Sie nun als nächsten Schritt Ihre Notizen in Sammlungen zusammen, die Sie später noch verwenden können. Das könnten etwa Sammlungen von Büchern sein, die Sie lesen möchten, von neuen Serien, die Sie interessieren, oder von Orten, die Sie besuchen wollen – wie Cafés, Restaurants oder Museen. Wenn Sie Ihre Notizen schlau organisieren, werden Sie mit der Zeit eine wertvolle Sammlung zusammengestellt haben, aus der Sie sich bei Bedarf jederzeit etwas herausfischen können. Dafür könnten Sie die Suchfunktion Ihrer Notizen-App benutzen, doch Suchen ist nicht immer die beste Lösung. Versuchen Sie doch stattdessen, Ihre Notizen zu bündeln. Nehmen wir an, Sie bündeln all Ihre Notizen zu Filmen, die Sie sehen wollen, dann haben Sie zum Schluss eine fertige »Watchlist«.

Kurz gesagt: Wenn Sie Ihre Ideen strukturiert aufbewahren und sie auch wiederfinden wollen, wenn Sie sie brauchen, dann sollten Sie Ihre Notizen in digitalen Notizbüchern bündeln.

Die meisten Apps zwingen Sie nicht zu einer bestimmten Form der Organisation. Diese Freiheit bedeutet, dass die Möglichkeiten endlos sind, allerdings riskieren Sie dadurch auch, dass Ihre Notizensammlung zu einem chaotischen Haufen wird. Wenn das passiert, fühlen Sie sich vielleicht versucht, die Hände über dem Kopf zusammenzuschlagen und das Ganze sein zu lassen. Denken Sie daran: Je komplizierter das System, desto schwieriger ist es, mit ihm mitzuhalten. Wenn Sie das Gefühl bekommen, dass es unübersichtlich wird, ist es besser, bei einer Sammelstelle zu bleiben. Es ist sowieso schon die größte Errungenschaft, alle Notizen an einem Ort aufzubewahren.

Falls Sie sich jedoch noch besser organisieren wollen, hier noch ein paar Vorschläge für Standard-Notizbücher neben Ihrer Inbox und dem Archiv:

- Arbeit und Privates: Je weniger Notizbücher Sie haben, desto einfacher machen Sie es sich. Bevor Sie also detaillierte Rubriken erstellen, probieren Sie es doch zunächst mit solch breiten Kategorien wie »Arbeit« und »Privates«. Sie können sie bei Bedarf auch später noch erweitern.
- Ideen: Das ist ein Notizbuch für Ideen. Falls Sie eine »Irgendwann-Liste« oder ein »Irgendwann-Projekt« in Ihrer To-do-App haben, gibt es hier sicherlich Doppelungen. Doch wenn ich an meinen Ideen arbeiten möchte, bietet mir meine Notizen-App mehr Spielraum.
- Meetings (oder Notizbücher für wiederkehrende Meetings): Es kann sinnvoll sein, Sitzungsprotokolle und Notizen aus anderen Gesprächen aufzubewahren. Ich habe das eine Zeit lang getan, doch als ich realisierte, dass ich mir nie die Mühe machte, sie noch einmal zu lesen, hörte ich damit auf. Nun benutze ich

meine Notizen nur noch dafür, neue Handlungen zu erarbeiten. Danach lösche ich die Notiz. Doch eventuell erweist sich für Sie diese Sammlung als praktisch.

Außer diesen Standardsammlungen führe ich in Evernote auch spezifische Notizbücher, die mir so nützlich sind, dass ich sie mit Ihnen teilen möchte:

- Feedback: Dieses Notizbuch ist für das Feedback, das ich bekomme, auf der Arbeit oder sonst wo. Es ist eine wertvolle Sammlung, die mir dabei hilft, meine Fortschritte festzuhalten.
- Entscheidungen: Das ist der Ort, an dem ich meine größeren und denkwürdigeren Entscheidungen festhalte, damit ich sie mir später noch einmal ansehen und prüfen kann, ob ich richtiglag.
- Checklisten: Diese ist für alle Arten von Checklisten, vor allem für Reisen. Im Moment ist sie voller Listen mit Babysachen, die wir einpacken müssen, wenn wir irgendwohin gehen.
- Misserfolge: Hier verzeichne ich alle meine Fehler und Misserfolge. Das klingt nach einer schrecklichen Sammlung, und das ist sie auch. Gleichzeitig ist es aber auch eine sanfte Art, um aus meinen Fehlern zu lernen und sie etwas zu relativieren. Etwas, was sich zu seiner Zeit wie die größte Fehlentscheidung anfühlte, ist sechs Monate später meist irrelevant.

Hier noch zwei letzte allgemeine Tipps bezüglich Notizen-Apps:

1. **Machen Sie es sich nicht zu kompliziert.** Vor allem nicht am Anfang. Je weniger Notizbücher, desto besser. Wenn Sie das Notizenmachen so richtig gut beherrschen, können Sie sich überlegen, weitere Notizbücher hinzuzufügen.
2. **Bringen Sie hin und wieder frischen Wind in Ihr System.** Wie ich schon erwähnte, ist es sinnvoll, seine Inbox wöchentlich aufzuräumen. Das hilft mir auch dabei, alle paar Monate kritisch zu betrachten, auf welche Art ich meine Notizen organisiere. Denn

so sehe ich, was funktioniert und was nicht. Es gibt mir einen besseren Überblick und lässt mich wieder mehr Spaß am Notizenmachen haben. Nachdem ich verschiedene Änderungen vorgenommen habe, fühle ich mich wieder so motiviert, diese »neue« App zu benutzen, wie am ersten Tag.

BONUSKAPITEL:
GRIP IM URLAUB
Mit einem klaren Kopf verreisen

Nach einer wohlverdienten Pause sind Sie zurück im Büro und fühlen sich voller Energie und Tatendrang. Und dann passiert es. Sie öffnen Ihren Terminkalender für diesen Tag und sehen, dass Sie bereits eine halbe Stunde zu spät für Ihre erste Telefonkonferenz sind. Ein flüchtiger Blick in Ihr Postfach verrät Ihnen, dass 352 neue Nachrichten auf Sie warten. Und da liegt ein großer Stapel Briefe auf Ihrem Schreibtisch, Ihr Terminplan ist vollgepackt, und Sie haben bereits einen Kunden in der Warteschleife. Beim Mittagessen – ein belegtes Brot am Schreibtisch – wünschen Sie sich, Sie wären nie in den Urlaub gefahren.

Ihre Frustration ist nur zu verständlich. Die erste Woche nach dem Urlaub kann die stressigste Woche des Jahres sein.

Die gute Nachricht ist, dass es eine schlaue Art gibt, dies zu vermeiden – und das ist nicht schwer. Sie müssen lediglich ein paar wenige ausgewählte Zeitpunkte einplanen, um Ihre GRIP-Checkliste auszufüllen. Bereit? Los geht's.

1. SOBALD SIE WISSEN, DASS SIE URLAUB HABEN

Mit dieser Checkliste können Sie beginnen, sobald feststeht, von wann bis wann Sie weg sein werden.

- Tragen Sie Ihren Urlaub in den Terminkalender ein. Obwohl ich im Allgemeinen kein Fan davon bin, etwas doppelt zu tun, trage ich meine Urlaube nur allzu gern in mehreren Kalendern ein, um Missverständnisse zu vermeiden.
- Wenn Sie angestellt sind, halten Sie sich an das übliche Prozedere Ihres Arbeitgebers. Brauchen Sie eine Genehmigung Ihres

Chefs? Müssen Sie eine Vertretung organisieren? Oder Ihre Abwesenheit in das Intranet des Unternehmens eintragen? Bei vielen Unternehmen gibt es geteilte Terminkalender, in die jeder seine freien Tage eintragen kann.

- Informieren Sie die Personen, mit denen Sie arbeiten. Je früher sie wissen, wann genau Sie weg sind, desto einfacher ist es für alle, um Ihren Urlaub herum zu planen. Ich informiere gern per E-Mail, wann ich nicht da bin. Das verringert das Risiko, dass etwas durcheinandergerät.
- Und mein magischer Tipp: Blockieren Sie in Ihrem Terminkalender die ersten zwei Tage nach Ihrem Urlaub. So werden Sie genug Zeit haben, sich ein Bild der Lage zu machen, wenn Sie wieder da sind. (Vielleicht können Sie nicht jeden Termin absagen, aber versuchen Sie, sich große Zeitblöcke freizuhalten.) Das ist die Zeit, in der Sie sich auf den neuesten Stand bringen. Das hört sich vielleicht jetzt nach einem Overkill an, aber ich verspreche Ihnen, dass es sich später auszahlt.

2. DIE WOCHE VOR DEM URLAUB

Die letzte Arbeitswoche vor einem Urlaub kann sehr hektisch werden. Und trotzdem erledigt man oft unglaublich viel. Zapfen Sie an diese Vorurlaubsenergie an und stellen Sie einen intelligenten Plan für Ihre letzte Arbeitswoche auf. Dieser Plan besteht aus Ihrem Freitagsrückblick (Kapitel 4) und dieser Checkliste:

- Erinnern Sie Ihre Kollegen an Ihren Urlaub. Das geht mit einer E-Mail, in der spontanen Besprechung in der Kaffeeküche oder beim montäglichen Team-Meeting. Gehen Sie nicht davon aus, dass jemand in den Kalender geschaut hat und weiß, dass Sie ab Mittwoch weg sind.
- Informieren Sie wichtige Kunden oder Klienten über Ihre Abwesenheit. Für sie gibt es nichts Frustrierenderes, als herauszufinden, dass Sie weg sind, wenn Sie bereits am Strand liegen. Denn egal, wie gut Sie Ihre Abwesenheit organisiert haben, ein in der

Klemme sitzender Kunde könnte trotzdem anrufen. Natürlich können Sie nicht alle Eventualitäten einplanen. Doch es ist sicherlich hilfreich, Ihre Kunden frühzeitig von Ihrem Urlaub in Kenntnis zu setzen. Dann können sie entscheiden, ob sie noch etwas von Ihnen brauchen, *bevor* Sie gehen.

- Reservieren Sie sich etwas Zeit für Überraschungen auf der Arbeit. Streichen Sie nun auch alle Termine an Ihrem letzten Arbeitstag oder zumindest am Nachmittag. Dieser Puffer gibt Ihnen die Zeit, Fragen zu beantworten, die in letzter Minute von Kollegen und Kunden kommen, und Liegengebliebenes zu erledigen – so vermeiden Sie es, noch am Gate E-Mails zu schreiben.
- Machen Sie sich eine Liste mit den Dingen, die in der Woche vor Ihrer Abreise auf jeden Fall abgearbeitet werden müssen. Was müssen Sie noch tun, um mit einem klaren Kopf und sorgenfrei in den Urlaub zu starten? Beginnen Sie hierfür bei Ihrer To-do-Liste und Ihren E-Mails, aber sehen Sie sich auch Ihre laufenden Projekte und Ziele durch. Gibt es da etwas, was nicht warten kann? Seien Sie möglichst kritisch und beschränken Sie sich auf das Wesentliche. Als nächsten Schritt blockieren Sie für diese unaufschiebbaren Aufgaben Zeit in Ihrem Terminkalender. (In Kapitel 1 habe ich Ihnen gezeigt, wie man einen smarten Terminkalender einrichtet.) Und sprechen Sie mit Ihrem Vorgesetzten darüber, was getan werden muss, bevor Sie gehen.
- Falls Sie länger als eine Woche weg sein werden, parken Sie alle Aufgaben, die nach dem Urlaub anfallen, am besten auf Ihrer To-do-Liste. Normalerweise rate ich dazu, die kommende Arbeitswoche mit dem Terminkalender durchzuplanen, doch bei Urlauben, die eine Woche überschreiten, habe ich die Erfahrung gemacht, dass das keinen Sinn macht. Es wird sich so viel geändert haben, wenn Sie wieder da sind, dass Sie Ihre Pläne dann sowieso anpassen müssen. Eine To-do-Liste für nach dem Urlaub löst dieses Problem. Auf ihr steht alles, was Sie in Angriff nehmen müssen, damit Sie nichts Wichtiges überse-

hen. To-do-Einträge geben Ihnen auch die Flexibilität, jede Aufgabe mit frischem Blick zu evaluieren, bevor Sie sich mit ihnen beschäftigen.

- Bestimmen Sie, in welchen Bereichen Sie während Ihrer Abwesenheit vertreten werden müssen. Vor allem, wenn Sie für eine längere Zeit weg sein werden. Das sind vielleicht Projekte, die Sie jemand anderem anvertrauen müssen, Meetings, in die jemand für Sie gehen muss, oder Kunden, die vielleicht ein Update bezüglich der Fortschritte wünschen. Finden Sie heraus, wer Sie vertreten kann, und machen Sie einen Termin, um diese Person einzuarbeiten.

Wenn Ihr Terminkalender in etwa so aussieht wie meiner, werden Sie wahrscheinlich nicht die Zeit haben, sich neben Ihren üblichen Verpflichtungen um all diese Last-minute-Sachen zu kümmern. Doch das ist der ganze Zweck dieser Übung: herauszufinden, was machbar ist. Der nächste Schritt besteht darin, das Nicht-Machbare zu streichen. Welche Meetings können Sie in dieser letzten Woche sausen lassen oder nach dem Urlaub nachholen? Welche Aufgaben können Sie delegieren oder aufschieben? Entscheidend ist, dass Sie ehrlich zu sich selbst und allen anderen sind, damit Sie entspannt und befreit in den Urlaub fahren können.

3. DER LETZTE ARBEITSTAG VOR DEM URLAUB

Heute ist Ihre Chance, Liegengebliebenes wegzuschaffen. Davon ausgehend, dass Sie sich den Tag freigeschaufelt haben, können Sie damit sofort loslegen.

- Gehen Sie die Liste der unaufschiebbaren Aufgaben durch, die Sie letzte Woche geschrieben haben. Ist alles erledigt? In einer idealen Welt haben Sie sie wie geplant in Angriff genommen, doch in Wirklichkeit klappt das selten. Dinge kommen dazwischen und Pläne ändern sich. Ganz wichtig: nicht panisch werden. Überlegen Sie stattdessen zunächst, was Sie heute noch schaffen können. Versuchen Sie, dabei möglichst realistisch zu sein. Nächster Schritt: Reden Sie mit anderen. Kommunizieren Sie klar und deutlich, welche Fortschritte Sie erzielt haben und was noch nicht getan ist. Natürlich ist es frustrierend, Dinge unfertig zu hinterlassen, aber es nicht zu kommunizieren, ist für alle schlimmer.

- Checken Sie Ihre To-do-Liste und Ihre E-Mails. Im Laufe der vergangenen Woche haben Sie wahrscheinlich neue Aufgaben hinzugefügt und neue E-Mails erhalten, also werfen Sie einen kurzen Blick auf beides. Gibt es da etwas, was auf keinen Fall warten kann? Falls Sie nicht genug Zeit haben, empfehle ich Ihnen – Sie haben es erraten – zu kommunizieren! Versprechen Sie, nach Ihrer Rückkehr zügig zu antworten, räumen Sie sich jedoch einen Puffer ein. Zum Beispiel: »Ich bin ab dem 26. August wieder im Büro, ich melde mich dann in den darauf folgenden Tagen bei Ihnen.«
- Prüfen Sie mit Ihrem Vorgesetzten und Ihrem Team, ob noch etwas liegen geblieben ist. Womöglich endet das für Sie so, dass Sie noch mehr zu tun bekommen, doch das – ich wiederhole – ist schließlich der Grund, warum Sie heute nichts anderes geplant haben. Entscheiden Sie, was Sie jetzt erledigen können, delegieren Sie, was Sie können, und kommunizieren Sie die Ergebnisse.
- Haben Sie wirklich alles abgegeben, was abgegeben werden musste?
- Prüfen Sie Ihren Terminkalender zweimal: Ist Ihre Urlaubszeit frei von Terminen und ist allen klar, dass Sie weg sein werden?
- Richten Sie eine automatische Abwesenheitsnotiz für Ihr Postfach ein. Am sinnvollsten sind solche Notizen, wenn Sie das Datum, an dem Sie wieder im Büro sein werden, und einen Ansprechpartner nennen, mit dem man im Bedarfsfall Kontakt aufnehmen kann. Ebenso gilt: Seien Sie konkret. »Ich habe nur begrenzt Zugang zu meinem E-Mail-Postfach« ist vage und verwirrend, wohingegen »Bis zum 29. August werde ich keine E-Mails lesen« unmissverständlich ist.

- Eine weitere gute Praxis ist, Ihre Abwesenheitsnotiz auch noch während Ihres ersten Arbeitstags aktiviert zu lassen. Dieser Extraspielraum wird sich sicher noch als nützlich erweisen.

Das war's! Jetzt ist alles unter Dach und Fach. Zeit, den Urlaub zu genießen.

4. DIE ERSTEN ZWEI ARBEITSTAGE NACH DEM URLAUB

Wenn Sie Ihren Terminkalender freigeräumt haben (mein magischer Tipp aus Checkliste 1), dann haben Sie heute und morgen viel Zeit, um herauszufinden, wie Ihre Projekte laufen. In diesen beiden Tagen geht es nur darum, Sie wieder auf den neuesten Stand zu bringen, damit Sie am besten entscheiden können, auf was Sie sich den Rest der Woche konzentrieren sollten.

Ihr Aktionsplan zum Wiedereinfinden:

- Prüfen Sie Ihren Terminkalender sorgfältig. Damit stellen Sie sicher, dass niemand ein Meeting eingestellt hat, an dem Sie teilnehmen müssen, oder heute oder morgen andere Pläne für Sie gemacht hat. Falls dies der Fall ist, versuchen Sie, den Termin zu verschieben.
- Versetzen Sie sich an diesen ersten zwei Tagen in den Zuhörmodus. Hören Sie zu, was in Ihrer Abwesenheit passiert ist und was nicht. Sicherlich gibt es Dinge, die Sie anders gemacht hätten oder die Sie überdenken müssen. Doch bevor Sie zur Tat schreiten, sollten Sie sich über jedes Detail informieren. Bevor Sie nicht mit allen gesprochen und alles gelesen haben, sind Sie nicht voll im Bilde.
- Gehen Sie Ihre E-Mails durch. Normalerweise rate ich nicht dazu, bei den E-Mails anzufangen, doch wenn Sie eine Zeit lang nicht im Büro waren, ist Ihr Posteingang der beste Ort, um die anstehende Arbeit zu überblicken. Wenn Sie das als Erstes tun, hält es Sie auch davon ab, Aufgaben anzugehen oder weiterzubearbeiten, die in Ihrer Abwesenheit erledigt oder irrelevant

wurden. Deshalb ist es auch besser, sich von den neueren E-Mails zu den älteren durchzuarbeiten. Halten Sie sich einfach an die Schritte aus Kapitel 3: Lesen Sie sorgfältig jede Nachricht in Ihrem Posteingang, entscheiden Sie, welcher Handlungsbedarf Ihrerseits besteht und schreiben Sie diese Arbeit auf Ihre To-do-Liste oder Ihren Terminkalender. Wenn es etwas ist, was Sie in zwei Minuten oder weniger erledigen können, kümmern Sie sich sofort darum.

- Bitten Sie Ihre Kollegen um Projekt-Updates, die sich auf das beziehen, was Sie aus E-Mails und anderen Quellen herausgelesen haben.

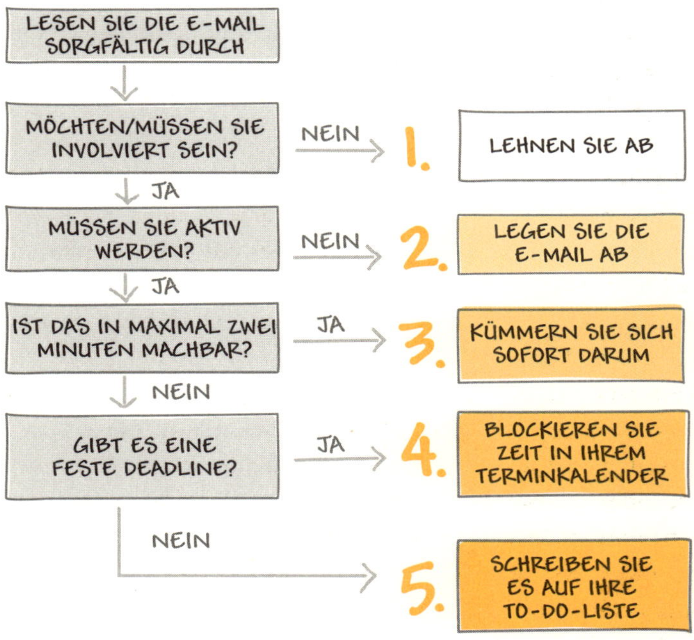

- Machen Sie am Ende Ihres ersten Arbeitstags einen Freitagsrückblick »light«. Es kann sein, dass Sie Ihren Terminplan aufgrund all dieser neuen Infos umstellen müssen, daher ist das die beste Zeit, um für den Rest der Woche die Prioritäten zu bestimmen.

Wenn Sie diese vier Schritte befolgen, können Sie sich sicher sein, dass Sie mit einem klaren Kopf in den Urlaub fahren und sich danach wieder entspannt in die Arbeit einfinden.

BENÖTIGEN SIE HILFE?
Dann melden Sie sich für den Urlaubsassistenten an, den es für dieses Kapitel gibt (siehe gripbook.com/vacation). So erhalten Sie eine Reihe von zeitlich abgestimmten E-Mails, die Sie rechtzeitig an die Schritte erinnern, die nötig sind, um sorgenfrei in den Urlaub fahren zu können.

Checkliste: Vom Chaos zur Gelassenheit

Was ist, wenn Sie Ihren Terminplan an diesen beiden ersten Tagen nicht freihalten können? Oder Sie können es, finden aber ein komplettes Chaos vor? So können Sie Stress vermeiden und die Dinge wieder zum Laufen bringen:

- Wenn zu viel auf Sie zukommt, ist es das Beste, sich mehr Spielraum zu geben. Prüfen Sie, was Sie heute streichen oder verschieben können. Es macht keinen Sinn, an einem Meeting teilzunehmen, wenn Sie zu gestresst sind, um klar zu denken. Sagen Sie es also, wenn möglich, ab.
- Schreiben Sie auf, was den Stress auslöst und alle panisch werden lässt. Machen Sie eine kurze Liste - digital oder auf Papier - von allem, was Sie erledigen müssen. Das Wichtige ist, sich einen Überblick zu verschaffen. Und machen Sie sich keine Sorgen über die Zeit, die dieser Schritt braucht. Denn ich verspreche Ihnen: Diese Liste lohnt sich.

- Für jedes dringende Thema: Was könnte den Druck herausnehmen? Gibt es eine anstehende Deadline, die Sie übersehen haben? Führen Sie dann einzeln auf, was rechtzeitig fertig werden muss.
- Da Sie aufgelistet haben, was erledigt werden muss, können Sie nun bestimmen, was am dringendsten ist. Tragen Sie dies der Dringlichkeit nach in Ihren Terminkalender ein, damit Sie die dringendste (und stressigste) Aufgabe als Erstes angehen. Das wird Sie sofort erleichtern.
- Doch bevor Sie Ihre wichtigste Aufgabe in Angriff nehmen: Kommunizieren Sie! Sagen wir, Sie haben drei Dinge zu tun und wollen zwei heute und das dritte morgen früh erledigen. Da Sie wahrscheinlich gut abschätzen können, wann Sie abliefern werden, informieren Sie also wartende Kunden und Kollegen von Ihrem Zeitplan.

Den größten Fehler, den wir unter Druck machen können, ist zu versuchen, trotz des Stresses noch all unsere reguläre Arbeit unterzukriegen. Das ist das Gegenteil von effizient. Wenn Sie diese Checkliste abhaken und sich etwas Bewegungsfreiheit verschaffen, werden Sie schon bald wieder den Überblick über alles haben.

TIPPS FÜR HARTGESOTTENE

- Ich habe die Erfahrung gemacht, dass ich nach einem langen Urlaub entspannter zur Arbeit gehe, wenn ich statt am Sonntag bereits am Freitagabend wieder nach Hause komme. Das böse Erwachen am Montagmorgen ist dann nicht ganz so böse, da ich bereits das Wochenende hatte, um wieder anzukommen. Aus dem gleichen Grund machen manche Menschen von Mittwoch bis Mittwoch Urlaub. So hat man zwei weniger anstrengende Arbeitstage, um sich entspannt mit allem vertraut zu machen, bevor man am Montag wieder alles gibt.

- Wenn Sie es auf die harte Tour machen wollen, kommunizieren Sie – und schreiben Sie es in Ihre Abwesenheitsnotiz –, dass Sie keine E-Mail lesen werden, die während Ihres Urlaubs eintrudelt. Bitten Sie Ihre beruflichen Kontakte, *Ihnen noch einmal zu schreiben,* wenn Sie wieder da sind. Das zwingt die Absender zu entscheiden, ob ihre Nachricht dann noch immer relevant sein wird, was Ihnen diese Arbeit abnimmt.
- Die übliche Abwesenheitsnotiz ist ziemlich trocken. Machen Sie sie persönlich, indem Sie interessante Blogeinträge, Bücher oder sogar Jobangebote verlinken.
- Wenn Sie es nicht abwarten können, sich wieder an die Arbeit zu machen, könnten Sie Ihre E-Mails auch bereits auf der Rückreise lesen. Das hilft mir immer dabei, mich wieder auf dem neuesten Stand zu fühlen. Außerdem vergeht so bei langen Zugfahrten oder Flügen die Zeit schneller. Die meisten E-Mail-Programme, auch Gmail, kann man auch offline nutzen. Öffnen Sie vor der Abreise einfach Ihr Postfach, um die neuen Nachrichten zu empfangen. So können Sie unterwegs durch all Ihre E-Mails gehen. Sobald Sie sich wieder verbinden, wird sich das Programm synchronisieren – und Sie haben einen Schritt aufgeholt.[1]

BONUSKAPITEL: GRIP UND DIE LEITUNG EINES TEAMS

Als Führungskraft das große Ganze im Auge behalten

Unzählige Bücher drehen sich um die Frage, wie man eine bessere Führungskraft wird. Viele beschäftigen sich dabei intensiv mit unterschiedlichen Führungs- und Managementstrategien. Doch die wichtigsten Fragen, die man sich in einer Führungsposition stellen sollte, sind eigentlich recht einfach: Was zählt konkret zu Ihren Aufgaben? Wie vereinbaren Sie all diese Verantwortungsbereiche? Und wie verlieren Sie unter den tagtäglichen Anforderungen nicht den Blick für das große Ganze?

In diesem Buch habe ich Ihnen gezeigt, wie Sie Ihrer Arbeit und Ihrem Leben eine Richtung geben. Ich habe Ihnen verschiedene Arten gezeigt, wie Sie das Beste aus Ihrem Terminkalender, Ihrer To-do-Liste und Ihren E-Mails herausholen – damit Sie mehr Aufgaben mit weniger Stress erledigen können. Doch da ist noch ein Thema, das ich bisher nicht angesprochen habe: Wie führt man Menschen? Ich habe es absichtlich bisher nicht behandelt. Denn ich wollte ein Buch schreiben, das für alle relevant ist, nicht nur für Menschen in Führungspositionen.

Mit diesem Bonuskapitel möchte ich Ihnen mitgeben, was ich in meinem Job über die Jahre gelernt habe – zuerst als frischgebackener Manager und später als Manager von Managern.

In diesem Kapitel werde ich die Bezeichnungen »Manager«, »Führungskraft«, »Teamleitung« und »Vorgesetzter« synonym verwenden. Mir ist zwar klar, dass es da Unterschiede gibt, aber diese Rollen haben auch eine Sache gemeinsam: Die Menschen in diesen Positionen sind nicht nur verantwortlich für ihre eigene Arbeit, sie haben auch das Privileg, mit anderen Menschen zusammenzuarbeiten, um ihre Mission zu erfüllen. Und ich verwende den Begriff »Privileg« nicht ohne Bedacht. Es ist gut, wenn wir verstehen, dass wir nicht alles allein schaffen können. Sicherlich können Sie allein viel erreichen, indem Sie intelligenter arbeiten, doch es kommt der Punkt, an dem mehr Effizienz nur noch zu einem kleinen Unterschied im Resultat führt. An diesem Punkt wird die Kunst des schlauen Arbeitens zu der Kunst, sich ein Team aufzubauen.

WAS SIND DIE ZIELE EINES MANAGERS?

Ganz wichtig ist es zunächst, dass Sie sich im Klaren darüber sind, welche Aufgaben Sie als Manager haben. Das lässt sich meist auf zwei Punkte herunterbrechen:

1. Sie sind verantwortlich für die Qualität der Produkte oder Services, die Ihre Organisation anbietet.
2. Sie sind verantwortlich für die Erreichung der Ziele, die sich Ihr Unternehmen gesetzt hat.

Die Führungskraft ist also dafür zuständig, dass die Arbeit getan wird, und das – in vielen Fällen – *besser* als zuvor. Das könnte heißen: ein Produkt oder eine Dienstleistung zu verbessern, die Produktion zu steigern oder die gleiche Arbeit kostengünstiger zu leisten. Entspricht die Qualität der Arbeit nicht den Anforderungen, ist es meist der Manager, der dafür geradestehen muss. Und wenn Führungskräfte ihre Ziele nicht erreichen, wirkt sich das auf die gesamte Organisation aus.

Mit den folgenden grundlegenden Fragen können wir diese beiden Verantwortungsbereiche konkretisieren:

- Welche Produkte oder Services fallen unter Ihre Verantwortung?
- Was genau ist mit »Produkt- oder Servicequalität« gemeint?
- Was sind die Ziele des Unternehmens?
- Welche dieser Ziele fallen in Ihren Verantwortungsbereich?

Nach meiner Erfahrung rühren die meisten Missverständnisse zwischen den verschiedenen Managementebenen daher, dass diese Fragen widersprüchlich beantwortet werden. Nehmen wir einmal an, Sie sind sich bezüglich des Qualitätsstandards Ihres Services oder Produkts untereinander uneinig. Es ist gut möglich, dass Ihre Prioritäten nicht mit dem in Einklang stehen, was Ihr Chef will. Um die Situation zu entschärfen – oder besser noch, um sie von Anfang an zu vermeiden –, sollten Sie eigene Antworten auf diese vier Fragen finden und sie mit denen Ihres Vorgesetzten vergleichen. Dann wissen Sie, ob Sie auf der gleichen Wellenlänge sind.

Wenn Sie diese Fragen klar beantworten können, sind Sie anderen Managern und Teamleitern meilenweit voraus. Und haben Sie Ihre Arbeitswoche erst einmal so strukturiert, dass Sie die Produkte, Dienstleistungen und Ziele Ihres Unternehmens als Team verwirklichen, können wahre Wunder geschehen. Sprechen wir also nun darüber, *wie* man diese Produkte, Dienstleistungen und Ziele verwirklicht. Beginnen wir hier beim 3P-Modell.

Das 3P-Modell

Um hochwertige Arbeit zu leisten und Ihre Ziele zu erreichen, stehen Ihnen drei Ressourcenarten zur Verfügung:

1. Personen – Wer erledigt die Arbeit?
2. Prozesse – Wie werden sie erledigt?
3. Produkte – Was wird erzeugt?

Das 3P-Modell wird häufig dazu verwendet, Unternehmen genauer zu betrachten. Ihr Job als Manager besteht darin, alle drei Elemente im Griff zu haben. Und das funktioniert so:

IHR TEAM

Glückwunsch! Als Manager sind Sie in der privilegierten Position, nicht alles allein wuppen zu müssen. Sie haben ein Team, das Ihnen Arbeit abnehmen kann. In den letzten Jahren habe ich erkannt, dass es zwei Zutaten gibt, die für eine gute Teamleitung essenziell sind:

1. Einzelgespräche und
2. strukturelles Feedback.

1. Einzelgespräche

Über das Thema Einzelgespräche, Mitarbeitergespräche, Coachinggespräche oder Rückmeldegespräche (wie auch immer Sie es nennen wollen) stolperte ich zum ersten Mal im Podcast »Manager Tools« und in Andy Groves brillantem Buch *High Output Management*. Sie können diese Termine so kompliziert gestalten, wie Sie möchten, doch im Kern geht es darum: sich jede Woche für 30 Minuten mit jedem Teammitglied zusammenzusetzen. Natürlich kann es anstrengend sein, neben all den anderen Dingen, die nach Ihrer Aufmerksamkeit schreien, auch auf dem Schirm zu haben, wie es bei Ihren Mitarbeitern läuft. Diese Einzelgespräche geben Ihnen jedoch jede Woche die Möglichkeit, innezuhalten, gemeinsam Bestandsaufnahme zu machen und zueinanderzufinden. Jede Führungskraft hat ihren eigenen Stil. Und außer, dass man sich Zeit für jedes Teammitglied und seine Belange nimmt, gibt es hierzu keine Regeln.

Jetzt denken Sie vielleicht: »Moment mal. Eine halbe Stunde pro Woche und pro Mitarbeiter? Dann kann ich ja gleich meiner ganzen Woche Adieu sagen!« Ich widerspreche Ihnen da auch nicht – das ist sehr viel Zeit. Doch das ist es absolut wert. Diese wöchentlichen Einzelgespräche bewahren Sie nicht nur auf lange Sicht davor, die Nähe zu Ihrem Team zu verlieren, sie haben auch unmittelbarere Vorzüge. Wie fänden Sie es, wenn Sie nicht mehr ständig mit Fragen und Anfragen überschüttet würden, weil Ihr Team sich das für das nächste Einzelgespräch aufhebt?

Ein paar praktische Tipps:

- **Bündeln Sie Ihre Einzelgespräche.** Ich versuche, meine direkt nacheinander auf den Mittwoch zu legen. Das ist zwar sehr anstrengend, aber dann haben Sie es auch für die Woche hinter sich.

- **Machen Sie sich laufend Notizen.** Ich mache mir für jedes Teammitglied separate Notizen in meiner Notizen-App und füge nach jedem Meeting ein paar Stichpunkte hinzu.
- **Verwenden Sie Tags in Ihrer To-do-Liste.** In Kapitel 2 habe ich Ihnen gezeigt, wie Sie eine To-do-Liste erstellen, um nichts mehr in Ihrem Kopf abspeichern zu müssen. Wenn andere Personen in Aufgaben involviert sind, katalogisiere ich sie ebenfalls unter einem Stichwort. So kann ich besser filtern und sehe auf einen Blick, was ich im Gespräch besprechen möchte.
- **Machen Sie Ihre Einzelgespräche zur Priorität.** Versuchen Sie, diese Meetings auch wirklich jede Woche abzuhalten – komme, was wolle. Denn einerseits wird es immer etwas zu besprechen geben, andererseits macht nichts Ihrem Team deutlicher, dass es Ihnen nicht wichtig ist, als das ständige Verschieben oder Absagen der Mitarbeitergespräche.

Wie groß ist Ihr Team?

Sie haben es nicht immer in der Hand, wie groß Ihr Team ist; die Größe kann auch stark schwanken. Doch ich finde es ideal, nicht mehr als acht Mitarbeiter zu haben, die mir direkt unterstellt sind. Jeff Bezos, Gründer von Amazon, führte diesbezüglich die »Zwei-Pizzen-Regel« ein: Man sollte sein Team mit nur zwei großen Pizzen satt bekommen können. Abgesehen davon, dass größere Teams nicht so gut arbeiten, ist es für Manager schwierig, so viele Menschen gut und aufmerksam zu führen. Mit acht Leuten schaffen Sie Ihre Einzelgespräche an einem einzigen Nachmittag.

Falls Ihr Team größer ist, könnten Sie diese Meetings für jede zweite Woche ansetzen. Das sorgt zwar nicht für die gleiche Nähe zu Ihren Leuten, doch es ist allemal besser, als darauf zu hoffen, dass man sich hin und wieder in der Kaffeeküche begegnet.

2. Strukturelles Feedback

Bei Blendle investierten wir sehr viel Zeit und Energie in ein effektives Feedback-Modell. (Falls Interesse besteht, können Sie sich das alte Mitarbeiterhandbuch online ansehen.)[2] Wir hielten Feedback für essenziell und arbeiteten hart daran, eine Kultur zu etablieren, in der positives Feedback und konstruktive Kritik die Norm war. Spontanes Feedback war ebenfalls immer willkommen. Und wir bestimmten zwei feste Termine im Jahr, um strukturierteres Feedback zu geben und zu erhalten. Das funktioniert folgendermaßen:

- Alle Teammitglieder beurteilen sich schriftlich zum Thema »Wirkung« (Was habe ich zum Unternehmen beigetragen?) und »Fortschritt« (Welche Fortschritte habe ich gemacht?). Dabei geben Sie sich eine Punktzahl zwischen 1 und 5 und beantworten diese drei Fragen: 1. Was sind meine größten Beiträge für Blendle? 2. Was ist gut gelaufen? 3. Was könnte ich besser machen?
- Die Teamleiter schreiben ebenfalls eine Beurteilung zu jedem Mitarbeiter.
- Jeder wählt zwei oder drei Kollegen aus (aus irgendeinem Team) und bittet sie um Feedback. Es wird das gleiche Formular benutzt.
- Wenn die ausgefüllten Formulare abgegeben sind, können die Mitarbeiter das Feedback ihrer Kollegen und ihres Teamleiters lesen.
- Die Teamleiter führen mit jedem Mitarbeiter ein Feedback-Gespräch. Das sind ausdrücklich keine Leistungsbeurteilungen. Sie haben keinerlei vertragliche Folgen und sind nicht mit Beförderungen oder Gehaltserhöhungen verbunden. Das ist absichtlich so, denn jeder soll sich dazu ermutigt fühlen, in seinem Feedback vollkommen offen und ehrlich zu sein.
- Die Idee dahinter ist, dass die Person, die das Feedback empfängt, in diesem Gespräch die Führung übernimmt. Da sie hier sind, um zu lernen, ist es nur zu sinnvoll, dass sie das Gespräch lenken. Dabei werden drei Ziele erfolgt: das Feedback zu inter-

pretieren, die einzelnen Punkte miteinander zu verbinden und Entwicklungsmöglichkeiten zu skizzieren.

- Nach den Meetings nutzen die Mitarbeiter das erhaltene Feedback dafür, um sich Ziele für das nächste Quartal zu setzen. Die Teamleiter begleiten diesen Prozess und helfen jeder einzelnen Person, ihre Ziele zu erreichen.

Feedback nur zu festgelegten Zeiten? Oder jederzeit?

Ich bin ein Fan von regelmäßigen Feedback-Gesprächen. Andere geben lieber ständig Feedback und verzichten auf feste Termine. Theoretisch ist das eine gute Idee: keine Vorbereitung, keine komplizierte Terminfindung und keine seltsamen Diskussionen. Verlockend! Doch in der Praxis gerät die gute Feedback-Kultur dann schnell wieder in Vergessenheit. Es führt kein Weg daran vorbei – gutes, durchdachtes Feedback braucht Zeit und Energie.

Folgendes hilft mir dabei, Beurteilungen zu schreiben, aus der meine Leute auch wirklich etwas mitnehmen:

- **Machen Sie sich strukturierte Notizen zu jedem Mitarbeiter.** Am besten gewöhnen Sie sich an, Ihre Beobachtungen (positive und negative) irgendwo zu notieren. Diese Stichpunkte schreibe ich mir, wie gesagt, in eine Notizen-App. Das hilft mir beim Verfassen meiner Leistungsbeurteilungen sehr.
- **Planen Sie frühzeitig ein, diese Beurteilungen zu verfassen.** Es ist eine wichtige Aufgabe, und nicht genug Zeit dafür zu haben, kann schrecklich frustrierend sein (besonders ohne gute Notizen). Diesen Stress können Sie sich ersparen, indem Sie diese Aufgabe weit im Voraus in Ihrem Terminkalender einplanen. Meist plane ich auch noch mindestens einen zusätzlichen Durchgang ein, um an meinen Beurteilungen zu feilen. Meine ers-

ten Entwürfe können schwammig oder taktlos sein. Eine zweite Runde schafft diesbezüglich Abhilfe.

- **Was ist das Wichtigste, das Sie mitteilen möchten?** Bevor Sie anfangen, etwas zu schreiben, entscheiden Sie: Was möchte ich auf jeden Fall zum Ausdruck bringen? Was soll die Person aus meinem Feedback und unserem Gespräch mitnehmen? Das sollten Sie klar vor Augen haben, bevor Sie es aufschreiben. Und lassen Sie jede Art von vagem oder weniger wichtigem Feedback weg. Oder alles, was missverstanden werden könnte.
- **Keine Überraschungen.** Eine gute Daumenregel beim Verfassen von Beurteilungen lautet, dass nichts in Ihrem Feedback eine Überraschung sein sollte. Alles ist besser bereits aus Ihren wöchentlichen Einzelgesprächen bekannt. Mal angenommen, das ist der Fall und Sie haben ein gutes Verhältnis zu Ihrem Mitarbeiter, dann werden Sie im Feedback-Gespräch wahrscheinlich keine neuen Felder abstecken. Stattdessen können Sie sich gemeinsam auf die Entwicklungsmöglichkeiten des Mitarbeiters in den kommenden Monaten konzentrieren.
- **Nehmen Sie sich die Zeit, das Feedback anderer zu lesen.** Bei Blendle setzten wir uns für jede Beurteilungsrunde Fristen, damit jeder die Zeit bekam, sich richtig vorzubereiten. Das klingt selbstverständlich, ich weiß. Doch wenn sich jemand die Mühe gemacht hat, ein Feedback zu schreiben, ist es besonders wichtig, es sorgfältig durchzulesen und sacken zu lassen. Blockieren Sie dafür also Zeit in Ihrem Terminkalender. Versuchen Sie, sich vor dem Meeting klarzumachen, welche Hauptpunkte Sie rüberbringen wollen.

Eine ehrliche und durchdachte schriftliche Beurteilung, kombiniert mit einem offenen und positiven Dialog, kann große Wirkung auf die Leistung eines Mitarbeiters, auf das Team als Ganzes und auch auf Sie selbst haben.

Gute Leute finden

Als Manager jonglieren Sie meist mit vielen Dingen gleichzeitig. Doch egal, wie geschickt Sie Ihre Mitarbeiter führen: Irgendwann kommt der Punkt, an dem Ihr Team einfach alles gibt, und Sie erkennen, dass Sie trotzdem Unterstützung brauchen. Die Erfahrung hat gezeigt, dass es eine Kunst für sich ist, diese Unterstützung zu finden.

2017 habe ich sehr viel Zeit damit verbracht, mein Team zu vergrößern. Danach hatte ich das Gefühl, das Team sei vollständig, und ließ meine Rekrutierungsbemühungen wieder schleifen. Allerdings entdeckten wir irgendwann im darauffolgenden Jahr, dass wir in manchen Bereichen neue Leute brauchen könnten. Doch da ich es damals vorerst auf Eis gelegt hatte, mit potenziellen neuen Mitarbeitern zu sprechen, musste ich den ganzen Prozess nun noch einmal von vorn aufrollen. Das bremste mich ziemlich aus, und wir mussten uns einige Monate lang unterbesetzt durchschlagen. Machen Sie nicht den gleichen Fehler. Nehmen Sie sich stattdessen vor, immer nach außergewöhnlichen Leuten Ausschau zu halten. Das beinhaltet, neue Kontakte zu knüpfen und berufliche Netzwerke zu pflegen. Wenn Sie damit warten, bis Sie jemanden brauchen, sind Sie nämlich zu spät dran.

Je höher Ihre Hierarchieebene, desto mehr Zeit sollten Sie mit Menschen und Rekrutierung verbringen. Das liegt daran, dass Anstellungen gleichzeitig Multiplikatoren sind: Sie allein können alle möglichen kleinen Schritte unternehmen, um schlauer und effizienter zu arbeiten. Finden Sie jedoch die richtigen Leute, die Ihnen helfen, wird das Ihre Effizienz massiv steigern. Mit guten Leuten zu arbeiten, ist außerdem das größte Geschenk, das Sie sich als Manager machen können. Denn Ihre Arbeit wird dadurch um so viel interessanter.

Manager sowie Nicht-Manager sollten sich bewusst machen, dass das eigene aktuelle Netzwerk eine wichtige Quelle für potenzielle neue Kollegen ist. Sprechen Sie also viele Einladungen zum Kaffee aus, schmieden Sie neue Kontakte und investieren Sie in Ihre Beziehungen. Abgesehen davon, dass es Spaß macht, ist ein gutes

Netzwerk auch eine sehr gute Ressource, die uns zur Verfügung stehen sollte.

Doch wie findet man nun die richtigen Leute? Hier ein paar Tipps, die Ihnen helfen könnten:

- **Beschreiben Sie die offene Stelle klar und ehrlich.** Obwohl sehr viele potenzielle Kandidaten nicht auf Jobsuche sind und Sie ein breiteres Netz spannen müssen (mehr dazu gleich), ist es wichtig, eine vollständige und ansprechende Jobausschreibung online zu stellen. Denn so können Sie interessierte Kandidaten auf diese Ausschreibung verweisen. Bei Blendle hatten wir die Idee, zusätzlich konkrete Herausforderungen anzugeben, an denen der neue Mitarbeiter arbeiten wird. Das war eine erfrischende Ergänzung zu den immergleichen Listen von Fähigkeiten und Aufgaben – und die Bewerber waren begeistert. Außerdem benutzten wir »Homerun«, ein fantastisches Tool, das professionelle Jobausschreibungen erstellt, eine einfache Bewerbung ermöglicht und verzeichnet, wer sich in welcher Phase des Bewerbungsprozesses befindet.
- **Seien Sie bereit, sich selbst ans Mitarbeiter-Sourcing zu machen.** Darunter verstehe ich die proaktive Suche nach vielversprechenden Kandidaten. Warum? Weil sich die Besten nicht auf Jobsuche befinden – sie sind glücklich dort, wo sie sind. Es liegt an Ihnen, sie zu finden, sie für das Team sowie das Unternehmen zu begeistern und davon zu überzeugen, dass man sich näher kennenlernen sollte. Tipps hierzu finden Sie im Infokasten auf der nächsten Seite.
- **Priorisieren Sie Diversität.** Allein zu diesem Stichpunkt lässt sich ein ganzes Buch füllen. Worauf ich hinauswill? Ein diverses Team ist ein besseres Team. Hüten Sie sich davor, Leute einzustellen, die so sind wie Sie. Arbeiten Sie daran, Menschen mit unterschiedlichen Backgrounds und Persönlichkeiten zusammenzubringen.
- **Die erste Bewerbung ist meistens nicht die beste.** Das ist etwas, was mir schon oft passiert ist: Ich will eine offene Stelle beset-

zen und der erste Bewerber fühlt sich sofort wie ein Volltreffer an. Die Versuchung ist groß, die Suche zu beenden und ihn an Ort und Stelle einzustellen. Doch das ist selten eine gute Idee. Ich habe erkannt, dass ich stattdessen mit mindestens zwei oder drei Bewerbern sprechen muss, um einen Vergleich zu haben. Und nach ein paar Bewerbungsgesprächen verändert sich meine Auffassung zur Stelle und diesem ersten Bewerber immer.

- **Sprechen Sie immer mit den Referenzen.** Mit einer oder zwei der Referenzen der sich bewerbenden Person zu sprechen, ist ein einfacher Weg zur Überprüfung ihrer Angaben. Zusätzlich erfahren Sie dadurch mehr darüber, wie diese Person funktioniert. Außerdem könnten Ihnen, auch wenn es dafür keine Garantie gibt, diese Referenzen genau die Information liefern, die Sie für Ihre Entscheidung benötigen. Und für den Bewerber ist es ein Zeichen, dass Sie seine Bewerbung ernst nehmen.
- **Entscheiden Sie niemals allein.** Bei der Auswahl von Neuzugängen ist es immer eine gute Idee, sich andere mit ins Boot zu holen. Bitten Sie jemanden aus einer anderen Abteilung darum, an den Bewerbungsgesprächen teilzunehmen, um herauszufinden, welcher Kandidat gut zur Unternehmenskultur passt. Falls Ihnen niemand in Ihrer Firma diese Art von Input geben kann, greifen Sie stattdessen auf Ihr Netzwerk zurück. Für manche meiner Freunde wäre es kein Problem, Bewerber telefonisch zu interviewen, um diesen Extra-Input zu geben. (Natürlich nur, wenn der Bewerber damit einverstanden ist.)
- **Sie haben Zweifel? Dann stellen Sie die Person nicht ein.** Wenn nicht jeder, der beim Bewerbungsgespräch anwesend war, begeistert ist, spricht das gegen den Kandidaten. Denn egal, wie verzweifelt Sie jemanden brauchen: Ein Bewerber, der den Ansprüchen des Teams nicht gerecht wird, wird nur mehr Arbeit verursachen.

Mitarbeiter-Sourcing

Hier ein paar Tipps, wie Sie geeignete Kandidaten finden:

- **Nutzen Sie LinkedIn, Twitter und andere soziale Netzwerke.** Wenn wir bei Blendle nach Softwareentwicklern suchten, warfen wir immer einen Blick auf GitHub – eine Online-Community für Entwickler – und posteten jeden Monat einen Link zu unseren Stellenausschreibungen auf »Hacker News«, einer gut besuchten News-Plattform. Und dann gibt es da noch Meetup.com, eine soziale Plattform, die Kontakt zwischen Menschen herstellt, die alle möglichen Interessen teilen, von Fans einer bestimmten Sportart bis hin zu App-Entwicklern. Das ist für uns ein wertvoller Pool an potenziellen Bewerbern. Egal, um welche Stelle es geht: Es gibt immer eine Onlineplattform, auf der sich gute Kandidaten treffen. Checken Sie also, welche Nutzer aktiv sind, und lesen Sie deren Posts und Profile. Dann werden Sie schon bald eine Liste mit potenziellen Bewerbern haben.
- **Lassen Sie sich von einem System unterstützen.** Hier haben Sie viele Möglichkeiten – von Google Spreadsheets zu verschiedenen Softwarepaketen. Mit Hellotalent.com können Sie die Profile potenzieller Neuzugänge abspeichern. Trello ist ebenfalls sehr geeignet. Da eine Bewerbung selten allein kommt, brauchen Sie ein gutes System, mit dem Sie den Überblick nicht verlieren.
- **Schreiben Sie potenziellen Bewerbern originelle Nachrichten.** Haben Sie auch schon mal eine Nachricht von einem Personaler bekommen, der Ihren Namen falsch schrieb und sich gar keine Mühe gab, Sie persönlich anzusprechen? Ich gehe lieber so vor: Ich habe eine Datei mit ein paar Standardzeilen, aus denen ich einen einleitenden Satz und die Vorstellung des Unternehmens auswähle. Der Rest des Textes wird dann auf die

Person zugeschnitten, der ich schreibe. Es gibt immer eine Möglichkeit, persönlich zu werden. Sie könnten einen ihrer ehemaligen Arbeitgeber erwähnen, ihr sagen, dass Sie ihre Begeisterung für das Snowboarden teilen (was Sie auf Instagram sahen) oder Ihnen einer ihrer Blogeinträge gefiel. Damit zeigen Sie, dass Sie nicht nur auf »Senden« geklickt, sondern sich die Zeit genommen haben, eine durchdachte Nachricht zu verfassen.

Kurz gesagt: Bringen Sie die Zeit auf, gute Leute zu finden. Wenn Sie das tun, wird Ihr Team Großes leisten.

IHRE PROZESSE

Als Manager sind Sie verantwortlich für die Realisierung von hochwertigen Produkten oder Dienstleistungen. Und das möglichst schnell. Um das tun zu können, brauchen Sie ein solides Team und einen soliden Prozess. Aus Donald Reinertsens leicht trockenem, aber exzellentem Buch *The Principles of Product Development Flow* lernte ich, dass es zwei Räder gibt, an denen man drehen kann, um einen Workflow zu verfeinern: die Vorlaufzeit und die Zykluszeit. Die Vorlaufzeit beschreibt, wie lange eine Aufgabe in der Warteschleife ist, bevor man sie angehen kann, und mit Zykluszeit ist die Zeit gemeint, die für die Erledigung der Aufgabe benötigt wird.

Um Ihre Managementziele zu erreichen und Ihre Produkte oder Dienstleistungen zur Verfügung stellen zu können, sollten Sie die Antworten auf diese zwei Fragen unbedingt kennen. Frage 1: Wie lange dauert die Arbeit? Frage 2: Wann oder wo stockt die Arbeit? Was blockiert sie? Mit einem guten Team könnte es schon reichen, den Arbeitsablauf zu verstehen, um die Arbeitsmethode zu verbessern. Falls das keinen Erfolg hat, versuchen Sie herauszufinden, wo es in den Arbeitsabläufen Ihres Teams hakt. Was könnten Sie vorschlagen, um die Effizienz zu steigern? Gibt es bestimmte Schritte, die zusätzlich Zeit kosten (wie eine Freigabe durch jemanden außerhalb des Teams)?

Es gibt so viele Dinge, die die Arbeit langwieriger machen, als sie sein sollte, doch in vielen Fällen – so meine Erfahrung – ist nicht die Arbeit selbst daran schuld. Sehr oft lässt sich die meiste Zeit in der Kommunikation *über* Arbeit einsparen. Das deckt sich mit einem Prinzip, das ich durch den Podcast »Manager Tools« kennengelernt habe: Die Arbeit ist nicht getan, solange noch nicht alles dazu gesagt wurde. Das ist inzwischen mit jedem Team, mit dem ich arbeite, zu meinem Motto geworden.

Die letzten Jahre haben mir gezeigt, wie entscheidend es ist, stets an den Arbeitsabläufen zu feilen. Und ein Tool stellt sicher, dass ich das auch tue: meine »Montagsbesprechung«.

Ihre Montagsbesprechung

Team-Meetings sind das Mittel der Wahl, um alle in die gleiche Richtung rudern zu lassen. Doch schnell werden sie immer mehr und stehlen die Zeit Ihres Teams. Deswegen versuche ich, sparsam mit Meetings umzugehen.

An Montagsbesprechungen führt für mich jedoch kein Weg vorbei. Sie sind essenziell für mein Team, damit wir alle auf dem gleichen Stand sind. Wie der Name bereits impliziert, halte ich diese Besprechungen immer am Montagmorgen ab; 90 Minuten sind ausreichend.

Die Agenda liegt den anderen durch ein geteiltes Google-Dokument vor. So können alle auf die neueste Version zugreifen und neue Themen vorschlagen. Für unsere Montagsmeetings benutzen wir auch Google-Präsentationen. Anstatt uns jede Woche etwas Neues auszudenken, verwenden wir immer die gleiche Präsentation und aktualisieren lediglich Einzelheiten in den Slides. Mehr dazu gleich.

Meine Montagsbesprechungen bestehen aus sechs Elementen:

1. TEAMRUNDE

Ich beginne die Montagsbesprechung gern damit, dass jeder reihum kurz erzählt, wie er sich fühlt und wie sein Wochenende lief. Das ist nicht nur belangloser Smalltalk. Ich kriege dadurch eine Idee davon, wie es meinem Team geht. Bevor wir diesen Punkt auf unsere Tagesordnung setzten, passierte es hin und wieder, dass wir erst zu Ende eines Meetings begriffen, dass die Gereiztheit eines Kollegen einem schwierigen Wochenende oder dem Frust geschuldet war, der sich im Laufe der Vorwoche bei ihm angestaut hatte. Und das beeinträchtigte sowohl den Gesprächsfluss als auch den Entscheidungsfindungsprozess. Da wir nun zuerst abstecken, wie es uns geht, laufen unsere Meetings viel reibungsloser. Aber natürlich wollen Sie nicht, dass diese Meetings zu Therapiesitzungen werden. Das können Sie verhindern, indem Sie diese Phase auf etwa zehn Minuten beschränken.

2. ZAHLEN

Im nächsten Teil unseres Meetings gehen mein Team und ich die *Key Performance Indicators* (*KPI*) bzw. Leistungsindikatoren von letzter Woche durch.

Diese Zahlen werden von unserem Datenanalysten gesammelt und vor jedem Meeting unserer Google-Präsentation hinzugefügt. Idealerweise stimmen diese Daten mit Ihren Zielen überein (ermittelt anhand der Fragen, die Sie zu Beginn dieses Bonuskapitels beantwortet haben).

3. DIE AUSSENPERSPEKTIVE

Neben der Analyse der quantitativen Daten müssen mein Team und ich immer im Bilde darüber sein, was Nutzer über unser Produkt denken. Dafür lesen wir jede Woche den Bericht unseres Support-Teams, der die Fragen und Kommentare unserer Nutzer zusammenfasst. Einen direkten Draht zu dem zu haben, was um uns herum passiert, ist mir sehr wichtig. Das Support-Team fasst die Highlights der letzten Woche in ein paar Slides zusammen, die wir in unsere Präsentation einfügen. Wir gehen die Höhepunkte durch und entscheiden, wie darauf reagiert werden muss. Zum Beispiel, wenn ein Fehler in unserer App gefunden wurde, der korrigiert werden muss. Dieser Teil unserer Montagsbesprechung eignet sich sehr gut für einen allgemeinen Informationsaustausch zwischen allen Beteiligten. Und indem wir diesen Informationen bei Montagsbesprechungen Raum geben, weiß das Team genau, was Priorität hat.

4. LAUFENDE PROJEKTE

In diesem vierten Teil betrachten wir alle Projekte, an denen wir aktuell arbeiten. Bei Blendle gehörten dazu auch die Ausarbeitung von Tests oder der Ausbau von Blendle Audio. Jedem Projekt wird ein Slide der Google-Präsentation gewidmet, auf dem Projektname, Verantwortlicher (Mitarbeiter), Deadline, Status, Projektinhalt (eine Zeile) und geplante nächste Schritte stehen. Wir besprechen jedes einzelne Slide, damit jeder auf dem neuesten Stand ist, Ideen einwerfen und Fragen stellen kann.

Projekt: Adyen → Stripe

Verantwortlich: Nora

Deadline: Upsell & Onboarding - Feb. 21

Status: nach Plan

Was: Android-Zahlungen von Adyen auf Stripe umstellen

- Aktuell in der Einführung

5. ZU BESPRECHEN

Nachdem wir unsere Projekte durchgegangen sind, gehen wir zu den übrigen Tagespunkten auf unserer Agenda über.

6. SCHLUSSRUNDE

Der letzte Teil unserer Montagsbesprechungen besteht darin, dass alle Teammitglieder der Reihe nach folgende Fragen beantworten:

- Was ist diese Woche Ihre höchste Priorität?

- Fokus und Prioritäten: Finden Sie, dass das Team an den richtigen Sachen arbeitet?
- Probleme: Machen Sie sich über etwas Sorgen?
- Motivation: Worauf freuen Sie sich in dieser Woche?

Diese kurzen Fragen ergänzen unsere Montagsbesprechung vortrefflich, da meine Mitarbeiter mögliche Zweifel oder ungeklärte Fragen leicht anbringen können. Und mit der Frage abzuschließen, was sie in dieser Woche motiviert, endet das Meeting positiv.

Natürlich wird für Ihre Meetings nicht alles von unseren Montagsbesprechungen relevant sein. Fangen Sie klein an und fügen Sie nach und nach Elemente hinzu, die Ihre eigenen Teambesprechungen optimieren könnten. Im Grunde geht es darum, viel zu experimentieren und die Abläufe immer wieder anzupassen.

Hallo, Mikromanager

Eine Montagsbesprechung ist ein wunderbares Tool, um der Arbeitswoche Ihres Teams die richtige Richtung zu geben, doch natürlich endet der Job eines Managers damit nicht. Sie müssen auch im Blick behalten, wie die Arbeit voranschreitet. Doch wie viel Anleitung sollten Sie geben? Wie viel Input ist zu viel? Ab wann sollten Sie delegieren? Ganz ehrlich: Ich bin detailverliebt. Deshalb fällt mir die Entscheidung, wann ich mit anpacken und wann ich mich zurücknehmen soll, nie leicht. Das kann dann schon manchmal interessant werden, da es ein wichtiger Teil meines Jobs als Manager ist, die richtigen Arbeiten an die richtigen Leute zu delegieren. Zu diesem Phänomen entwickelten Paul Hersey und Ken Blanchard eine Theorie, aus der sie das bekannte Modell des »situativen Führens« herleiteten. In einfachen Worten besagt dieses Modell Folgendes: Hat der Mitarbeiter eine Aufgabe gemeistert? Dann treten Sie zur Seite und überlassen Sie ihm die Arbeit. Ist er noch in der Einarbeitung? Dann bieten Sie ihm mehr Anleitung und Orientierung.

Ich habe die Kunst des Delegierens und des Managements mit Sicherheit noch nicht perfektioniert, doch mir wird immer bewusster, dass gute Führung im Kern bedeutet, die eigenen Leute wirklich wahrzunehmen und den Führungsstil und die Methoden an die Menschen anzupassen, mit denen man arbeitet. Was exakt dem entspricht, was Hersey und Blanchard sagen.

Hier noch ein paar weitere Erkenntnisse, die wir aus ihrem Modell ziehen können:

- **Verwechseln Sie Motivation nicht mit Expertise.** Das war für mich die größte Erkenntnis zu situativer Führung – dass Enthusiasmus und Tatkraft nicht auch bedeuten, dass der Mitarbeiter weiß, *wie* er eine Aufgabe zu erledigen hat. Falls Sie nicht sicher sind, ob jemand weiß, wie man etwas tut, zögern Sie nicht zu fragen, wie derjenige es anzugehen gedenkt.
- **Gewöhnen Sie sich an, mehr Fragen zu stellen.** Damit beginne ich sehr gern. Durch ein paar Fragen findet man schnell heraus, ob jemand eine klare Vorstellung davon hat, was passieren muss, oder ob er Hilfe benötigt. Gleichzeitig ist es eine Möglichkeit, die einzigartigen Ideen dieser Person zu entdecken und ihnen Raum zur Entfaltung zu geben.
- **Vereinbaren Sie Deadlines.** Als Manager zögern wir oft, für das, was abgeliefert werden muss, feste Fristen zu setzen, da wir fürchten, die Freiheit unseres Teams einzuschränken. Doch ich rate dazu, diese beiden Dinge zu trennen. Wenn es um die Arbeit geht, sind Ihre Mitarbeiter die Experten, doch ohne Deadlines ist es gut möglich, dass all die anderen dringenden Aufgaben des Teams zuerst erledigt werden. Ich finde es auch hilfreich, ungefähr auf halber Strecke des Projekts einen Termin anzusetzen, um die Fortschritte gemeinsam zu besprechen. Ganz wichtig: Falls Sie mit anderen vereinbart haben, dass Ihr Team zu einem bestimmten Datum etwas abliefert, dann kommunizieren Sie diese Deadline Ihrem Team – je früher, desto besser. Warum? Weil Sie sich ansonsten mit Sicherheit stressen werden. Sie werden das Gefühl bekommen, dass Ihr Team die Sache viel zu entspannt angeht, und sich darüber ärgern.
- **Sagen Sie Ihrem Team, *warum* es Ihnen schwerfällt loszulassen.** Falls Sie so detailversessen sind wie ich, lohnt es sich, zu hin-

terfragen, warum das so ist. Bei mir wird es schlimmer, wenn mein Team mir nicht so viele Updates gibt, wie ich es gern hätte, und ich es eiliger habe, als sie glauben. Beides lässt sich leicht lösen.

Das erreicht man vielleicht nicht mühelos, doch es gibt eine gesunde Mitte zwischen Mikromanagement und einem Führungsstil, bei dem man den Dingen seinen freien Lauf lässt.

Wenn Sie mich fragen, macht das eine gute Führungskraft aus: zu wissen, wie viel Führung jeder Mitarbeiter braucht und wann man sich zurücknehmen sollte. Aber nur, weil man nicht mehr klar vorgibt, was getan werden muss, bedeutet das natürlich nicht, dass man nicht mehr involviert sein und nicht mehr wissen sollte, was vor sich geht. Doch im Allgemeinen gilt, dass man – sobald klar ist, welches Ergebnis erwartet wird – sein Team so weit wie möglich in Ruhe arbeiten lassen sollte. Falls Sie sich noch tiefer in dieses Thema einlesen wollen, empfehle ich Herseys Klassiker *The Situational Leader.*

IHRE PRODUKTE

Dieses Kapitel wäre nicht vollständig, würde es keinen Blick auf Ihre Produkte oder Dienstleistungen werfen – also auf das *Was,* das Sie liefern. Ohne Ihr Team und einen soliden Arbeitsablauf kommen Sie nicht besonders weit – das ist klar. Kaufen die Menschen jedoch nicht, was Sie anbieten, ist all die harte Arbeit umsonst. Als Manager haben Sie einen gewaltigen Einfluss darauf, wie erfolgreich Ihre Produkte oder Services sind. Doch das wird meist unterschätzt. Diese drei Taktiken wende ich diesbezüglich an:

Taktik 1: Sorgen Sie für Fokus im Team

Dies ist die wichtigste Lektion, die ich als Manager gelernt habe: Wer schnelle Erfolge erzielen will, sollte *nicht zu viel gleichzeitig tun.* Bei meiner Methode geht es im Grunde darum zu entscheiden, in was man seine Zeit investiert. Doch als Manager muss man auch dafür sorgen, dass das Team bei der Sache bleibt. Hier sind zwei Wege, um fokussierter zu arbeiten:

- **Spielen Sie den Türsteher für Ihr Team.** Sie können Ihren Mitarbeitern dabei helfen, mehr zu erledigen, indem Sie ihnen Ablenkungen vom Leib halten. Je mehr Stunden Ihr Team für das aufwenden kann, was am wichtigsten ist, desto effektiver wird es arbeiten. Klingt sinnvoll, oder? Versuchen Sie, Irrelevantes proaktiv abzufangen, indem Sie Anfragen ablehnen, die nichts mit den Zielen Ihrer Mitarbeiter zu tun haben, oder sinnlose Meetings absagen, an denen sie hätten teilnehmen sollen.
- **Seien Sie der Kompass Ihres Teams.** Sie treffen zwar die Entscheidung, an was Ihr Team arbeitet, doch Ihre Mitarbeiter entscheiden ebenfalls ständig, was sie als Nächstes in Angriff nehmen. Treffen sie die besten Entscheidungen? Ihr ständiger Input hilft Ihren Leuten zu erkennen, was wichtig ist. Montagsbesprechungen sowie Einzelgespräche sind die besten Gelegenheiten, um diese Prioritäten zu kommunizieren, doch das ist nicht alles. Werden Sie kreativ, wenn es um das Wie und das Wann bezüglich der Kommunikation Ihrer Prioritäten geht.

Taktik 2: Nehmen Sie sich Zeit zum Nachdenken

Es ist verlockend für Manager, das zu tun, was sich gerade vor ihrer Nase befindet. Schließlich erledigen sich diese E-Mails, Aufgaben und Probleme nicht von allein. In vielen Fällen sind Sie der oder die Einzige, der/die sie angehen kann. Und das Erste, was im Zuge dessen geopfert wird, ist Ihre Zeit zum Denken. Das ist nicht nur schade, es kann sich auch auf lange Sicht desaströs auswirken. Klar, Sie müssen diese anderen Arbeiten auch erledigen, doch der Trick ist, sich für das Wichtigste Zeit zu nehmen. Sie wollen bessere Dienstleistungen und Produkte liefern? Dann nehmen Sie sich Zeit, um über die größeren Fragen nachzudenken. Ist das einfach? Überhaupt nicht. Doch das ist genau das, was Ihnen einen Wettbewerbsvorteil verschafft und die Fortschritte Ihres Teams vorantreibt. Diese drei praktischen Tipps verhelfen Ihnen zu mehr Zeit zum Nachdenken:

- **Machen Sie eine Liste mit den großen Themen.** Führen Sie irgendwo eine Liste (in Ihrer To-do-Liste oder Notizen-App) der großen Dinge, über die Sie nachdenken wollen. Dann können Sie jedes Mal, wenn ein solches Thema in einem Gespräch aufkommt, es auf Ihre Liste packen.
- **Planen Sie 90-minütige Zeitblöcke für Ihre Denkarbeit ein.** Wenn Sie über bestimmte Dinge nachdenken wollen, sollten Sie die Zeit dafür wirklich in Ihrem Kalender blockieren. Früher nahm ich mir einen ganzen Morgen oder Nachmittag für die »Denkarbeit«, doch das gab mir nicht genügend Struktur oder Anreiz, um die Zeit gut zu nutzen. Also wechselte ich zu 90-Minuten-Blöcken. Dadurch entsteht ein zeitlicher Druck, wodurch ich mein Gehirn wirklich anstrenge. Und nach eineinhalb Stunden braucht es dann eine Pause!
- **Suchen Sie sich einen anderen Ort zum Nachdenken.** In diesem Buch habe ich über all die kontextuellen Faktoren gesprochen, die die Qualität von Arbeit beeinflussen können – wie Tageszeit und Ausstattung eines Arbeitsplatzes. Testen Sie doch mal aus, was passiert, wenn Sie zum Nachdenken an einen anderen Ort gehen. Dieser Effekt kann sich sogar verstärken, wenn man ihn zur Routine macht. Wenn Sie sich also dazu entscheiden, Ihre Kopfarbeit zu Hause am Küchentisch oder in Ihrem Lieblingscafé, anstatt im Büro zu erledigen, kann Sie bereits die Veränderung Ihrer Umgebung in die richtige Stimmung bringen.

Taktik 3: Holen Sie sich Rat

Für die meisten von uns gehört diese Taktik in die Kategorie »Ich weiß, ich sollte, aber ich werde es nicht tun«. Dazu gehört das Einholen von Ratschlägen und die Analyse von Alternativen. Über diesen Ansatz spreche ich in Kapitel 9 (über intelligentes Zuhören) und Kapitel 10 (über Problemlösung). Hier in aller Kürze:

- **Neues Projekt? Holen Sie sich Rat von außen.** Wann immer Sie eine neue Herausforderung angehen wollen, ist es sehr sinnvoll, mit mindestens einer Person außerhalb Ihres Unternehmens zu sprechen. Das könnte ein Mentor sein, den Sie gut kennen, oder ein Experte, den Sie zum ersten Mal konsultieren. Diese frühe und relativ kleine Zeitinvestition kann Ihnen sehr viele verschiedene Probleme ersparen. Außerdem kann es Ihre Arbeit auf ein neues Niveau heben.

- **Umgeben Sie sich mit Informationsquellen.** Manchmal fühlt sich der Job eines Managers eher so an wie der eines Fluglotsen. Die Piloten der Flugzeuge treffen zwar die schnellen Entscheidungen, doch der Fluglotse ist derjenige, der die ganze Show in der Luft hält. Um das zu tun, brauchen Sie alle möglichen Insider- und Outsider-Informationen. Mit anderen Worten: Sie brauchen ein Dashboard, auf dem alle Informationen zusammenkommen. Nicht nur die internen Fakten (Wie läuft das Projekt?), sondern auch die externen (Was macht die Konkurrenz? Wer sind die Spitzenreiter in meinem Bereich?). Stellen Sie sicher, dass all diese Informationen bei Ihnen ankommen. Melden Sie sich für die wichtigsten Newsletter an und rufen Sie regelmäßig die relevanten Websites auf.

Im Laufe dieses Buches habe ich Ihnen gezeigt, dass Sie für Klarheit und Seelenfrieden sorgen, wenn Sie mit einem guten System starten und es dann nach und nach an Ihre Bedürfnisse anpassen. Ich bin überzeugt davon, dass das auch für das Führen eines Teams gilt. Sie können das Beste aus einer Gruppe herausholen, wenn Sie Meetings veranstalten, die funktionieren (und jene streichen, die nur Zeitverschwendung sind). Ihr Team performt am besten, wenn Sie in Ihr Verhältnis zu jedem einzelnen Teammitglied etwas investieren und einen Weg finden, die gemeinsamen Ziele für alle zur Priorität zu machen. Die Führung von Mitarbeitern ist alles andere als einfach, doch ich hoffe, dass Sie mit meinen Tipps neue Wege finden werden, damit die Dinge etwas glatter laufen. So vermeiden Sie es, vor lauter Alltag Ihre Ziele als Team aus den Augen zu verlieren.

LEKTÜREEMPFEHLUNGEN

Die Versuchung ist groß, Ihnen hier eine lange Lektüreliste zu präsentieren. Einfach nur deswegen, weil es so viele wunderbare Bücher zu diesem Thema gibt. Stattdessen werde ich meine Empfehlungen auf drei kurze Bücher begrenzen. Jedes davon kann in einer oder in zwei Stunden gelesen werden. Alle drei stehen auf meiner Liste von Büchern, auf die ich jedes Jahr einen Blick werfe. Und bisher haben sie mich immer wieder inspiriert.

STEVEN PRESSFIELD: *MORGEN FANGE ICH AN ... WARUM NICHT HEUTE?*

Falls Sie bei einem Projekt nicht weiterkommen, wird Ihnen dieses Buch helfen. Pressfield räumt Ihre Unsicherheiten, Zweifel und Bedenken aus dem Weg und sorgt dafür, dass Sie Ihren Job erledigen.

ARNOLD BENNETT: *WIE MAN SEINEN 24STD-TAG ORGANISIERT*

Dieses Buch, das vor über 100 Jahren geschrieben wurde (ich erwähne es auch in Kapitel 1), ist ein wirkungsvoller Appell, sich kritisch damit auseinanderzusetzen, wie man seine Zeit verbringt.

JAMES ALLEN: *AS A MAN THINKETH – WIE DER MENSCH DENKT, SO LEBT ER*

Dieses Buch verrät Ihnen, wie sehr Ihre Gedanken beeinflussen, wie Sie sich fühlen und was Sie erledigt bekommen. Es ist ein inspirierender Ratgeber, der Ihnen dabei hilft, Ihr Denken weiterzuentwickeln.

Sie wollen sich mit einem bestimmten Thema intensiver beschäftigen? Auf meiner Webseite (gripbook.com/books) finden Sie eine ausführliche Lektüreliste.

LITERATUR

KAPITEL 1

Sehr viel über Zeitmanagement und die richtige Verwendung eines Terminkalenders habe ich dank des Podcasts »Manager Tools« gelernt (https://manager-tools.com).

•••

Stephen Covey beschreibt in seinem Buch *Die 7 Wege zur Effektivität* die Eisenhower-Matrix und erklärt, wie man mit mehreren Prioritäten jongliert. Seine Erkenntnisse waren von unschätzbarem Wert für dieses Buch.

•••

Arnold Bennets Buch *Wie man seinen 24Std-Tag organisiert* inspirierte mich zu dem Absatz »Behandeln Sie Ihren Terminkalender wie ein Fitnessprogramm«.

KAPITEL 2

Für das zweite Kapitel – über die Arbeit mit einer schlauen To-do-Liste und über das Prinzip, nichts im Kopf abzuspeichern – war mir David Allens Buch *Wie ich die Dinge geregelt kriege* eine sehr große Quelle der Inspiration.

•••

Schnelles Denken, langsames Denken von Daniel Kahneman lehrte mich den Unterschied zwischen instinktivem Denken, das er als »System-1-Denken« bezeichnet, und bewussterem, rationalem Denken, das er als »System-2-Denken« bezeichnet.

•••

In seinem Buch *Konzentriert Arbeiten* erläutert Cal Newport ausführlich verschiedene Konzentrationsstrategien. Seine Arbeit inspirierte mich zu meinem Motivator: Hyperfokussierung.

KAPITEL 3

Die Strategie, E-Mails dreimal pro Tag zu lesen, habe ich dem Podcast »Manager Tools« entnommen: https://manager-tools.com.

•••

Über Sucht lernte ich sehr viel von Charles Duhiggs *Die Macht der Gewohnheit* und Nir Eyals *Hooked.*

•••

Das Buch *Unwiderstehlich* von Adam Alter inspirierte mich dazu, mich noch intensiver mit den wissenschaftlichen Studien zu E-Mails zu beschäftigen und das Thema zu einem Hauptbestandteil meiner Arbeitsmethode zu machen.

KAPITEL 4

Der zu meiner Arbeitsmethode gehörende Freitagsrückblick basiert auf einem Konzept von David Allen, das er in *Wie ich die Dinge geregelt kriege* beschreibt.

KAPITEL 5

Beim Puzzleteil »Fähigkeiten« orientierte ich mich an Cal Newports Idee eines »Handwerker-Mindsets« aus *Die Traumjoblüge.*

•••

Durch Simon Sineks Buch *Frag immer erst: warum* habe ich gelernt, warum Warums ein guter Ausgangspunkt sind.

•••

Das von der Saylor Academy (saylor.org) veröffentlichte Buch *Organizational Behavior* (2012) gibt einen sehr guten Überblick über die Motivationstheorien, auf denen meine Puzzleteile Leidenschaft, Fähigkeiten und Mission basieren: https://gripbook.com/link/motivation.

•••

Durch Daniel Pinks *Drive: Was Sie wirklich motiviert* lernte ich, wie wichtig es ist, eine Mission zu haben.

•••

Der Begriff »große, haarige und kühne Ziele« ist dem Buch *Switch: Veränderungen wagen und dadurch gewinnen!* von Chip und Dan Heath entnommen.

KAPITEL 6

Chris Guillebeaus Blog »How to Conduct Your Own Annual Review« hat mich zu meinen eigenen Jahresplan-Tagen inspiriert (https://gripbook.com/link/annual-review).

KAPITEL 7

Der Blog »Best Topics for a Weekly Accountability Partner Meeting« von Jeff Sanders ließ mich erkennen, welch riesige Vorteile ein Erfolgskomplize mit sich bringt (https://

gripbook.com/link/accountability).

KAPITEL 8

Durch das Buch *Das perfekte Mindset* von Brad Stulberg und Steve Magness lernte ich sehr viel über Energie, Stress und Überlastung.

KAPITEL 9

Die Grundlagen des intelligenten Zuhörens verdanke ich Stephen Covey, der diesem Thema ein ganzes Kapitel seines Buches *Die 7 Wege zur Effektivität* widmet.

•••

Außerdem lernte ich sehr viel durch den Podcast »Manager Tools« (https://manager-tools.com).

KAPITEL 10

Die »Methode der fünf Warums« wurde ursprünglich von Toyota entwickelt, um den Ursprung ihrer Produktionsprobleme zu ermitteln.

•••

Die Einteilung von Voreingenommenheit in vier Kategorien habe ich Buster Bansons Artikel »Cognitive Bias Cheat Sheet« entnommen (https://gripbook.com/link/bias).

KAPITEL 11

Das Buch *Das Ticken des langen Jetzt* von Stewart Brand ließ mich die Zeit mit anderen Augen betrachten und inspirierte das letzte Kapitel.

DANK

Dieses Buch setzt sich zusammen aus Lektionen, die ich gelernt, Wissen, das ich mir aus Büchern angelesen, und Ideen, die ich mit guten Freunden und Kollegen durchgespielt habe. Ich habe das Beste aus diesen Bereichen zusammengetragen und hoffe, dass es Sie um große Schritte voranbringen wird.

Sie würden dieses Buch nicht in den Händen halten, wenn Alexander Klöpping und Ernst-Jan Pfauth mich nicht dazu gedrängt hätten, es zu veröffentlichen. Ewig dankbar bin ich Harminke Medendorp dafür, dass Sie mir dabei geholfen hat, meine Gedanken in eine schlüssige und verständliche Form zu bringen, und Ruth Bergmans und Maarten Richel dafür, dass sie mich dabei unterstützt haben, das Buch zu einem großen Erfolg in Holland zu machen. Erica Moore und Elizabeth Manton haben es mit ihrer fantastischen Übersetzung ins Englische auf ein ganz neues Niveau gehoben. Jeder Satz, der Ihnen besonders gut gefallen hat, stammt von ihnen. Ich möchte den Mönchen der Abtei St. Willibrord im dänischen Doetinchem dafür danken, dass sie mir einen ruhigen Ort zum Denken und Schreiben zur Verfügung gestellt haben – ich hoffe, noch viele Jahre wiederkommen zu können. Und vielen Dank auch an Derk, der seit 2014 mein Erfolgskomplize ist. Seine wöchentlichen Ermunterungen haben dieses Projekt über die Ziellinie gezogen. Eigentlich habe ich bereits genug zum Thema Rechenschaftsgespräche gesagt. Dieses Buch ist der Beweis dafür, dass es tatsächlich funktioniert. Ich hoffe, unsere wöchentlichen Gespräche hören niemals auf. Und schließlich danke ich meiner wunderschönen Frau Joàn, dass sie mir die Möglichkeit gibt, meinen verrückten Projekten nachzugehen.

ANMERKUNGEN

KAPITEL 1

1. Paul Graham, *Maker's Schedule, Manager's Schedule*, 2009. www.paulgraham.com/makersschedule.html.

KAPITEL 2

1. Gloria Mark, Victor M. Gonzalez, and Justin Harris: »No Task Left Behind? Examining the Nature of Fragmented Work« *Take a Number, Stand in Line*, Portland, Oregon, April 2005. www.ics.uci.edu/~gmark/CHI2005.pdf.
2. Taylor Trudan, »How Rumaan Alam Used a Secret Twitter Account to Write the Book of the Year,« Shondaland, October 7, 2020. www.shondaland.com/ispire/books/a34277128/rumaan-alam-leave-the-world-behind-interview/.
3. Michael Chui, James Manyika, Jacques Bughin, Richard Dobbs, Charles Roxburgh, Hugo Sarrazin, Geoffrey Sands, and Magdalena Westergren, »The Social Economy: Unlocking Value and Productivity Through Social Technologies,« McKinsey Global Institute, July 1, 2012.

KAPITEL 3

1. Eine faszinierende Studie von IBM Research begleitete 345 Nutzer, die zusammen über 85 000 »Handlungen zum Wiederfinden« durchgeführt haben. Die Studie kommt zum Ergebnis, dass das Sortieren von E-Mails in Ordnern (oder das Taggen) sowohl ineffektiv als auch ineffizient ist. Die Benutzung einer Suchfunktion, in Kombination mit einem E-Mail-Programm, das Threads unterstützt, spart erstens Zeit und erhöht die Anzahl richtiger Treffer.

   Steve Whittaker, Tara Matthews, Julian A. Cerruti, and Hernan Badenes, »Am I Wasting My Time Organizing Email?« *Proceedings of the International Conference on Human Factors in Computing Systems*, CHI 2011, Vancouver, BC, Canada, May 7-12, 2011. www.researchgate.net/publication/22151 8713_Am_I_wasting_my_time_organizing_email.

KAPITEL 5

1. Werfen Sie einen Blick auf diesen Artikel, der beschreibt, wie Zielsetzungen zu einer klaren Verbesserung der Arbeit führen. Diese Studie baut auf vielen anderen Studien auf, die alle zu einer ähnlichen Schlussfolgerung gelangen: Ziele zu setzen schärft unseren Fokus. Marieke van der Hoek, Sandra Groeneveld and Ben Kuipers, »Goal Setting in Teams: Goal Clarity and Team Performance in the Public Sector«, *Review of Public Personnel Administration 38*, no. 4 (2018). https://journals.sagepub.com/doi/full/10.1177/0734371X16682815#_i15.

   Studien, die sich lediglich auf Geschäftsziele konzentrieren, überzeugen Sie nicht? Diese aktuelle Studie hat festgestellt, dass Zielsetzungen im Sport Körpereinsatz, Ausdauer und Aufmerksamkeit beeinflussen: Kingston Kieran and Kylie M. Wilson, »The Application of Goal Setting in Sport«, *Advances in Applied Sport Psychology: A Review*, no. 1 (2009), 75-123. https:// journals.humankinetics.com/view/journals/jsep/7/3/article-p205.xml.
2. »*You've Got to Find What You Love,*« *Jobs Says*, Stanford University, June 14, 2005. https://news.stanford.edu/2005/06/14/jobs-061505/.
3. Im ursprünglichen Bericht von Locke, Latham et al. aus dem Jahr 1981 heißt es, die Auswertung von Labor- und Feldstudien zur Wirkung von Zielsetzungen beim Lernen oder Erledigen einer Aufgabe habe ergeben, dass spezifische, anspruchsvolle Ziele im Vergleich zu einfachen, halbherzigen oder keinen Zielen zu besseren Leistungen führten. Edwin A. Locke, Karyll N. Shaw, Lise M. Saari, and Gary P. Latham, »Goal Set-

ting and Task Performance: 1969-1980,« *Psychological Bulletin 90*, no. 1, 125-152. https://psycnet.apa.org/record/1981-27276-001.

Doch dabei beließen es Locke und Latham nicht. In einem faszinierenden Artikel von 2019 erklärten sie ihre Vorgehensweise und neue Erkenntnisse im Detail. Das ist ein sehr guter Ausgangspunkt, um sich mit anderen Studien zur Zielsetzung zu beschäftigen. Edwin A. Locke and Gary P. Latham, »The Development of Goal Setting Theory: A Half Century Retrospective,« *Motivation Science*, 5, no. 2 (2019), 93-105. https://doi.org/10.1037/mot 0000 127.

4. Gail Matthews, »Goals Research Summary,« 2015. www.dominican.edu/sites/default/files/2020-02/gail-matthews-harvard-goals-research summary.pdf.

KAPITEL 6

1. Chris Guillebeau, »How to Conduct Your Own Annual Review,« chrisguillebeau.com, 2008. https://chrisguillebeau.com/how-to-conduct-your-own-annual-review/.

KAPITEL 7

1. Humphrey Carpenter, *J. R. R. Tolkien. Eine Biographie* (Klett-Cotta, 2001).

KAPITEL 10

1. Sie können das auch unter https://gripbook.com/link/onboarding nachlesen.
2. Buster Benson, »Cognitive Bias Cheat Sheet«, busterbenson.com, 2016. https://busterbenson.com/piles/cognitive-biases/.

KAPITEL 11

1. Rick Pastoor, »The Risky Business of Onboarding«, A List Apart, July 14, 2015. https://alistapart.com/article/risky-business-of-onboarding/.
2. Rick Pastoor, »Get People on Board«, Webdagene, 2016. https://vimeo.com/188134881.
3. Stewart Brand, *Das Ticken des langen Jetzt. Zeit und Verantwortung am Beginn des neuen Jahrtausends* (Suhrkamp, 2000).

BONUSKAPITEL

1. Ich danke Lucas Reinds, Eric de Vos, Thomas Smolders und Arjan Broere für ihre Tipps.
2. gripbook.com/link/blendle-feedback.

ÜBER DEN AUTOR

Rick Pastoor hat schon immer gern auf der Arbeit experimentiert. Er probiert viel Neues aus, behält bei, was funktioniert, und streicht den Rest wieder. Von Misserfolgen lässt er sich nicht entmutigen. Während seiner Zeit bei Blendle, einem von der *New York Times* unterstützten Start-up, verfeinerte Rick nach und nach seine Methoden. So entstand GRIP, eine flexible Sammlung von Werkzeugen und Erkenntnissen, die seinem Team dabei halfen, Bestleistungen zu vollbringen.

Ursprünglich 2019 auf Niederländisch im Selbstverlag erschienen, wurde GRIP in Holland über Nacht zum Bestseller. Heute verfolgt Rick noch dieselbe Mission: Er will Menschen dabei helfen, schlauere Entscheidungen bezüglich ihrer Zeit zu treffen. Seine eigene Zeit teilt er zwischen seiner jungen Familie in Amsterdam, seinen Vorträgen zu GRIP, seinem wöchentlichen Newsletter »Work in Progress« und seinem neuen Start-up auf, mit dem er einen visionären Terminkalender namens »Rise« entwickelt.

Mehr Informationen zu Rick Pastoor finden Sie auf rickpastoor.com und gripbook.com.

REGISTER